# 大学生机会型创业研究

郭必裕　著

东南大学出版社
·南京·

## 内容简介

机会型创业是一种主动性创业，是一种投入多、风险大的创业。提高大学生机会型创业的能力和比例，是我国创业类型转型的内在需要，是有效实现以机会型创业带动就业的需要，也是大学生自身发展的需要。本书不仅从理论上诠释了机会型创业的本质、创业心理和创业中的创新，而且从实践上探索了大学生机会型创业面临的风险和创业过程中的内在规律。

全书分为上、下两篇。上篇为理论篇，通过对比分析了机会型创业与生存型创业的区别，剖析了大学生机会型创业的内涵，从创业意识、创业精神、创业动因等方面研究了大学生机会型创业的心理，对如何在创业中创新提出了见解。下篇为实践篇，以大学生机会型创业为主题，深入探讨了大学生机会型创业的创业资源、创业优势、创业过程、创业政策、创业服务、创业模式和风险管理等，旨在为提高大学生机会型创业的理论与实践知识提供有价值的参考。

本书可供从事高等教育研究和大学生创业管理及研究的人员以及有志于机会型创业的大学生阅读参考。

**图书在版编目(CIP)数据**

大学生机会型创业研究 / 郭必裕著. — 南京：东南大学出版社，2015.10

ISBN 978-7-5641-5401-1

Ⅰ.①大… Ⅱ.①郭… Ⅲ.①大学生—职业选择—研究—中国 Ⅳ.①G647.38

中国版本图书馆 CIP 数据核字(2014)第 302910 号

大学生机会型创业研究

出版发行：东南大学出版社
社　　址：南京市四牌楼 2 号　邮编：210096
出 版 人：江建中
经　　销：全国各地新华书店
印　　刷：南京玉河印刷厂
开　　本：700mm×1000mm　1/16
印　　张：13.5
字　　数：272 千字
版　　次：2015 年 10 月第 1 版
印　　次：2015 年 10 月第 1 次印刷
书　　号：ISBN 978-7-5641-5401-1
定　　价：28.00 元

# 目　录

# 绪　论

英国伦敦商学院推出的《全球创业观察》(GEM)2001 年将创业活动根据创业动机分为"生存型创业"与"机会型创业"。前者是通过发现或创造新的市场机会、为追求更大发展空间而选择的创业形态;后者是创业者出于生存目的,为获得个人基本生存条件不得已而选择的创业形态。机会型创业与生存型创业相比,能创造更多高质量的就业岗位,能提供科技含量更高的产品(服务),具有更广阔的生存空间。机会型创业作为一种主动性创业要求创业者具有较高的心理素质、较强的创业抱负、较高的机会感知能力和创新手段。无疑,人数众多的受过高等教育具有较高综合素质的大学生应是机会型创业的主力军。

国际大学生创业大赛源于 1983 年美国得克萨斯州大学两位 MBA 大学生举办的第一届商业计划,此后,美国许多高校开展了大学生创业计划大赛。据统计,在美国表现最优秀的 50 家高新技术公司中有 46%出于 MIT(麻省理工学院)的创业计划大赛。从某种意义上讲,高校的创业计划大赛已经成为美国经济的直接驱动力之一。我国自 1998 年清华大学的首届大学生创业大赛开展以来,至今已举办了七届,已吸引越来越多的大学生参与,比赛倡导科技含量高的机会型创业,获奖项目都是拥有知识产权或与创新有机结合的市场前景广阔的项目,成功的学生公司如"视美乐"、"易得方舟"、"奥视公司"、"行知网"等为大学生创业起到了示范作用。现实中,由于大学生在校期间所研发取得的具有市场潜力并拥有自主知识产权的科研成果极少,再加上大学生资金不足、知识单一、经验缺乏等,实际大学毕业生愿意自主创业者寥寥无几,而且创业成功率很低。

我国大学生创业 10 多年来一直得到政府的关注和支持。2002 年 4 月,教育部在北京召开了普通高等学校"创业教育"试点工作座谈会,将清华大学、北京航空航天大学等 9 所高校列为我国创业教育试点院校。一些试点院校和重点大学已经开始建立创业教育中心,开设创业教育课程,建立了大学生创业实践基地,并取得了一些经验。各地科技园区和创业园区的设立,不仅为高校科技成果的转化提供了孵化器,而且成为造就机会型、知识型创业者的发源地。外部环境的改善为大学生创业提供了有力支撑,应该有更多的同学选择机会型创业,但据

2009年扬子晚报启动的"大学生创业问卷调查"显示，南京近半数大学生愿卖小吃摆地摊创业，这一消息令人深思。它折射出一个强烈的信号：大学生对创业问题认识不够和准备不足。近半数大学生放弃所学专业，选择生存型创业，大学生机会型创业的理想选择与生存型创业的现实无奈，造成了大学生创业理想与生存现实的矛盾和冲突。

大学生创业的理论研究，以美国大学生创业研究为典范并引领各国研究的潮流。我们通过文献检索发现，目前，美国大学生创业研究论文以大学生个体和群体为研究对象的专门研究论文和专著较多，找到的直接相关资料就有200多篇。研究最多的是对大学生创业个体的关注，主要论述大学生创业如何将自己的创意转变为风险投资商投资项目的商业计划书，如何识别身边的机会并充分挖掘等。其次是对某个创业团队群体某些特征的研究，主要揭示信息时代大学生创业应采用团队合作与分工的模式，并且需要通过各个环节与部门的分工协作来培养未来的企业管理者，这样才能将创业进行到底。

根据《全球创业观察》(GEM)的报告，中国在全球创业活动中是属于活跃状态的国家，且中国的创业环境正在不断改善，不断发展的创业实践决定了我国未来经济对创业和创业教育的巨大需求，相对于生存型创业来说，机会型创业的动因、过程及对经济增长的推动机制更为复杂，故学术界更需要关注对机会型创业的研究。国内关于大学生创业研究也有不少论文，但大多是关于国内外创业教育的现状介绍、创业教育的意义、创业教育对国家经济的贡献、创业教育对高校发展以及对大学生综合素质培养的重要性等方面的阐述，也有部分是关于创业学学科体系的建设和实施方面的研究。而关于大学生如何有效地开展创业，并将其转化成我国经济发展的动力，需要建立怎样的激励机制和配套措施却研究甚少，特别是关于大学生如何利用所学知识进行机会型创业的理论与实践尚未发现专门的研究成果。

机会型创业是一种主动性创业，是一种基于创新、基于科技成果转化的创业，是一种投入多、风险大的创业。大学生机会型创业研究对于我国大学生创业政策的制定，突破现有科研成果市场转化率低下的瓶颈及弥补大学生创业科研成果积累的弱势，将大学生创业与科研成果转化有机结合，有效提高科研成果转化率，提高大学生机会型创业的成功率等具有重要理论意义。

提高大学生机会型创业的比例是我国创业类型转型的内在需要，是推动经济发展的需要，是有效实现以机会型创业带动就业的需要，也是大学生自身发展的需要。大学生创业应该走知识型、机会型创业之路，而不是体力型、生存型的创业之路。面对我国严峻的就业形势，面对我国大学生拥有自主知识产权的科研成果缺乏、知识单一、实践经验少的现状，探索并破解大学生机会型创业难题对解决我国大学生由生存型创业向机会型创业转型也具有重要的现实意义。

综上所述，大学生机会型创业应倡导大学生围绕高校创业教育、大学生个人发展、高校优势的发挥、大学生创业服务体系的建立等方面展开探索。其中，如何培养大学生的创业素养，特别是如何将大学生成长与高校自身发展有机结合，与产业升级、国家竞争力的提升有机结合，笔者围绕这一问题做了粗浅思考，以求教于同仁。

上篇

# 理论篇

# 第一章 大学生机会型创业的内涵

机会型创业和生存型创业是基于创业者创业动机的分类，由于两者对于产业升级的贡献、提供就业岗位的数量、拓展市场的空间、经济社会竞争实力的提升和国家税收的贡献率等具有很大区别，因此机会型创业与生存型创业的比率成为衡量一个国家创业水平的标志。受过高等教育的高素质大学生在创业过程中既有生存型，也有机会型，对比分析两者差异，把握机会型创业的内涵，改善和提高机会型创业的条件，使更多学生走机会型创业之路，对提高大学生创业水平等具有重要的现实意义。

## 第一节 创业的内涵与大学生创业

创业作为一项活动、一种精神、一种思想，在当今社会成为体现人们奋发进取、勇于开拓、积极向上的一种精神风貌和价值追求。其实，创业是一个复杂的社会现象，涉及多个学科、多个层面，其研究包括社会学、经济学、管理学、心理学、教育学、人类学和历史学等学科。

### 一、创业的本质

人类社会的发展史实际上就是一部创业史。创业促进了社会的发展，促进了人类的进步，也极大地丰富和满足了人类生活、生产需要。一个国家的生产水平、科技发展速度、人力资源的开发程度等都与这个国家国民创业的活跃程度、创业的精神、创业的意识和创业的能力密切相关。在过去的几十年里，创业研究引起各国学者的关注，也取得了丰富的研究成果。

目前，学界关于创业没有统一的界定，我国《辞海》中的相关表述为："创业，创立基业，这里的'基业'是指事业的基础、根基。""创立基业"，指开拓或创立个人、集体、国家的各项事业以及所取得的成就。《现代汉语词典》将创业解释为"创办事业"。它由"创"和"业"两个字组成。所谓"创"就是开始(做)，也可以理解为创办、创新、创建；而"业"就是事业，也可以理解为职业、行业、学业等。因此，在我国创业有多种理解，既可以理解为名词，创立的事业，也可以理解为动词，去开创事业或创立事业。

英美国家关于“创业”有两种表达方式：entrepreneurship 和 enterprise，其中，entrepreneurship，意思是“企业家”、“企业家精神、创业精神”等，enterprise 在《英汉双解剑桥国际英语词典》中被解释为“企业，事业，(尤指可获利的)艰巨的计划”。1999 年由伦敦商学院和巴布森学院联合发起，加拿大、法国、德国、意大利、日本、丹麦、芬兰、以色列等 10 个国家的研究者应邀参加的“全球创业观察(Global Entrepreneurship Monitor，以下简称 GEM)”项目，把创业定义为“依靠个人、团队或一个现有企业来建立一个新企业的过程，如自我创业、一个新业务组织的成立或一个现有企业的扩张”。根据此定义，创业的含义分为以下三个方面：①创业是创建新企业的过程；②创业可以是改造老企业的过程；③创业可以是利用社会资源孵化或催化新企业或中小企业产生、成长、发展壮大的过程。[①] 据此，英美国家的创业主要是企业家行为，是企业家创立企业的过程，其意集中在经济活动与财富增长方面。而我国创业的内涵更丰富，外延更宽广，我国甚至提出全民创业的思想，如果把创业理解为创办企业，全民去创办企业显然不合情理。所以，我国的创业有广义与狭义之分。

广义的创业是创造有价值的事业。可以通过创立新企业创造有价值的事业，也可以把工作作为事业，立足工作岗位创造有价值的事业，这样创业的范畴既包含在现有的岗位上努力工作，也包括开创新的基业。因为事业是个人价值目标的追求与所在企事业单位的价值追求相统一，立足本职开创事业对社会发展具有现实意义。如果把创业包含在事业和学业中，则从事一切有价值的劳动都可包含在创业范畴之中，这样对全面理解全民创业是有帮助的。而且，创业所在的组织既包括营利性的组织，也包括非营利性组织；既包括政府党政机关部门，也包括企事业单位等。

而狭义的创业概念则是将创业作为一个经济范畴，主要指创业者依法登记设立企业，并以营利为目的从事有偿生产、加工、销售、服务或组合等生产经营的活动。因此，狭义的创业显示出创业需要投入、需要冒险、需要有利润，而创业活动面临的很多不确定性，促使创业者必须面对竞争，面对市场，面对客户的需要，在产业链、价值链中起到增值作用，对产业、市场起到推动和促进作用。因为，一切不能创造价值的创业和一切没有竞争力的创业是不可能取得回报、求得生存和发展的。

本书所指的创业主要指狭义的创业，其特征在于为创建新企业而进行资源的整合，通过创造价值满足客户需要，以创新方式来整合资源形成竞争力，使企业能

① 杨安.创业管理——大学生创新创业基础[M].北京：清华大学出版社，2011：9.

创立并生存和发展的一系列活动。本书所指的大学生创业也是指狭义的创业，是指大学生不通过就业渠道来谋取职业，找到饭碗，而是利用自己所学的知识、所掌握的能力和技术，并通过自筹资金或申请资助来开办自己的企业的行为，变找饭碗为造饭碗，创造更多就业机会的过程。

## 二、创业活动指数(TEA 指数)

一个国家产业的不断升级，新产业的兴起，源于人们的创业活动。由于同行往往对一个新成立的企业并不欢迎，为防止新企业对他们原有市场的分割，他们会想方设法把新成立的企业扼制住，甚至打垮新企业，因此，作为一个新企业必须在充分了解原有竞争对手的基础上，推出更具有竞争力的产品或服务进入市场，才能经受得起风吹雨打茁壮成长。为使创业成功，很多的创业往往是用更具竞争力的产品或服务创立企业，这意味着创业可推动产业的升级，促进综合国力的提高。

一个国家往往参加创业活动的人员越多，意味着促使产业升级的力度越大，促使产业升级的速度越快，为此有学者提出全员创业活动指数(early-stage entrepreneurial activity 指数，简称 TEA 指数)，来反映一个国家或一个地区内参与创业活动的人数占劳动者的比例，它是反映一国创业活动的主要指标，直接体现着一个国家经济发展的活力。TEA 指数即"早期创业活动"指数，由 1999 年的 GME 最先提出，它是指一国从事早期创业活动的个人的普及程度。GEM 一开始为伦敦商学院和巴布森学院的联合国际研究项目，目的是为了测量一国在培育新产业方面的成功程度，对全球各国新创企业的成功率及其所从事的领域分布、融资渠道和影响因素进行研究，由一批研究机构构成，目前已发展成为提供全球创业信息的非盈利联合研究体，是全球最大的创业活动独立研究机构。

2002 年清华大学中国创业研究中心参加 GEM 研究项目，并出版了第一份中国创业观察报告。当时 GEM 项目有 37 个来自亚洲、欧洲、非洲、北美洲和拉丁美洲的国家和地区，参加该项目的国家和地区人口占世界总人口的 62%，占世界各国 GDP 总和的 92%。在全球创业观察项目的研究框架和方法下形成了一系列研究项目。GEM 研究的基本问题是：不同国家的创业活动水平存在的差异及其程度；创业活动与经济增长的系统关系；影响创业活动水平的因素；政府的创业政策评价及改进。GEM 报告主要通过各国的 TEA 指数、成熟企业拥有率、新创企业成活率、创业领域分布、新创企业的融资渠道等数据来比较全球各国的创业活动水平。

GEM 把创业者分为新创办企业的新兴创业者(nascent entrepreneur)、已经存续了 3 个月以上但未满 42 个月的新企业主(new business owners)和成立时间已经超过 42 个月，即 3 年半的成熟企业主(established business owners)，将上述前两种创业称之为“早期创业活动”，而将后者称为“成熟企业活动”。也就是说 TEA 所统计的创业活动是指参与了企业的创立（并不要求是发起人，可以只是参与者）和新企业的所有者和管理者。TEA 指数其本质是一个国家或地区百人中从事早期创业活动的人数。如 2002 年委内瑞拉和泰国，从事早期创业活动的人数高达 20%以上，也就是说在这些国家，平均每 5 个人中就有 1 个人参与早期创业活动；中国的 TEA 指数仅低于委内瑞拉、泰国、新西兰和牙买加，约为 13%。

近年来中国的创业活动趋于活跃，2007 年 TEA 指数 16.43%，2006 年中国的 TEA 指数为 16.2%，排在第六位，高于 2002 年的 12.3%、2003 年的 11.6%和 2005 年的 13.7%。所以，中国在全球的创业活动中处于非常活跃的状态，作为亚洲的发展中国家，超过日本、新加坡、印度、泰国而位居前列。在 2010 年全球创业观察的 60 个参与成员中排名 15 位。不仅高于像美国、英国、法国、德国等这些发达国家，还高于日本、韩国、我国台湾地区等亚洲发达经济体，同时也高于南非、俄罗斯等新兴国家。只有巴西与我国的创业活跃程度相当。①

我国创业活跃指数的提高源于我国市场经济体制的深入推进，人们的创业热情不断高涨，特别是近年来我国创业环境的改善，各种与创业相配套的政策出台和落实。例如：为了促进就业，促进经济发展与扩大就业相协调，促进社会和谐稳定，2007 年 8 月，我国颁发了《中华人民共和国就业促进法》，2007 年 10 月党的十七大提出了“实施扩大就业的发展战略，促进以创业带动就业”的总体部署，2008 年 9 月国务院办公厅转发人力资源社会保障部等部门《关于促进以创业带动就业工作指导意见（国办发〔2008〕111 号）》的通知，人力资源和社会保障部决定组织工作基础较好、条件相对成熟的城市开展创业型城市创建工作，广州、长沙、杭州等全国 27 个省区的 85 个城市先后被确定为首批国家级创建创业型城市，涉及江苏 4 个城市，分别是泰州、南京、苏州、无锡。创建城市要求做到“三个率先”，即率先突破、率先建树、率先见效，为全国趟出一条成功之路来。很多地方完善创业服务体系，推动全民创业，支持个人、初期创业组织和劳动密集型企业创业；重点扶持高校毕业生、失业人员、返乡农民工、军队退转军人以及其他特殊群体人员创业，使更多的劳动者成为创业者，创造更多就业岗位。

## 三、大学生创业

近年来我国高校毕业生每年均在 600 万人以上，2012 年为 660 万人，2013 年达到 690 万人。大学生作为一支庞大的知识分子群体走上社会，在寻找就业岗位

① 全球创业观察（GEM2010）中国报告发布. http://gte.sem.tsinghua.edu.cn/page-29-200.html.

的同时,利用所学知识走创业之路,对推动社会经济发展,产业升级和提供更多的就业岗位等都具有现实意义。何为大学生创业?因为大学生不同于社会人士的地方在于有学业,要完成学业,所以大学生创业可分为在大学期间的创业活动和毕业创业。一般而言,大学生创业指在校大学生、大学应届毕业生开创自己事业的活动,即大学生创办企业的活动。如微软的比尔·盖茨,在大学期间,凭借自身的知识和技术优势,利用一个具有市场前景的技术产品或者服务,从风险投资家手中获取投资资金,创办企业成为市场活动主体。

### (一)我国大学生创业的基本特征

大学生创业的本质是学子创办企业,为社会提供产品或服务,将知识转化为财富。大学生创业使其成为就业岗位的创造者,通过大学生的创业带动大学生的就业。大学生创业靠的是智力优势、技术优势、产品优势,使其成为技术创新的生长点,促进产业升级,促进创新型国家的建设。大学生创业是学生、家长、学校和社会共同参与的系统工程。目前,我国大学生创业,起步较晚,成功率极低,很多制度有待进一步健全,社会、家长和学生对创业的认识分歧较大,创业的路子不广,大学生创业不仅需要社会环境的宽容和理解及社会各界的鼓励和支持,更需要教育工作者为之构建相应的理论体系,使创业在科学理论的指导下进行。我国大学生创业呈现出以下特征:

一是创业者为在校大学生,学业有待完成。社会上创业者很多,在市场经济浪潮中,如果从创办企业的主体来看,有知识型的与非知识型的。大学生作为知识型的一族创办企业有很强的特殊性,他们年轻,敢于冒险,思维活跃。大学生创业者不仅包括大学在籍的大专生、本科生,还包括硕士研究生和博士研究生,从我国1998年以来的八次大学生创业计划大赛的参加者来看,基本上包含专科、本科、硕士生和博士生各种层次,这些学生有的已毕业、有的尚未毕业。他们把创业作为一种锻炼和学习,在创业过程中无论成败,其创业的经历是最为宝贵的,而且,在学校、社会的大力支持下,在校期间创业较走上社会后创业有更大的优势,因为学校是创业强大的后盾,从江苏省创业示范高校南通大学大学生创业情况来看,目前在校大学生创业有13个团队,有本科也有硕士。

大学生创业基本上是以团队形式进行,而团队成员也是大学生,因为学生与学生更便于交流与沟通。比尔·盖茨和杨致远在创办微软和雅虎公司初期都是两个人,我国视美乐的创办者是3名清华学生。南通大学创业的团队基本上由大学生组成团队。

二是产品类和服务类创业并举,更倾向于服务类。大学生创业靠的是技术或服务,更主要依靠的是具有市场潜力的产品,要开发出新的产品,离不开工程技术方面的知识和技能,因此,从产品类创业来看,其创业主体主要是理工科院校的学生。从我国第一届和第二届全国大学生创业计划竞赛看，第一届比赛90%是网络方面的作品，第二届比赛作品涵盖了电子信息、光机电一体化、生物医药、环境科学、精细化工、新能源、农林以及服务行业等9大类。最近几届全国大学生创业计划竞赛中服务类越来越多，并将比赛分成了产品和服务两大类。近几届比赛作品基本涵盖了农林、畜牧食品、生物、医学、化工技术、环境科学、电子信息、材料、机械能源、服务咨询等多个领域。其特点是创业项目向高新技术和现代服务业发展。

大学生创业依靠的是产品和服务。由于理工科院校学生所学知识，有相当部分是有关新产品开发的，再者理工科院校的实验设施为大学生新产品开发提供了物质保障，在设计过程中有老师的悉心指导，设计更趋科学、合理，而且理工科院校很多教师手中都有横向或纵向科研课题，这些课题绝大部分是针对现实生产中存在的技术问题而展开的，因此，教师对学生创业项目的市场前景、科技含量及可靠性、性能指标等有相当的指导作用。另外，参加创业大赛的院校绝大部分是理工科院校，这类学校的强项专业也大都来自理工科类的学生。综合性大学大学生创业更具优势，不仅有大量产品类，还有大量服务类，包括生活服务、技术服务、产品服务等，近年来利用现代网络技术进行服务类创业的项目也越来越多。

从近年来南通大学在校创业的13支团队来看，有7个团队属于理工科，有6个团队属于人文社科类专业。

三是没有前期资金积累，创业资金要靠外援。大学生创业依赖的是自己的产品或有竞争力的服务，希望将产品转化为商品，推向市场，取得利润，将现代服务推向市场并受到市场的欢迎，从这点上看，创业实际上是一种技术创新和服务创新。将技术转化为产品，投放市场必须有一定量的资金注入。创业资金的来源虽有部分是大学生自己筹集，但更多的是从政府、高校创业基金中获得资助，从天使投资人中获得投入，从风险投资商手中获得风险投资。风险投资商的创业投资，目的是为了获取利润，不参与经营活动，投资方向主要是具有市场前景、在高新技术领域内、初创企业域处于成长期的企业。新创立的企业刚刚起步，没什么资产可以用于抵押，也没有信用，如果没有担保也就不可能从银行获取贷款，没有规模化的销售业绩，当然更不可能通过发行股票募到现金。

南通大学13个创业团队所从事的创业基本上是人力资源培训、广告传媒、网络服务，其资金门槛较低，在南通大学科技园创业，其创业服务公司可代为申请注册，更减轻了创业资金不足而对公司注册的影响。

四是边学边创业，创业成功率不高。大学生靠知识创业，就产品类创业而言，主要是将自己的知识产权产品转化为现实生产力，即将创造转化为创新。就科学技术产品转化为现实生产力的转化率来看，最高的美国为50%～60%，俄罗斯30%～40%，我国不到10%。我国科技新产品，特别是专利产品能实现商品化，投放市场，取得利润的不到10%，而大学生创业，在经风险投资商筛选时会淘汰一批。从南通大学参加创业比赛十多年以来，很多参赛作品是科技类的，但由于产品的成熟度等原因，在13个创业团队中仅有一个是产品类创业，其他均为服务类，而且，学校有专利技术成果上百个，用于创业比赛的成果也有几十个，但真正市场化的几乎没有，原因在于项目的市场成熟度不高，如果大学生用这些项目创业，成功率不可能高。

另外，一些获得风险投资商资金投入的创业者，还涉及创业中的企业管理和经营活动，实际上，生产管理和商业运行是大学生成功创业的致命弱点，大学生往往缺乏生产经营的实际经验，而且，大学生创办企业所组成的学生群体，虽然所学书本知识涉及生产、管理、经营等领域，理论能有效指导实际并能有很强的应变能力，但非经刻苦磨炼是不能成功的。我国近几年的大学生创业计划竞赛成败的现实正好说明这一点。而大学生创业时依靠的知识产品往往有相当一部分还不成熟，不能很好地被市场所接受；在创业过程中，往往相互协作不当，缺乏实际经验等，在市场大潮中能经受住考验的往往只有极少数。

需要指出的，大学生创业起点越高，风险越大，其成功率越低，随着创业环境不断改善，对大学生创业的优惠政策进一步完善，越来越多的大学生走上起点相对较低的现代服务业，如进行人力资源培训、网络技术服务等，其成功率会越来越高。

五是从低门槛开始，有一个理想的制高点。理想中，大学生创业创立的企业应绝大部分是知识型的企业，以高科技产品或服务来满足市场需要，开创市场，引导消费，从而引导产业结构的调整。

目前，我国市场整体处于买方市场，市场上90%左右的商品处于供过于求的状态，要想在市场竞争中求得生存与发展，大学生创业的产品不仅要适时推向市场，而且必须有很强的竞争能力。在当今知识经济初见端倪，最具竞争实力的是高新技术产业，也正是在这种历史条件下，靠知识创业使大学生创业得以萌生和发展，并显示出巨大的生命力。

从江苏省大学生创业教育网来看，该网站登出的80位创业之星，反映了大学生创业的整体实力，其创业类型绝大部分是现代服务业，仅有少量的科技产品创业，如2012年6月29日，就读于华中科技大学的大四学生黄子通研发的“新型的防爆轮胎装置项目”专利技术，在武汉市南京商会副会长堵文利的引荐下，获得了武汉市南京商会高达3 000多万的项目启动与研发资金。还有河海大学2011届本科生张凯，毕业后一年内，他联合4名同学，依托自己在校期间的创新成果——电动窗帘，创办了南京千韵电子科技有限公司，经营得有声有色，公司还申请了一项国家专利以及两项实用新型专利等。

利润与风险并存，大学生创业所创办的企业一开始是高科技小企业，成功率低，风险大。理想中的大学生创业所生产的高新技术产品，要能成功地推向市场，被消费者所接受，在市场竞争中不被淘汰，必须在产品设计、企业管理和市场运作等方面运筹帷幄，求得黄金搭档的企业人员队伍，相互协作。而由于大学生对市场运作一整套的规律比较生疏，对创业的艰巨性、长期性认识不足，一味追求短期效益，忽视自身实践能力的锻炼。大学生创业本身先天不足，低的成功率必然造成创业投入的风险很大。另一方面，面对未完成的学业，面对创办企业投入的巨大人力物力，其风险可想而知。

但从现实来看，面对就业形势和创业环境，一些大学生选择了门槛低的生存型创业，虽然利润不高，但风险也相对较低。

### （二）对大学生创业基本特征的分析

在大学生的主要任务是完成学业，还是在完成学业的同时积极创业的争论中，1989 年联合国教科文组织在“面向 21 世纪教育国际研讨会”上首次提出了“创业教育”（又称“第三本教育护照”）的概念；1998 年世界高等教育大会强调：为方便毕业生就业，高等教育应主要关心培养创业技能和主动精神，毕业生不再仅仅是求职者，首先将成为工作岗位的创造者；1999 年联合国教科文组织在《21 世纪的高等教育：展望与行动世界宣言》中提出：必须把创业技能和创业精神作为高等教育的基本目标，创业教育也成为 21 世纪的一种全新教育理念。

首先，大学生创业是时代发展的产物。当今社会正步入知识经济时代，知识经济是以知识为基础的经济，是以现代高新技术为主导的经济，随着消费者由被动消费转向主动消费及消费日趋个性化、多元化，必然导致新产品和新行业的不断涌现，高科技小企业呈现强劲的发展势头。名闻遐迩的微软公司、雅虎公司的创业者比尔·盖茨、杨致远等成功的创业历程，使大学生特别是掌握了现代科学技术，富有冒险精神和创新精神的大学生面对就业的竞争压力和成功的机遇，担负起创业的历史使命。高等教育有三大职能，即人才培养、科学研究和社会服务，当今社会高校由社会经济的边缘逐步步入中心角色，其本质是高校对经济发展的作用日趋凸现，在知识向生产力转化周期不断缩短的今天，高校不仅成为人才的培养基地，而且成为知识的孵化器，更重要的是成为高新技术企业的孵化器，其表现即为高校师生的创业。早在 1999 年 MIT 毕业生就已创办了 4 000 个公司，自 1990 年以来，MIT 毕业生和教师平均每年创建 150 个新公司，对美国特别是麻省的经济发展作出了重要贡献，仅 1994 年这些公司就雇用了 110 万人，创造出 2 320 亿美元的销售额。① 近年来，我国政府、高校和各类机构共同加强对大学生的创业指导和服务，大学生创业能力进一步提高，创业人数逐年增长。2010 年，全国大学生自主创业

① 蔡克勇.加强创业教育——21 世纪的一个重要课题[J].清华大学教育研究，2000(1).

的人数总计达到 10.9 万人，比往年有大幅度增长。①

大学生创业计划大赛为我国大学生创业起到促进和示范作用。清华大学于1998 年、1999 年创办的首届和第二届竞赛，以及 1999 年由团中央等联合主办，清华大学承办的第一届“挑战杯”全国大学生创业计划竞赛，一方面使越来越多的高校和大学生参加到大学生创业行列；另一方面，在大学生创业计划中涌现了不少颇具水平的作品，其潜在的巨大商业价值吸引了不少投资企业，他们闻声踏入清华园，与大学生洽谈投资或收购。在我国买方市场条件下，一些拥有资金但选不到好的项目进行投资的企业成为风险投资商，一些地区为大学生创业营造好的创业环境，设立大学生创业基金，例如，由武汉市计委、经委和东湖开发区三家共同出资成立的武汉世博投资公司。为实现科教兴国战略，我国大学生创业正逐步兴起，担负起时代赋予的历史使命。再例如近年来“挑战杯”全国大学生创业计划竞赛，在比赛的同时都有一个签约转让活动，风险投资商对比赛中涌现出来的好的项目签订投资协议。2012 年 11 月 24 日至 29 日在同济大学举行的第八届“挑战杯”全国大学生创业计划竞赛决赛，就有一个签约转让程序。同时，各地各高校加强创新创业教育课程建设，大力举办创业大赛、论坛等活动，仅 2010 年各地各高校就举办了 2 万多场创业活动，参加学生超过 300 万人。②

其次，大学生创业是机会成本强化和外现。大学生创业尽管有成功的范例，但毕竟不成功的是多数，大学生创业之所以成为大学生们中的时尚，关键是学生们清醒地认识到机会的价值。

如果比尔·盖茨等到他大学毕业再从事计算机软件的开发就很难说一定能取得成功。1975 年哈佛大学法学院二年级学生的比尔，得知世界上第一台个人电脑在美国问世，就给个人电脑公司的老板罗伯茨打电话称他已对个人电脑 BASIC 语言的解释程序开发获得成功。此时已有相当基础的比尔用了三周时间，开发出了世界上首次用于个人电脑的 BASIC 解释程序。于是比尔从大学办了退学手续，把全部精力投入到计算机软件世界中去。1979 年，他和艾伦创办了“盖茨—艾伦微软公司”，并与世界上最大的计算机公司 IBM 握手合作，第二年首次推出 MS-DOS 操作系统软件，恰好这一年 IBM 公司推出了 IBM-PC 兼容机，而该机必须使用 MS-DOS 软件，这一下使比尔的微软公司营业额大增，1984 年超过了 1 亿美元，登上世界软件公司的第一把交椅。在 20 世纪 90 年代，比尔推出计算机软件操作系统——Windows，1991 年 36 岁的比尔因此成为世界首富。可见，比尔创业除了自

① 三省市成为国家大学生创业示范基地. http://www.univs.cn/newweb/channels/jobs/2011-03-31/1301544584d972557.html.

② 三省市成为国家大学生创业示范基地. http://www.univs.cn/newweb/channels/jobs/2011-03-31/1301544584d972557.html.

己掌握先进的科技外，还有很重要的一点是抓住机遇，认识到机会的价值。

在既充满竞争又蕴含着无限商机的社会里，如何找到适合自身发展的机遇，正在被越来越多的大学生所重视。在创业成功与风险，所学知识、所拥有的知识产权与实现商品化，现在创业与将来创业之间，在良好的学校与社会创业条件下，有不少大学生走上创业之路。例如，面对越来越好的创业环境，不少学生通过学校社团活动培养自己的组织能力和沟通能力，通过学校提供的生存型创业平台，如复印、打字、家教服务等，感受商业服务中的服务质量、客户需求满足及成本与利润计算，通过大学期间的社会兼职，主动接触社会，提高工作能力，并适时进行创业。南通大学教育科学学院 2003 级学生冯正飞，2006 年以学院"唯 E 工作室"负责人身份当选大学生就业创业协会理事会宣传部部长，还兼任教育科学学院分会会长。2006 年 8 月，还未毕业的他就成立了自己的"南通新狐网络有限公司"。之后他与扬州一家企业合作，开发了企业计算机管理软件并成功投放市场，不仅成功进驻南通市崇川科技创业园，还成功地成为"网易"的南通总代理。

创业的成功率很低，学业的中断会给创业失败后继续上学带来困难，但从终身学习和学习场的建立及学历本位主义向能力本位主义转变的发展趋势来看，人无论什么时候都要抓住机遇，即使在大学学习期间也一样。从某种意义上讲，大学课堂教学是一种学习，创业也是一种学习，大学学习带有被动性和预期的计划性，而创业的学习带有更大的主动性。所以，创业有时损失的是不能及时完成学业，而获取的是实现自我价值的机会。随着知识向生产力转化周期的日趋缩短，后一种机会显得更为重要。事实上，有不少学生利用一切机会进行创业，先进行门槛低的生存型创业，通过生存型创业解决生活费、学费等，在生存型创业过程中积累资金、积累经验，掌握创业的基本知识和能力，并在创业中寻找机会，了解市场需求，寻求更大的发展空间，适时由生存型创业转化为机会型创业，进行较大市场空间和较高门槛的机会型创业。江通人力资源有限公司董事长杨秋兰，曾就读于南通大学教育科学学院应用心理学专业，大一时，为赚取生活费，减轻家庭负担，她做家教、发传单、推销超市会员卡、给培训机构跑业务等兼职，大二时兼任班级的团支书以及学院的学生会主席。2007 年 8 月，她办理了工商个体户营业执照——江通商务信息服务部，后来陆续在苏州、盐城、无锡、扬州和淮安等城市开设了分店，主要经营劳务派遣、商务信息咨询、非职业技能培训等项目。2009 年 1 月，她筹集了 50 万资金，注册成立了江通人力资源有限公司。目前，杨秋兰的七家分店经营状况良好，每年的盈利大概在 25 万元左右。

再次，大学生创业是社会化与个性化的体现。社会心理学将个人的成长置于社会背景中，与他人群体、组织联系起来，从这样的视角出发，个人的成长就是一系列的社会化过程。教育的主要职能是培养人即执行人的社会化。

社会化是人在一定的社会环境中通过与他人的交互作用而不断发展变化的过程，它包括两个方面的含义：一是个人学习社会知识、技能和规范，取得参与社会生活的资格，发展自己的社会性；二是社会把一个“自然人”转变为“社会人”，即社会按文化价值标准把一个新生儿教化成符合其要求的社会成员。人的生长和发育主要表现为社会化过程，如果没有社会化过程，人无异于动物。社会化内容极其广泛，凡是社会生活中必需的知识、技能、行为方式、生活习惯，各种思想、观念、信念等都包括在内。

大学生创业面对社会，从技术设计到企业管理和商业运作，必须立足社会和群体的角度建立一定的群体组织；大学生作为创业者，要成为企业的管理者和组织者，必须以群体的形式参与市场竞争。大学生创业是人的社会化表现。

同时，大学生创业也是大学生个性化的表现，因为大学生创业完全是自愿的，是大学生根据自己的兴趣、爱好和专长，面对创业的成功与失败，及其严峻的社会现实，复杂的人际关系等，自由选择创业之路。因此，大学生创业具有很大的主动性，能最大限度地调动其积极性，即使创业再艰难，也不会有一声怨言。

如南通向心力企业管理咨询有限公司总经理谷巷河，2004 年考入南通大学教育科学学院应用心理学专业，2008 年毕业。他通过实习接触客户，了解市场需求，掌握服务技能，毕业后利用一年时间积极积累经验，抓住市场发展机遇，在所学专业领域的产业发展潜在市场进行创业，经过两年的实习和创业，从心理素质拓展方面入手，成立了自己的公司，创立了自己的事业。2009 年 10 月注册成立了自己的公司——南通向心力企业管理咨询有限公司。主营业务：户外拓展训练、户外运动、攀岩、速降等，野外训练、徒步穿越、生存训练、露营等，定向越野、军训、军事体验等，还有真人 CS。南通向心力拓展训练公司是专业在江苏南通地区从事体验式学习培训、开发的一家户外拓展训练机构；也是南通地区最具有思想、最具有发展潜质与服务意识的一家多户外训练形式的培训服务机构。

2011 年，经过自己及团队的不断努力，场地的项目与设施不断扩展，到如今已经形成南通其他大部分拓展训练公司所不能媲美的场地规模与项目数量。目前正在筹建第二块基地——真人 CS 基地，包括彩弹 CS、镭射 CS，争取使公司的产品多元化、活动形式多样化，将自己做大做强，为南通及其周边的客户提供更好的服务。

总之，大学生创业是在大学生面临就业的压力与创业的最佳时期而进行的一种选择，是知识转化为生产力周期缩短，高科技小企业的涌现正好满足人们消费的多样化、个性化需求等历史条件下的必然产物。大学生创业是一把双刃剑，休学创业使学生失去了最佳的学习机会，易使学生产生浮躁心理，但创业又能使学生尽快认识社会，走向社会，在创业中学到更多的知识。大学生创业是一项系统工程，需要学生、家长和社会、学校的理解与支持。大学生创业的成功率很低，如何鼓励适合创业的学生去创业，引导不适合创业的学生继续完成学业或就业，需要建立创业评价体系，以提高创业成功率，减少因创业失败而造成的损失。要从理论上认清创业、学业与就业的关系，创业教育不等于使每个学生都去创业，创业能造就更多的就业机会，创业者是就业岗位的创造者，会创业就不愁就业；创业是一种学习，完成学业也是一种学习，两者并不矛盾，都是为提高自身能力。高等教育大众化和人力资源的优化配置都需要大学生创业。只有创业才能减轻就业压力，也只有创业，才能使个性得以充分体现，使创业者充分施展自身才华，人力资源得以优化。

## 第二节　机会型创业的本质

机会型创业是与生存型创业比较而言的，是根据创业者心理而对创业的一种分类。机会型创业是衡量一个国家创业活跃程度和创业水平的重要指标，机会型创业对产业升级、扩大就业、拓展市场、增加税收等具有重要意义。

### 一、机会型创业与生存型创业

英国伦敦商学院推出的 GEM 报告的撰写者 Reynolds 等在 2001 年最先提出了机会型创业和生存型创业的概念，并在历年的 GEM 报告中对机会型创业和生存型创业的概念进行丰富。GEM(2002)报告指出机会型创业就是指那些为了追求一个商业机会而从事的创业活动；生存型创业就是指那些由于没有其他就业选择或对其他就业选择不满意而从事的创业活动。GEM(2003)报告认为机会型创业者是指那些已经感知到商业机会的人，这些商业机会是创业者们所愿意去开发的，这些创业者还有其他的选择，但是他们由于个体偏好而自愿选择了创业；生存型创业者是指那些由于没有其他更好的工作选择而从事创业的人，“生存”的字样反映了个体需要某种工作形式，但是决定开创一个企业却并非自愿的。GEM(2005)报告提出机会型创业者的是指那些为了追求一个机会而开创企业的创业者，他们是自动自发地开创他们的企业①。可见，机会型创业是创业者自愿放弃其他选择，对创业机会的主动追求；生存型创业是没有其他选择，为了生存而无奈的被动创业。

机会型创业与生存型创业相比，在创业动机、创业目标、带动就业、产业升级、对资源的要求和创业领域都有不同。在创业动机上，机会型创业是为了追求一个商业机会而从事创业的活动，虽然创业者还有其他的选择，但由于个体偏好而主动

① 姚晓芳. 机会型新企业创业过程研究[D]. 合肥：合肥工业大学，2008.

自愿地选择了创业，显示出创业者的主动性，而生存型创业是创业者为了生存，没有其他选择而无奈地进行创业，显示出创业者的被动性；在创业目标上，机会型创业注重的是新市场，体现出创业市场的潜在性，而生存型创业是面对现有的市场，最常见的是在现有市场中捕捉机会，表现出创业市场的现实性；在带动就业方面，机会型创业面对的是需求多、容量大的市场，因此企业未来的发展规模大、生产批量大或服务面广，造就的就业岗位多，而生存型创业大多为生活所迫，物质资源贫乏，从事低成本、低门槛、低风险、低利润的创业，往往无力用工；在产业升级方面，机会型创业是通过对新产业的开拓实现对新市场的开拓，是基于市场创新、科技创新实现创业目标，成为产业结构升级的助推器和经济社会支发展的重要驱动力，而生存型创业从事的是技术壁垒低，不需要很高技能的行业，对产业结构升级几乎不发挥作用；在对资源的需求方面，机会型创业需要分析和发现新的市场机会，需要较多具有专业知识的人才；机会型创业的发展目标是进入或开发新市场，需要较多的初始财务资源和尖端的技术资源；机会型创业者更关注未来，比较重视与外界维持长期的良好关系，需要有较为丰富的社会资源。正如蔡莉等人的研究表明①，在对资源的依赖上，机会型新创企业拥有的初始人力资源、技术资源、社会资源等充裕程度要高于生存型新创企业，而生存型创业是为了生存，在迫于生计的情况下从事的创业，其占有资源很少；在创业领域方面，机会型创业很多是利用自主知识产权进行的技术型创业，也有的是资源要求较高的金融、保险、房地产等领域，而生存型创业往往是小型的占用资源少的零售、个人服务、保健、教育服务、社会服务和娱乐业等。

## 二、机会型创业的特征

机会型创业与生存型创业相比，前者是主动，后者是被动；前者是为发展，后者是为生存；前者对资源要求高，后者对资源要求低；前者创业风险大，后者创业风险小；前者针对潜在市场，后者是针对现有市场；前者基于较高技能，后者基于普通能力；前者创业就业岗位多，后者创造就业岗位少等。

作为一种主动性创业的机会型创业要求创业者具有较高的心理素质、较强的创业抱负、较高的机会感知能力和创新手段。机会型创业是通过发现或创造新的市场机会、为追求更大发展空间通过新产业的开拓实现对新的市场的开拓的创业形态，呈现出创业起点高，对经济社会的推动力大，市场空间大，造就的就业岗位多，利润高、风险大等特征。我国数量庞大的受过高等教育的大学生，理应成为机会型创业的主力军，但现实是我国大学生不仅创业率低，而且成功率也很低，机会

① 高建.全球创业观察中国报告[M].北京：清华大学出版社，2008.

型创业率则更低。这与我国创业教育体系、创业政策体系不完善有着极其密切的联系。

## 第三节　我国大学生机会型创业的现状

面对就业压力和市场机会，受过高等教育的大学生理应从事技术含量高、市场潜力大的机会型创业。为鼓励大学生创业，国家、地方和高校也出台了一系列政策，形成了良好的政策环境和较强的政策驱动力，人数众多的受过高等教育、具有较高综合素质的大学生应是机会型创业的主力军。分析我国大学生机会型创业的现状，对有针对性地化解大学生机会型创业中存在的问题，提高机会型创业与生存型创业比率，具有重要的现实意义。

### 一、我国大学生机会型创业与生存型创业现状

据全球创业观察报告（GEM）显示，从整体上来看，近年来我国创业者的创业动机已经完成了从生存型创业到机会型创业的转变，创业活跃指数（TEA）不断攀升。2002 年，在 18～64 岁中国人中，创业类型结构是生存型创业占 60%，机会型创业占 40%，从 2005 年起这种构成发生了逆转，之后一直保持逆转的势头。2006 年，我国生存型创业与机会型创业的比例为 38.7%：59.2%。到 2007 年，我国生存型创业约占 40%（具体数据是 39.6%），机会型创业约占 60%（具体数据是 60.4%）。[①] 标志着中国的创业活动在向机会型创业发展，创业的水平明显提高，创业对经济社会的驱动力在增强。

创业类型发生重大转变

| | 机会型创业 | | | 生存型创业 | | |
|---|---|---|---|---|---|---|
| | TEA指数 | 排名 | 比例 | TEA指数 | 排名 | 比例 |
| 2002年 | 5.6 | 17 | 40% | 7 | 3 | 60% |
| 2003年 | 5.5 | 15 | 47% | 5.5 | 6 | 53% |
| 2005年 | 7.3 | 12 | 53.2% | 6.2 | 2 | 45.3% |
| 2006年 | 9.6 | 10 | 59.2% | 6.3 | 5 | 38.7% |

在 GEM 的研究中，37 个国家和地区的创业活动按照上述两种创业类型进行了划分。总体上看，全球的创业活动是以机会型创业为主、生存型创业为辅的。研究发现，2006 年中国已经由生存型创业转变为机会型创业为主。机会型创业指数

① 高建. 全球创业观察中国报告[M]. 北京：清华大学出版社，2008.

在 2005—2010 年间是生存型指数的 4.7 倍。男性大学生的创业活动高于女性大学生。①

我国大学生机会型创业现状如何呢？我国很多大学生想通过创业成就人生，但真正走向创业的很少。据教育部 2009 年公布的数据显示，“75%的高校毕业生渴望自主创业，但最终真正的创业者仅占 1.94%”②。大学生创业率的变化趋势不容乐观。据中华英才网自 2008 年 11 月开始的一项调查，历时半年超过 21 万名学生参与投票，覆盖内地所有省、自治区和直辖市的 629 所高校，结果显示，尽管提倡大学生创业的呼声渐高，但大学生选择创业的比例从 2003 年的 15%一路下滑至 2008 年的 1.4%③，而在发达国家大学生创业的比例一般占 20%～30%。可见，我国大学生创业的比例很低，与发达国家的大学生创业率相比有着巨大差距。不仅大学生创业比例低，而且其成功率也很低。2002 到 2006 年大学生自主创业成功率为 1%～3%。2008 年据不完全统计，一般企业创业成功率为 30%，而大学生创业成功率只有 2%～3%，远低于一般企业的创业成功率。④ 因此，我国高校大学生创业中虽以机会型创业为主，但并没有担当起大学机会型创业的主力军，而且创业率和创业成功率都很低。

近年来我国近 100 万名大学生不能就业，面对巨大的就业压力，我们认为只能归因于创业太难，大学生创业的成功率太低。

很多国外学者如 Gartner，Bird & Starr(1992)等研究认为，创业者比一般的管理者具有更高的成就动机。同样，大学生也想通过创业来证实自己的智力、体力、胜任能力，赢得相应的地位和自尊，实现人生价值，表现出很强的成就动机，但为何大学生的创业率依旧很低呢？Atkinson 和 Brich 认为，成就动机在意识上表现为对立的心理作用：一是希望成功，即追求成功和由成功带来的积极情感；一是害怕失败，即避免失败和由失败带来的消极情感。成就动机涉及两种不同情感间的冲突，其强度等于追求成功倾向的强度减去避免失败倾向的强度⑤。有学者采用成就动机量表，分层随机选取武汉地区部分高校学生为对象进行研究。结果表明，四个年级合成成就动机中避免失败的动机均强于追求成功的动机；理工科学生避免

---

① 全球创业观察(GEM2010)中国报告发布. http://gte.sem.tsinghua.edu.cn/page-29-200.html.

② 徐敏. 大学生 75.22%想创业　1.94%真创业[N]. 解放日报，2009-08-05.

③ 张仙凤. 调查报告显示：大学毕业生创业比例一路下滑[N]. 中国青年报，2009-08-05.

④ 朱先奇. 构筑中国特色大学生创业教育模式[N]. 光明日报，2008-04.

⑤ Atkinson J，Birch D. An introduction to motivation[M]. New York：Van Nostrand，1964.

失败的动机显著地高于文科学生。[①] 可见，我国大学生创业率低的重要原因在于成功率低，造成很多大学生不敢创业。所以，增强大学生的创业意识和能力，为大学生提供更多的硬件和软件扶持，提高学生的创业成功率，从而提高大学生创业率，成为摆在我们面前的现实课题。

从大学生创业的类型来看，大学生创业与社会人员创业类似，以机会型为主，但生存型占有相当大的比例。2009 年成都团市委通过2 000名在校大学生以及1 000 名已毕业在成都创业者的调查显示，大学生以生存和谋生为创业目的的生存型创业为 41%，以自我实现、提升、探索为目的的机会型创业占大学生创业者的 59%。[②] 为何我国仍有 40%的大学生从事没有发挥自身知识和技术优势的生存型创业呢？我们认为这与学生的家庭条件有密切关系。由于生存是人的最基本需要，在我国社会保障体系还不健全的情况下，不劳动者不得食，没有工作就失去了生活的来源，只能想办法创业。目前，我国高校学生中有相当比例的贫困生和特困生。在沉重的经济负担之下，一些学生为了顺利完成学业，只好利用课余时间创业，部分学生在找不到工作的情况下，为解决生存问题，走上了生存型创业之路。

无论机会型创业还是生存型创业，由于大学生创业一般是依靠家庭的资助，在学期间很少取得高科技成果，因此只能从事占用资源少、风险低的行业。据 GEM 2010 年统计，我国大学生创业的资金需求不高。10 万元以下的比重为49.75%。其中，5 万元以下的比重是 34.63%。大学生创业偏好顾客服务类行业，有近 90%的学生选择这类行业。[③]

由于服务业的专业技术要求、进入门槛和创业风险相对较低，IT 业产业发展环境比较成熟，因而较多大学生选择在这两个行业创业，有 32.9%的大学生选择服务业，19.5%的大学生选择 IT 产业，14%的大学生选择生物医药。2009 年受教育部高校学生司委托，在沪教育部直属高校毕业研究生就业工作协作组，通过对全国 24 个省、自治区、直辖市的 227 个各级地方政府部门、117 所高校、15 922 名高校学生(包括部分已毕业学生)、309 家企业的调研数据进行分析后，提出报告显示：高校毕业生从事的创业项目中，社会服务业占 34.63%，制造业占 13.27%，金融、保险业占 12.94%，真正参与高科技创业的仅占创业人数的 17.11%。[④] 南通大学大学生创业的 13 个团队中，大部分从事人力资源培训、广告传媒、网络服务，仅有一家由计算机科学与技术学院 2012 届毕业生顾晓涛同学创办的南通普佳安电子

---

① 肖志玲. 不同性别、年级、专业大学生成就动机差异研究[J]. 湖北工学院学报，2003(1).

② 陶玲. 成都首份大学生创业报告出炉　成功率 5.13%[N]. 华西都市报，2009-12-04.

③ 全球创业观察(GEM2010)中国报告发布. http://gte.sem.tsinghua.edu.cn/page-29-200.html.

④ 徐敏. 大学生 75.22%想创业　1.94%真创业[N]. 解放日报，2009-08-05.

有限公司，从事物联网系统的开发和研究，以及物联网工程的施工，开发智能家居系统以及为中小企业提供物联网解决方案为主业。

通过以上分析我们发现，我国大学生创业虽然是以机会型创业为主，但仅与社会人员整体机会型创业率持平，并没有担当起机会型创业的主力军；高科技创业比例很低，与高校有较丰富的科技成果资源不相称；大学生创业率低的重要原因在于创业成功率太低，反映了大学生的创业能力有不少薄弱环节，以及高校创业教育及大学生创业支撑体系存在不足。所以，推动高校毕业生机会型创业，需要政府、高校、社会共同携手进一步努力。

## 二、提高机会型创业与生存型创业比例的设想

大学生创业应充分利用所学专业，发挥专业特长进行科技型的创业，否则，学非所用，用非所长，从事低门槛的创业活动并不利于自身事业的发展，不利于产业结构升级。为促使更多学生从事机会型创业，我们认为创业者要有良好的创业技能、创业精神，高校应把培养创新创业人才作为人才培养的重要目标，社会要进一步优化创业环境，引导更多的学生利用所学特长进行机会型创业。

应开展创新创业活动，提高大学生机会型创业率。我国高校学生绝大部分处于被动学习态势，学习任务重，学习目的不甚明确，很少有时间参加科研活动，教师的科研项目其课题组成员基本上是教师。学生即使有好的点子，好的项目，但由于缺少学校和老师的支持和指导也不可能进入实验室进行研究。现在在学校中普遍认为学生的主要任务是学习，要求学生抓住最佳学习时期多学知识，通过考试取得毕业文凭，这种想法是对的。但在对学生通过科学研究提高学习兴趣，培养学生发现问题、分析问题和解决问题方面的能力认识上尚有不足。表现在实验室不能全天向学生开放，实验条件简陋，实验为大多数再现性，缺乏创造性；学生不能较为自由地把自己想做的实验带入实验室；缺乏强烈的创造氛围和创造条件，难以产生好的创造成果。

创新教育是按照一定的教育理论，培养人才的创造素质，提高创造能力，使教育成为创新人才的实践活动。创新教育在培养学生创新思维、创新技能的基础上，培养学生的创新精神和创新意识、创新能力。而创新教育的目的不仅是为了积累知识，更主要的是为了提出问题，发现问题。创新学习，它的功能在于通过提高一个人发现、吸收信息和提出问题的能力，以主动适应社会日新月异的变化，创新思维是发明创造的思维基础，一项课题的提出，众多解决方案的提出等都离不开创新思维科学的指导，它是产生创意、创造成果和完善创造成果的前提和基础。

我国传统的教育片面强调读书而忽视创新，把读书作为受教育的同义词，学生的学习目的在于获得已有的知识、经验，提高解决当前已经发生问题的能力。传统

的教学必然造成千人一面，我国学生逻辑思维能力较强，但联想思维、想象思维和两面神思维能力较弱，因此容易造成思维僵化倾向，在创业中碰到问题不能很好地解决，也想不出好的设想提出好的课题。创新原理和创新技法是从事发明创造的基本理论和方法，是指导学生完成发明创造活动的理论基础，也是使学生在发明创造中不致陷入茫无头绪、无所适从境地的保证，是一项发明创造能适应市场需求的前提。如市场导向型创造技法融汇市场经济规律，立足于市场经济进行定向发明创造的技法，它对于开发满足市场需要的畅销商品，促进发明创造成果的商品化有很大的积极意义。

创新教育中的企业创新，包括技术创新、管理创新和经营创新，是现代企业在市场竞争浪潮中不断推陈出新，取得竞争优势的关键。当代企业不创新就灭亡，作为大学生创业创办的企业同样必须不断创新，一项技术、一个产品，只有不断创新，才能日益成熟。大学生创业即使已获取了风险投资商的投资，也会面临散伙的结局，很多企业散伙的重要原因在于缺乏企业创新的理论指导。

机会型创业比生存型创业在创业资源方面有更高的要求，大学生进入技术资源高的高科技术领域是理想的选择。因此，建议高校加强创业师资队伍建设，制定激励措施，鼓励青年教师直接参与创业实践。对闲置的科技成果进行筛选，遴选出适合学生创业的项目，建立起项目库，提供给学生，为学生机会型创业提供技术资源方面的支撑。同时，政府部门要进一步完善我国风险投资体系，风险投资体系对所有的高新技术产业具有普遍的支持作用，不仅为大学生机会型创业提供经济帮助，帮助大学生引入风险投资基金，还通过风险投资公司的介入，能为企业提供资金、管理等方面的支持和辅导，从而降低创建期所带来的风险，并使企业获得健康成长。建立大学生失业保障制度和大学生创业经济扶持政策体系，降低大学生迫于生计无奈选择生存型创业的比率。

全社会宣传提倡创业精神，营造有利的创业环境。投资创业往往缺少家长支持。因为，一般家长都想把孩子送进大学学习后或找到一份稳定的工作，或考研究生继续深造，或到国外留学，等等，很少有家长预想到孩子上大学的目的是去创业。自改革开放以来，我国经历过两次“下海热”。一次是 1982 年 9 月 1 日召开的中共十二大，提出了我国在强调国营经济的主导地位的同时，发展多种经济形式。到 1988 年，出现了公职人员大量“下海”的“十万大军下海南”现象。第二次是 1992 年 1 月 19 日，邓小平抵达深圳发表南巡讲话，提出计划多一点还是市场多一点，不是社会主义和资本主义的本质区别，计划和市场都是经济手段。1992 年 10 月 12～18 日在北京举行的党的十四大后，我国进一步加快了由计划经济体制向社会主义市场经济体制转变的进程，中国进入到市场经济时代，民营经济取得快速发展，经商下海成为大多数人的选择。在我国市场经济建立的过程中，在我国民营经济的发展中，很多家长在自己创业的同时，深刻体会到创业的艰辛，他们并不期望自己的子女也创业办公司。笔者曾了解过几位公司老板对于他们的子女未来发展的计划，一位是办机械厂的老总、一位是从事印染企业的老总，他们谈到让子女上学的目的，一位是希望孩子完成学业后考上公务员，或到银行工作，一位是希望孩子将来出国留学，学成后留在国外工作，等等。可以发现，无论平民百姓，还是企业老总，对子女上大学创业都持有不支持甚至反对的态度。大学生作为一名消费者，其学费和生活费都来自家长，而创业需要资金的投入，家长不支持是很难创业的。创业中家长对大学生创业的态度很重要。

创业环境和创业文化是催生和推动高新技术产业发展的动力，在全社会要营造一个鼓励人们敢于创业，支持人们能够创业，帮助人们成功创业，减少创业风险的社会环境。针对大学生面临的创业实际，国家出台了各类鼓励大学生创业的政策。这些支持政策的出台，在很大程度上有力地支持了大学生的创业行为。与发达国家相对完备的创业教育、创业服务机制相比，我国的创业服务体系和机构还不健全，在提供创业信息和创业指导、营造创业的舆论环境和文化氛围、整合社会资源为大学生创业服务等方面还不够规范。我国应进一步完善法律法规来保护和支持大学生的创业活动，出台一系列涉及工商、税务、卫生、科技、劳动、人事、教育鼓励大学生创业的法律、法规，通过税收、金融等有关政策来引导大学生进行机会型创业，减少家长和大学毕业生的后顾之忧，通过创业环境因素的改善来引导大学生从事机会型创业。

# 第二章 大学生机会型创业的心理

大学生年轻、精力旺盛、富有想象力、敢于冒险，大学生经过专业教育，具有一定的理论素养和专业知识，因此，运用所学知识进行机会型创业，应是大学生以创业成就人生，以创业成就事业的良好选择。但创业是一种冒险，既富有挑战性，又成败并存，创业中会面临很多意想不到的艰难险阻，既需要乐观、积极向上、敢为人先的进取心，又要有面对困难、挫折、失败的坚韧不拔、沉着冷静的抗挫折心理，因此，创业要有良好的心态、健康的心理品质。

## 第一节 大学生创业的心理

创业是创业者自我主张、自我实施的一种行为，无论是外界的引导还是压力，创业不同于就业，它是一种自我意识主导下的冒险活动。创业心理是研究创业者心理活动规律的学科，它通过科学的方法探索创业者创业的心理过程，包括其对创业的感觉、知觉、注意、想象等形成的过程，探寻创业者的创业意识、创业的动机、创业者的气质、性格心理特征，并以此指导大学生创业心理素质的培养。

### 一、创业意识

创业是创业者锐意进取，勇于开拓，不断努力的过程，创业需要坚强的意志和百折不挠的精神，创业意识成为想创业、敢创业和去创业的动力源。创业意识支配着创业者的态度与行为，决定着创业的方向和力度，是大学生从事创业活动的内在驱动力。江泽民同志曾指出："要帮助受教育者培养创业意识和创业能力，通过教育部门的努力，培养出越来越多的不同行业的创业者，可以为社会创造更多的就业机会，对维护社会稳定和繁荣各项事业发挥更大作用。"

何为创业意识？创业意识，是指在创业实践活动中对人起动力作用的个性心理倾向，包括需要、动机、兴趣、信仰等心理因素。① 创业意识集中表现于创业素质

---

① 沈树周，段素梅. 大学生创业教育现状分析与对策研究[J]. 科技信息，2009(12).

中的社会性质，支配着创业者对创业活动的态度和行为，是创业素质的组成部分。①

创业意识是如何形成的？例如，南通职业大学2002级计算机网络专业学生宋宇峰，2002年入学，入学后即在学校的《点击》报工作，从校对到广告主编再到总编，在整个过程中由于大量接触商户，了解了市场需求，特别是受学长宗习海的影响，在《点击》报工作锻炼了创业能力。同时宋宇峰父亲原在一家企业担任负责人，在改制当中将老厂买下来，对他产生较大影响，宋宇峰在大学期间便萌发了创业的想法。他毕业后成立了南通凯莱传媒有限公司，主要从事楼宇广告、平面设计、企业形象宣传定位策划等，年产值达150万元，利润率30%。2013年底他发现南通洗涤市场有发展前途，因此又成立了南通市港闸区本色洗涤有限公司，共有27名员工，月产值20余万元。创业意识的形成有源于家庭的原因，如父母亲创业活动的影响，也有的是受同学创业活动的影响，还有的是在学校社团活动中形成了潜意识和显意识。

创业是一种主动而积极的行为，现实中我们发现有些学生在大学期间就琢磨着想有一个自己的公司或实体，或喜欢做买卖，这就是人们常说的从小就是一个生意人。我们也看到一些大学生经过第一次做生意的失败，总结经验教训，再进行第二次创业。在20世纪80年代到90年代，随着市场经济的不断完善，在我国曾出现"下海潮"、"经商热"，这实际上是人们创业意识的显现。

创业是一种投入人、财、物而不一定成功的冒险行为，是一种由于生活所迫或为寻求更大商业机会的自主行为，是积极主动的行为；创业都会面临市场竞争，都有可能还没起步或刚刚起步就被竞争对手扼杀掉。所以，要形成创业的心理倾向，必须克服创业中的心理障碍。特别是作为主动寻求创业机会的机会型创业，要有创新意识、风险意识、竞争意识和自主意识，所以，创业意识实际上应包括围绕创业应具有的各种意识的组合。

创新意识是市场竞争中取胜的法宝，面对竞争对手，只有做到人无我有，人有我优，人优我特，形成核心竞争力，建立技术壁垒或屏障，才能确保企业旺盛的生命力或活力。创业是一个企业由小到大全方位的发展过程，这个过程会经历很多意想不到的困难，甚至走上绝境，因此，创业必须建立风险意识，要能理性分析创业过程中可能碰到的各种风险，如团队风险、技术风险、资金风险、政策风险等，认清各种风险化解的措施等。市场的最大特点就是竞争，任何一个新创企业在初期都是艰难的，不会受到竞争对手的欢迎和呵护，为争取一点点市场份额必须要有很强的生命力，面对资源日益匮乏，必须理性把握好市场机会，拓展市场机会和汇集各种

① 毛建国.职业学校创新发展创业教育的关系[J].教育发展研究，2001(3).

资源，充分放大自身的优势，在竞争中求得生存，求得发展。创业特别是机会型创业是指创业者不是为了生存而被迫进行的积极主动抓住市场机会的创业活动，因此，面对诸多就业机会，放弃现有可选择的“饭碗”需要很强的自主意识，树立创业成就事业，创业成就人生，把创业作为自我实现的追求，形成远大的理想和抱负，激励自己抓住机会，创造机会，实现自我人生价值的意识。

创业意识是对创业的认识和想从事创业活动的欲望，不了解创业，盲目创业很快就会败下阵来，而且可能输得惨烈。因此，对创业既要有感性的激情，有一种坚持不懈的执著，敢于冒险和勇于冒险，同时也要有理性的思考，对机会的识别，对风险的规避，对竞争手段的选择等。因此，创业意识的培养，应是感性和理性的培养。

我们看到世界上很多发达国家非常重视创业教育。例如日本在课程设置上把创业教育放在必修课的位置。为了帮助学生树立创业意识，在小学课程计划中有意识地让学生观察周围人的劳动，并通过绘画、手工制作等教学内容培养学生自我独立、自我创业的意识。在初中，日本开设了“职业科”，其中包括技术和家政两大类内容，培养学生的劳动态度和设计未来的能力。2005 年英国政府发起一项中学生做生意的计划，要求所有 12～18 岁的中学生必须参加为期两周的商业培训课程。英国政府从中学开始就开设商业课程，法国从初中就开始增强创业教育。

我国的创业教育把重点放在大学阶段，2006 年团中央国际联络部、国际劳工组织等为培养大学生创业意识和创业能力，专门开发了大学生创业教育试点项目(KAB)，以选修课形式在大学开展，学生可获得相应学分。一些高校设立创业园，或创业岗位。例如，南通大学 2009 届电子信息学院的李强章曾是一名贫困生，大二下半学期，正当他为怎么赚生活费犯愁的时候，看到学校贴出一个令人兴奋的公告：学校要把两个报亭作为勤工助学的岗位让学生承包，并明确规定学生要自负盈亏。李强章立刻组建了 8 个人的小团队，并提交了书面申请，陈述了自己的经营理念和计划。没过几天，李强章被学校通知参加面试。在一番“唇枪舌剑”后，李强章领导的团队从二十几支竞争团队中脱颖而出，争取到报亭的“经营权”，并拿到了学校 1 000 元的创业资金。经过两年多的经验积累，毕业后他与另一个同学合伙创办了“宇轩自动化设备有限公司”，投入不到 10 万元，效益非常好。通过创业岗有效提高自身的创业意识。

## 二、创业精神

意识是一种高级思维或认识活动，既然是高级思维或认识活动，那它必然也要有产物，也就是说它要产生出精神来。精神是大脑思维的产物，是大脑对客体与主体进行感知、认识以及反应的结果。精神的哲学范畴是指人脑对客观世界的反映，精神就是意识表现出来的活力，或内容实质①，也可以说，精神是指人的意识、思维活动和一般心理状态，也指宗旨和主要的意义或表现出来的活力。精神是一种价值取向，是一种理念和价值追求，一种群体意识、思维活动和心理状态。② 日本政府在总结明治维新时期经济迅速发展的经验时发表了一份白皮书，其中有这样一段话："日本的经济发展有三个要素：第一是精神，第二是法规，第三是资本。其中精神占 50%。"这说明精神要素对一个国家的发展是最重要的，对大学生创业而言，更是如此。

精神文化是指人类文化的精神形态，包括人的全部精神生活领域——知识和经验、思想和观念、情感和意志等意识活动的方式和内容特征。人的心理活动、意识和潜意识、人生体验、科学知识、思想道德、学术见解、文学艺术、宗教信仰、民族传统、生活情趣、社会风气等，无不蕴含着、显现着人自身历史发展的一定特征，即构成一定的精神文化③。

关于创业精神，彼得·德鲁克认为企业家行为所表现出来的精神就是创业精神，其显著特征在于通过创新活动开创出一个新的市场和新的顾客群体。④《中国城市竞争力报告 NO. 2(2004)》提出由辛劳精神、闯荡意识、竞争心理三项组成"创业精神"。"创业精神指数"排名前 10 名的地方是：温州、深圳、北京、泉州、重庆、台州、镇江、中山、惠州、佛山。温州人的创业精神表现为冒险精神、吃苦精神、创新精神和踏实精神。由于精神内涵的多义性、复杂性、丰富性，对创业精神的论述也表现出不同的层面。

创业精神是创业者在创业过程中所形成的约束引导其行为的价值和规范体系，以及体现这种价值和规范体系的独特气质。创业特别是机会型创业是一种对机会的追求，创业精神体现的是追求社会经济和科技环境的趋势和变化，而且往往是尚未被人们注意或发现的趋势和变化，是一种潜在的市场机会。创业精神离不开创新，创业是在竞争环境中成长的，必须有很强的生命力和竞争力，而唯有创新才是创业走向成功的不竭动力，通过新产品、新服务、新的商业模式等形成竞争力。创业精神是创新创业发展企业的动力源泉。创业者追求拓展和增长，他们会不断拓展市场，不断创新，不断推出新产品、新服务或新的经营模式。

创业需要一种勇往直前，攻坚克难的动力，这个动力来源于创业精神。创业团

---

① 商务印书馆辞书研究中心. 新华词典[M]. 北京：商务印书馆，2001：518.

② 储朝晖."大学精神"语义的实证分析[J]. 复旦教育论坛，2004(2).

③ 李德顺，孙伟平，孙美堂. 家园——文化建设论纲[M]. 哈尔滨：黑龙江教育出版社，2000：12.

④ 彼得·F·德鲁克. 创新与创业精神[M]. 张炜，译. 上海：上海人民出版社，2002：25.

队拥有自己的精神，才能培育与形成积极向上、奋发进取的生命力，从而对内形成凝聚力、向心力，对外形成吸引力、影响力。创业精神是创业团队的价值取向、价值追求，是创业者自我价值观的整合与升华，是个体对学校价值观的感知与认同，也是创业者的一种价值体系；创业精神，是基于一种价值追求而形成的一种积极向上、拼搏奋进的动力，是企业创业团队所体现的生命力、创造力和凝聚力的整体精神面貌，是一种无形的力量。

## 三、创业中的决策

在创业环境中，初创企业的创业者会面临大量的复杂而不确定的因素，需要进行各项决策。决策过程实际上是一个发现问题、分析问题、寻找办法解决问题的过程。进行决策，不仅要分析历史和现状，还要预测未来。任何正确的决策都必须以充足准确的信息为依据。只有在此基础上准确判断，才能明确群体的努力方向，提出科学合理的目标，制定切实可行的计划方案。而创业行为中的决策，难有充足的信息，如果要全面收集这方面的信息，不仅需要较长的时间，而且也需要较高的成本，面对诸多风险和困难，往往会抑制创业活动及其过程。甚至有学者提出，如果创业者在决策过程中为了做出理性的决策而搜集大量的信息，那么企业很可能永远都创建不起来。事实上，作为个体创业，在冒险投入时往往对投资项目产生认知偏见，把项目成功取得的回报理想化，把企业成长时可能碰到的困难弱小化，把创业美好前景扩大化等，形成美好的预感，产生强大的动力，从而做出创业决策。

根据 1979 年美国普林斯顿大学的心理学教授丹尼尔·卡内曼和阿莫斯·特沃斯基(Tversky)提出的前景理论(Prospect Theory)，个人基于不同的参考点位置，会有不同的风险态度。也就是说，人们对风险的态度更可能是基于决策者的参照点而不是基于可能出现的结果，并会随时间的推移而发生变化。如一个人的展望或预期是一月要得到 1 万元收入，当他决策让他得到 1 万元收入时他会觉得没什么，如果他有办法使他得到 1.5 万元甚至更多收入时，他会慎重地考量这方法(决策)带来的风险，以免失去预期的 1 万元收入，但如果有一种比较安全的方法让他少得 4 000 元时，决策者一般会宁可冒较大的风险，也要获取预期的回报。可以看出，创业者对未来的心理预期与抗风险能力之间有着内在的联系，心理预期越高，抗风险能力越强。

创业者之所以有较强的抗风险能力，是由于他们对风险的感知度较其他人小，他们更关注作为他们参照点的未来目标，并为实现未来的目标而创业。创业者的参照点实际上就是使创业者产生心理满足的目标。

从创业决策可以看出，大学生创业的心理预期决定着其创业类型的选择，如果心理预期很小，只要能够维持生存，其风险感知度小，抗风险能力弱，选择的创业往往是生存型创业。相反,如果创业的心理预期大,要成为某个产业的领头羊或领跑者,或心理预期的收入远超过一般工薪阶层,看准或找到一个潜在的巨大市场进行创业,其抗风险能力较强,选择的一般是机会型创业。

因此,培养大学生创业的决策能力,一方面要培养学生的信息获取能力,能以最小的成本,最快的速度,全面搜集所需的信息。笔者在指导大学生创业比赛的过程中,发现大学生创业在信息获取的渠道上,往往限于网络,其实信息获取的渠道应是多样的;另一方面,创业中的思维偏好有其优点,如果对某项目有特别高的兴趣爱好,会成为一种动力,收集各方面信息,促进创业的成功。例如,桑叶味道可口,我国古代养生家曾用桑叶代替茶叶作饮料,借以长葆青春。古今典籍证明,桑叶是植物之王,有“人参热补,桑叶清补”之美誉。在古代,桑叶又称“神仙叶”,作为中药和菜食,已经被广泛应用。在中医学里,很早以前就着眼于桑叶研究了。早在2002年,山东韩秀娟以桑叶为原料,先后研制出桑叶枕、桑叶茶、桑叶棒等30多种产品,通过开拓市场、注册商标、申请专利,到2011年,其“桑叶”产品销售额已突破300万元。

## 第二节　大学生机会型创业的动因

创业动机是推动创业者从事创业实践活动的内部动因,是一种使创业者处于积极心理状态的一种内驱力。目前我国高校很多学校想创业,也就是具有创业动机,但真正从事创业的学校却很少,大多数学生创业只停留在一种想法,并没有转化为创业实践。正确的创业动机是使创业走向成功的重要因素。

### 一、大学生创业的心理动因

1970年,Hornaday & Bunker在《人事心理学》一书中就开始讨论成功创业者的心理特征。研究表明,成功创业者一般具备下面几个方面的心理特质:成就动机、内控倾向、风险承担倾向、不确定性容忍、自信和创新意识。① 所以,创业者内在的心理动机,影响着创业的选择并决定着创业的行为和目标的实现。研究表明②,人们的创业动机可以归结为:对成就的需要、对独立性的偏好、控制的欲望、改变家庭和个人的经济状况。大学生创业是适宜的创业环境与做好创业准备相结合的产物,是基于一定条件的主动或被动的选择,因此,大学生创业心理动因影响着大学生的创业率,决定着生存型与机会型创业的类型,我国大学生创业心理动因

① 张建华,陈柏峰.创业家个性特征分析[J].经济论坛,2007(16).

② 粘永昌.大学生创业动机与创业模式探析[J].法制与社会,2009(15).

归纳起来主要有生存的需要、积累的需要、成就的需要和自我实现的需要等几种类型。

一是生存的需要。生存是人的最基本需要，在我国社会保障体系还不健全的情况下，不劳动者不得食，没有工作就难以生活，只能想办法创业。特别是我国目前城乡差别和贫富差距还较大，还有很多穷乡僻壤地区和城镇低保家庭，高校学生中还有相当比例的贫困生和特困生。在沉重的经济负担之下，一些学生为了顺利完成学业，只好利用课余时间创业，部分学生在找不到工作的情况下，迫于生计，只能是从事低成本、低门槛、低风险、低利润的生存型创业。

例如，南通大学教育科学学院应用心理学专业学生杨秋兰，大一时为赚取生活费，减轻家庭负担，做家教，发传单，搞推销等，进行生存型创业；南通大学 2009 届电子信息学院的李强章也曾是一名贫困生，大二下半学期为赚生活费而争取到学校报亭的“经营权”进行创业。

二是积累的需要。按照阿尔德佛（Alderfer）的 ERG 需要理论，人的需求分为生存、相互关系和成长等三类。人在同一时间可能有不止一种需要，如果较高层次需要的满足受到抑制，对较低层次需要的渴望会变得更加强烈，即使一个人的生存和相互关系需要尚未得到完全满足，他仍然可以为成长发展的需要工作，而且这三种需要可以同时起作用。当代大学生随着年龄的增长，对于相互关系和成长的需要会逐渐强烈。大学生思维活跃、创新意识强烈，同时所受的约束和束缚也较少，按照 ERG 需要理论他们对成长的需要也更为强烈。一部分学生为了学以致用，增加自己的实践经验，丰富自己的社会阅历，增加人脉资源，提高自己的能力，积累工作经验，谋求自己以后的发展或为实现自己的某个目标做好必要的经济准备，在条件成熟的情况下会走上创业的道路。虽然，满足积累需要的创业者往往以锻炼为目的，承受失败的能力较强，但由于其承受的压力较小，会稳扎稳打，走向成功。

南通大学 2007 级应用化学专业学生黄刚，大学期间积极参加学校社团活动，培养自己的组织能力、沟通能力和分析问题、解决问题的能力，曾担任校就业创业协会会长，2008 年至 2009 年期间任南通大学就业中心助理，大二的时候，黄刚就与三名同一专业又志同道合的同学谋划着组建自己的团队。积极参加社会兼职，担任社会企业职务，2008 年在家庭在线公司任职物流部主任，2009 年在上海牵手阳光任职人事部经理，2009 年在强强联合网络科技有限公司任职营销总监，2010 年任职河南省英语测试服务苏中地区总代理，2010 年任职某外资企业培训师。他通过接触社会、接触市场，不断积累人脉资源，积累工作经验，于 2010 年 8 月注册成立南通华贤教育咨询有限公司，注册资本 50 万元。

三是成就的需要。McClelland 曾就创业者个性特征问题进行过开创性的研究，提出成就需要是创业者比较突出的个性特征。很多国外学者如 Gartner, Bird & Starr(1992)等研究认为，创业者比一般的管理者具有更高的成就动机，这种成就动机往往会影响创业者的创业决策。创业者之所以选择创业，不仅是为了获得更多的利润，而且是为了自我发展，为了满足内在自我实现的感觉。McClelland认为，具有强烈成就需要的人往往渴望将事情做得更为完美，工作效率更高，获得更大的成功。① 成就动机是一个人对于自己认为重要的有价值的工作乐意去做，并力求达到成功的内在动力。成就动机与个人对自己的高要求、高标准有关，与个人的抱负高低有关。大学生所学知识多、能力强、素质高、心理期望值高，有着希望成功的强烈愿望，同时，大学生在学校里学到了很多理论性的知识，有着较高的技术优势；沉浸在高校浓郁的学术氛围下，与学术界关系密切，容易获得好的项目，很多大学生想通过成功创业，实现自己的理想，证明自己的价值，成就人生。

四是自我实现的需要。自我实现的需要是指实现个人理想、抱负，发挥个人的能力达到最大程度，完成与自己的能力相称的一切事情的需要。根据马斯洛需要层次理论，自我实现需要是人的最高层次需要，也就是说，人必须干最称职的工作，才会感到最大的快乐。自我概念是一种动态的与情境相联系的认知结构，它为特定的行为提供动力和方向。② 机会型创业是创业者做自己最想做的事，做最能发挥自身专长的事，通过实现自我价值，得到社会的认可。比尔·盖茨、张朝阳等人的创业经历为大学生们所津津乐道，他们希望自己有那么一天也能像他们一样成就一番事业。替别人打工不如为自己打工，自己的事业，做起来会更有工作激情、更投入，从而更容易成功。据心理学研究表明③：25～29 岁是创造力最为活跃的时期，这个年龄段的青年正处于创造能力的觉醒时期，对创新充满了渴望和憧憬。由于大学生所处的环境使他们往往更容易接触一些新的发明和学术上的新成果，或者部分大学生已拥有具有自主知识产权的科技成果，为了能早日实现自己成功的目标，开始了自己的创业生涯，通过成功创业，来实现自己的理想。

例如，2010 年毕业的南通职业大学汽车电子专业学生丁松兵，他的创业梦想在高一时就产生了。他从小喜欢看名人传记和关于励志的书籍，想通过创业这个途径实现自我人生价值。在校期间，他也尝试做些小生意，第一笔生意是卖学习用品，但上当受骗，认识到市场是有风险的，第一次的失败让他得到了经验教训，但他没有放弃。大三时他做过运动鞋的代理生意，但由于运动鞋库存压力大，代理的运动鞋知名度小，价格卖不上去，资金启动大等因素，最终也失败了。2013 年他开始做

① 姚晓芳. 机会型新企业创业过程研究[D]. 合肥：合肥工业大学，2008.

② 钟毅平. 社会认知中的自我及自我表征[J]. 西北师大学报(社会科学版)，1999(4).

③ 陶国富. 创造心理学[M]. 上海：立信会计出版社，2002.

中国电子商务协会发起的“百城万企”独立商城项目，在网上注册域名，公信部备案（类似于京东、亚马逊一类的网上商城），专门经营汽车用品方面的产品。

## 二、大学生机会型创业心理动因的分析

随着我国支持大学生创业政策的不断完善，高校创业教育的不断深入，大学生创业所拥有的资源进一步丰富，形成了较大的大学生进行机会型创业的推动力，理应有更多的学生从事机会型创业，但调查显示，2009 年我国大学生75.22%想创业，1.94%真创业①，机会型创业比率则更低。因此，笔者认为，剖析心理动因成为完善政策体系，有力引导大学生机会型创业的关键。

受过高等教育，有较扎实的理论基础和一定操作技能的大学生，理应通过所学专业进行较高起点的机会型创业，但由于机会型创业所需的资源远高于生存型，生存型创业门槛低，所需资源少，虽然不是理想的选择，但为了生存，毕业找工作成了他们的首选，找不到工作进行生存型创业，只是无奈的选择。所以，为家庭困难学生提供必要生活保障，为想创业的学生提供必要的资助和扶持，是提高机会型创业率的重要措施。

不存在生存问题，或家庭富裕的大学生就会从事机会型创业吗？2006 年曾经有一所大学进行了相关问卷调查，四分之三的家长支持孩子选择考研或留学，没有一个人选择自主创业，可见传统就业观念和世俗的成才观是创业最大的阻力。②这说明在全社会宣传提倡创业精神非常重要，需要在提高创业者素质和营造有利的创业环境上下工夫。我国大学生想创业，但真正从事创业活动必须得到家长的支持。事实上，《温州职业技术学院大学生创业园管理暂行办法》、《浙江工商职业技术学院学生创业园管理办法（试行）》等对大学生创业入园资格条目中就明确规定，创业公司必须具备一定的启动资金和风险承担能力，并取得家长同意。完善创业政策体系，营造积极向上的创业氛围，改变中国传统思想，是提高大学生创业率的重要一环。

创业是一个极其复杂、充满风险的系统工程。一个小环节的决策失误，都能导致“全盘皆输”。所以，要使创业取得成功，不仅要有拥有技术优势的项目，正确识别创业机会，组建强有力的创业团队，获取并高效率地配置资源，形成良好的营利模式，同时要有良好的外部环境，通过创业资金的扶持，启动创业项目，通过税收的优惠，降低运行成本，通过有效的孵化，降低创业风险等，才能使创业的种子历经风雨，茁壮成长。

---

① 徐敏.大学生 75.22%想创业　1.94%真创业[N].解放日报，2009-08-05.

② 汪瑞林.大学生创业要过几道坎[N].中国教育报，2006-06-21.

## 三、成就动机的归因理论与大学生创业

大学生创业是因为创业的成功会成就人生、成就事业，强烈的成功欲望和成功后的美好前景成为把创业意识转化为创业实践的关键，研究创业成就动机的归因，可以更好地引导大学生把创业动机最终转化为创业实践。

### （一）成就动机归因理论的基本观点

所谓成就动机，是指驱动一个人在社会活动的特定领域力求获得成功或取得成就的内部力量。在行为上，它表现为一个人对自己认为有价值的、重要的社会或生活目标的刻意追求。大学生创业主要依靠学生自主行动，创业者除了要在情感上对创业有强烈的渴望，面对创业中的困苦要有坚强的意志，更主要的是要在创业中面对成绩和失败能正确地归因，以不断强化创业的动力，形成富有活力的成就动机。成就动机科学的归因是形成不断强化创业动力的前提，在此领域众多的研究中，有三种理论最具代表性，这三种理论分别是韦纳的归因效果理论、自我效能感的归因理论和习得无助的归因理论。①

1974 年美国心理学家伯纳德·韦纳以成败行为的认知成分为中心，提出了一个归因模型。其基本观点是：

（1）个人对成败的解释有四种因素：自身的能力、努力程度、任务的难度、运气的好坏。其中，能力和努力程度是描述个人特征的“内在原因”，难度和运气则是表示环境因素的“外在原因”；按“稳定性”维度划分，能力和难度属于稳定的因素，努力程度和运气好坏则是不稳定的因素，在各种情境中变化很大。

（2）“稳定性”维度对以后类似情境中是否成功的期望或预测产生重大影响。如果成功归因于稳定的原因，会期望自己在以后类似情境中继续成功；失败归因于不稳定的原因，则会对以后的成功抱有更高的期望。成功被归因于不稳定原因，则对下一次成功就不那么有把握了；失败归因于稳定原因，对以后类似的任务会做失败的打算。

（3）内因与外因的形成对成就行为的内控或外控判断，影响到这一行为对个人的“价值”，并进而影响其成就动机。人们更看重由内部原因所致的成功，会感到愉快并会继续争取成功，并为此而奖励自己。而归因于内部原因的失败则会对个人的自尊产生消极影响，并会削弱以后对成功的追求。

韦纳的归因效果理论实际上也是一种关于成就的期望和价值的理论，即控制点影响着人对成败赋予的价值，归因的稳定性影响着成就期望。价值和期望共同决定人在以后的成就行为中所付出的努力。

---

① 倪海.学生“习得性无助”及教育对策[J].教育评论，2002(5).

1977年美国心理学家班图拉提出自我效能感的归因理论，后经认知心理学家借鉴发展成现在的自我效能感的归因理论。其基本观点是：

(1) 个体的自我效能感决定他在成就情境中的行为动机。自我效能感高的人在有关活动中行动的积极性高，诱发动机行为，当问题和困难得到解决和克服时，当初效能感得到证实，这就维持了动机。自我效能感低的人，在活动上行为的积极性就低，导致活动结果不尽如人意，反过来又降低了他的效能感。

(2) 自我效能感来源于对行为的"无条件的积极关注"或强化。当一个人的行为总是伴随着成功和来自他人的关心、支持的时候，他的自我效能感就会增强或提高，而当一个人的行为总是伴随着失败和来自他人的批评、指责的时候，他的自我效能感就会削弱或降低。

(3) 人们的自我效能感在很大程度上与归因有关，只有当成功被归因于自己的能力出众这种内部的、稳定的因素时，个体才会产生较高的自我效能感；同样，只有当失败被归因于自己的能力不足这种内部的、稳定的因素时，个体才会产生较低的自我效能感。

对于个性趋于成熟或基本定型的人来说，归因则在其自我效能感的产生、维持、增强或削弱、消失等方面起着决定性的作用，因而在成就动机和成就行为中起着决定性的作用。

斯里格曼是习得无助归因理论的最早提出者。习得无助归因理论的基本观点是：

(1) 消极行为事件或结果本身并不一定产生无助感，只有当这种事件或结果被个体感知为自己难以控制或改变的时候，人才会产生无助感。

(2) 如果一个人将不可控制的消极事件归因于内部的、稳定的、普遍的因素，那么一种弥散的无助或抑郁状态就会出现，自我评价就会降低，动机也减弱到最低水平；否则，人们在经历消极事件后所产生的无助感就只能是限于特定时空条件的、不普遍的、不足以降低人们的自我评价和弱化人们的动机，甚至还会强化随后行为的动机。

(3) 习得无助很多是由于其对失败的不当归因引发的。如将失败归因于稳定的内部原因，在随后的成就任务中将很少付出努力且成绩明显下降。

总结三种归因理论，我们可以得出各因素对成就动机归因的影响，如表1-1所示。从表中可以看出，成功是产生高的成就期望值、成就价值的前提，能力是内部的、稳定的因素，成功归因能力出众是产生自我效能感的条件；作为成败因素中的内部的、稳定因素的能力的提高，对于自我效能感的产生，习得无助感的克服具有决定性的作用。

表 1-1　各因素对成就动机归因的影响

| | 稳定因素 | 不稳定因素 | 成功归因的价值 |
|---|---|---|---|
| 内部因素 | 能力 | 努力程度 | 高 |
| 外部因素 | 任务难度 | 运气 | 低 |
| 成功归因的期望值 | 高 | 低 | |

### （二）归因理论与创业教育的关系

把创业作为一种人生追求，创业者有一种执著的创业追求，通过创业来证明自己的能力，来成就人生的理想，在失败中成长，在创业中积累经验，并通过创业的成功来成就人生。

*1. 正确归因有利于激发有效实现创业梦想的动力*

动机是推动和指引个体从事各种活动的内部动因，其作用在于促进人们进行有目的的行为。动机产生于需要，对某种事物有强烈动机的人，通常表现出较高的积极性、长久的坚持和一定的指向性，产生一种动力，这就促使人们尽最大的努力向所期望的目标迈进。创业动机是大学生对学习的一种需求，是激发、维持和推动创新创业的一种内部动力。正确的归因意味着对成功归因于内部因素和稳定因素，对失败归因于外部的和不稳定的因素，使成功和失败都能强化学习的动力。

创业是一个冒险、认知、积累的过程，是对各种市场、财务、管理信息的加工和内化过程，创业过程是从感性到理性的一个个单个活动过程。创业者面对复杂的市场信息，在创业的种子期产品或服务项目完善、市场化过程中需要克服种种困难，尤其是技术成熟度的提高、产品性能的完善，需要一步一步地克服困难，而这一切都是由自己决定，无人逼迫，依靠的是创业者内在的动力，它决定了创业中的一切。

成就动机归因理论，为大学生创业动力源提供现实依据。需要是动机产生的前提，只有在需要基础上的刺激物的出现才能产生动机，当人们渴望创业一点点地取得成功，才能产生强烈的不断坚持下去的动机。在当今社会，通过创业实现人生价值成为创业者求生存、求发展的需要，创业者通过创业过程中所获得的点点滴滴，就会不断激发其成就动机，就会使其产生和不断强化自我效能感，不断奋发攻坚克难。现代社会为创业者提供了丰富的资源，为创业者通过创业实现自我提供了基础，关键是一方面使创业者能及时捕捉到所需信息，另一方面，高校和社会为创业者提供优良的创业环境和日益完善的服务系统。

正确的归因，可以产生建立在兴趣基础上的兴趣动力系统，从而产生和强化自我效能感。兴趣源于人们的需要得到满足，因而产生肯定和愉快的情感。创业中取得成就，产生愉悦心理，也就是对成就的取得产生强烈的兴趣，使成就动机不断得到强化。创业教育、创业实践、创业服务等，必须能使创业者在创业过程中不断取得成就，产生创业的成就感，形成创业兴趣。创业兴趣是一种创业动力，是个人对创业产生的兴奋、愉快的感觉。它往往可以使创业者主动地创业，乐于创业。

2. 创业服务资源的设计需要归因理论的指导

首先，创业资源应易于使创业者获取所需资源。独立自主的创业方式，使学生面对的是无尽的创业资源。提供给创业者的创业资源的设计，由高校和政府部门牵头，由创业导师、创业项目、创业培训、创业实习、创业比赛等构成，在遵循创业认知规律的基础上，通过最佳的表现手法和逻辑顺序，利用理论与实习有机结合，使提供给创业学生的创业资源易于学习和掌握，不断产生成就感，克服创业无助感，增强自我效能感。

其次，学习资源应是可以交互的，能不断指导创业者的学习，帮助学生克服创业中的困难，提高创业能力，克服创业无助感，激励人们产生强烈的成就动机，激发其对创业的强烈渴望。树立了正确的创业动机后，创业才能主动，才能自主，才能有选择地、持之以恒地坚持下去，遇到困难时才能充满信心，以坚强的毅力千方百计地去征服困难，不达目的誓不罢休。

再次，创业教育在教学资源的设计方面和内容取向方面更应考虑学生自我发展的需要，考虑社会的需要，在内容组织上有阶梯性，采用多种途径，对学生的创业产生良好的强烈冲击，从而不断强化其创业意识和创业动力。成就动机在一个人的行为上表现为对自己认为有价值的社会或生活目标的刻意追求。在当今社会环境下，创业资源的开放性，使学生可以自主学习，在离开了课堂氛围，没有面对教师的外在压力，没有同学间的相互竞争的情况下，要形成强烈的成就动机，产生不断强化的动力系统，就必须有正确的、科学的动机诱因，引导创业者的成就行为。

### （三）充分发挥正确归因对大学生机会型创业的促进作用

成就动机是人类所特有的高级动机，它在人们的成就行为中起着十分重要的动力作用，因此，这些归因理论无疑对大学生创业有着重要的指导作用。

首先，正确归因帮助学生形成自强化的成就动机。根据韦纳的归因效果理论，行为的内外控制点和稳定性均影响人的成就动机和行为。其中稳定性的作用尤其重要。在创业学习资源设计中应渗透强化成就动机的策略，也就是将失败归因于不稳定的、外部的、不可控制的原因；将成功归因于稳定的、内部的、可控制的原因。创业教育应优化学习资源，使学习者通过努力学有所获，并通过创业活动逐步达到学习目标，同时让学生参加创业活动反馈，从而形成自强化的成就动机。

其次，积极帮助学生增强自我效能感。按照班图拉的观点，自我效能感的产生依赖于“无条件的积极关注”或强化！创业活动也应通过多种反馈途径和多种表现手法给学生以更多的关心、鼓励、支持、帮助等正面强化，而少给以批评、指责等负面强化，以维护和增强学生的自我效能感。

第三，克服习得无助感。创业征途中的困难和失败是不可避免的，如何化失败特别是屡次或不断的失败为不断前进的动力，必须克服习得无助感，让这些学生明白他们的失败主要是源于不稳定的原因。

创业教育资源设计者在对创业教育过程、创业实践资源进行设计、开发、利用时，要考虑如何帮助学生循序渐进地训练和积极强化，使他们真正获得创业所必需的知识、技能，产生积极的成就动机和创业策略，提高创业能力，发展良好的个性品质，帮助学生认识失败是由于努力不够而不是他们低能，使他们树立自信心，克服创业中的无助感。

## 第三节　创业团队心理与行为

大学生创业一般以团队形式出现，特别是机会型创业，涉及市场营销、财务管理、企业管理，产品类创业还涉及技术开发、生产管理等，创业者由于所学专业所限，不可能什么都懂，因此建立起知识、能力互补的团队，才能成为一个具有竞争力的创业组织。而创业团队要经得起创业中的风浪，其团队必须形成凝聚力、战斗力，创业团队的心理与行为决定着创业的成败。

### 一、创业团队

何为团队？美国管理学博士斯蒂芬·P. 罗宾斯认为："团队是指一种为了实现某一目标而由相互协作的个体所组成的正式群体。"[①]卡特森伯奇和史密斯认为[②]，团队比群体有更多的含义，当群体成员间发展到有共同的承诺感和力求协同行动的时候，该群体就发展成为团队。可见，前者定义突出了只有正式的群体才是团队，后者论述突出了群体只有相互间发展到有共同的承诺感和力求协同行动时才发展成团队，两者所论不同，但有一共同的特点，即团队都属于一种群体，都有一个共同的目标。是不是有一个共同目标的群体就是团队呢？

组织行为学认为，群体是两人以上为达到共同的目的、以一定方式联系在一起活动的人群。按照群体内各种相互作用的目的和性质，群体分为正式群体和非正式群体。正式群体指由组织正式组建，有明确的组织结构、人员编制、权利义务、岗位职责、目标和行为规范，并具有强制性的约束力的群体，如政府和学校的各级党政组织、学生班级等。维系正式群体的主要因素是组织制度、规范条约等因素。非

① 斯蒂芬·P·罗宾斯. 组织行为学[M]. 北京：中国人民大学出版社，1997.

② Katzenbach. J and Smith. D, The Magic of Teams[M]. Harvorard Business School Press，1993.

正式群体指自发形成，成员间的关系带有明显的情绪情感色彩，以个人的喜爱、兴趣、需要等心理相容和一致为基础自然结成，带有鲜明情绪色彩的群组，如学生中自发结成的朋友群体、同乡群体、兴趣小组等。正式群体有明确的目标，有固定的组织形式，从事经常的活动；非正式群体的结构比较松散，群体活动自由参加。

可见，非正式群体强调群体情绪情感的凝聚力，而正式群体强调的是组织的规范性。笔者认为，团队的主要特征是凝聚力和组织的规范性，非正式群体不是团队，正式群体也不一定是团队，只有具有非正式群体情感特征的正式群体才是团队。因为，团队应具有共同目标，并对目标负有共同责任，这就要求群体成员不仅要相互团结、相互合作、共同参与，并通过相互补充、相互激发各自的潜力而实现共同的目标，同时又要工作规范有序，要有一定的组织纪律性。

创业团队是为通过创业活动来实现人生价值的一个群体，每个创业团队都有共同的目标，都是基于同一个项目。在创业团队成立公司之前，这个团队的流动性还是比较大的，相互间的权利与义务还不稳定。只有当团队成员根据公司章程结合在一起，相互间明确出资后的权利与义务，有明确的职责，聘用任何一个人都得支付工资，团队编制明确，这时的创业团队才是一个正式群体，才是真正意义上的团队。

团队的社会心理学依据。互动是一方行为与另一方行为相互作用影响的过程。这一过程形成了两人之间对某种规则与约定的默认，以避免由于理解的差异而形成障碍。社会互动可分为人际的和群体的两个基本层次。前者是指多个人之间的交互作用，后者则为群体与群体之间的交互作用。团队是一个较班集体更小、与个体关系更密切的小群体。个体与这个小群体形成隶属关系，同时，也常常将其作为自己的参照群体，可见，团队这个小群体对大学生创业个性的确立和人格的成熟有着重要作用。一般创业团队的小群体具有以下特点：团队人数 2～10 人，团队群体的成员之间有频繁的面对面的互动，形成一些成文与不成文的互动规则，如果违反这些规则就会被成员排斥。因此，互动规则对团队成员人生观、价值观的形成有重要影响。这种经常不断的互动逐渐使群体成员之间的交往形成比较稳固的模式；相对稳定的互动规则，形成了对团队其他成员影响较深的核心理念；产生主导的价值观念和评价体系，使团队成员的行为倾向趋于一致，表现为同一团队的成员在生活、学习和娱乐等活动中经常结伴而行。所以，同团队成员彼此间的影响是无形而深刻的。如果从加芬克尔的本土方法论的角度进行分析，同一团队成员朝夕相处，形成共同的理解角度和很多相同的背景知识，在日常生活中，他们常会表现出思维与行动上的默契。因此，每个团队都形成各有特色的精神气候和氛围。这种精神气候和氛围如果是积极向上的，往往会成为推动群体成员追求进步的无形动力。同时，互动规则构成了初创企业文化中一个重要的组成部分：团队文化。团队文化不只是精神气候与氛围，还包括团队成员中的行为趋于一致的成分，如语言习惯、消费结构、作息时间以及团队及其成员的外观形象等。团队文化对大学生的人格或个性的塑造以及价值观的形成有明显影响。①

人类社会的一个突出特点是个人需要的满足要通过其他个人来实现，当某种需要引起人们与他人互动以达到一定的目的时就形成互动动机。

## 二、团队精神

团队的生存与发展，必须有其动力和根本的精神，这种根本精神是支撑团队在复杂多变的社会中趋吉避凶的无形力量。创业团队是由知识和才能互补并为共同目标（开拓一个市场成为行业的领跑者、以创业成就人生）而组成的组织，团队成员按才能互补的原则自由组成。一般创业团队有创业发起人，有团体目标，每个人的工作与团队整体的工作融为一体，相互协作与分工。创业团队以项目的市场化运作为中心，以技术、市场和财会等为单位而分工协作，只有坚持奉献、互助、平等、自由等人文精神，才能使群体成员间形成良好的工作关系和人际关系，形成凝聚力、向心力和合力，最终形成高绩效的创业团队。

在精神层面，团队更多体现出团结、合作、主动、共享等精神象征，团队要同甘苦，更要共患难，要经受住竞争对手的打击，也要经受市场的考验，通过相互补充，相互激发各自的潜力而完成特定的任务，同时又具有规范统一性特征，这种精神我们称其为团队精神。正如耿马②所述，团队精神是以团结协作、优势互补为核心，以奉献精神为境界，以团结向上的精神风貌为表现形式，以和谐的人际关系和良好的心理素质为基础的精神。可见，团队精神是正式群体成为团队的文化精髓，只有群体成员是为了整体的利益与目标而相互协作，彼此间利益共享、相互宽容、彼此信任，齐心协力、共同承担集体责任的群体才能成为一个真正的团队。奉献成为激发团队成员的主动工作动力，人人自觉为工作注入能量。团队成员在工作上互相协作，在生活上彼此关怀、和谐相处，彼此真诚，追求团队的整体绩效。

总之，为了团队的利益与目标而相互协作、平等互助、甘于奉献、爱岗敬业的团队精神是一流创业团队的灵魂，是成功团队身上难以琢磨的特质，是团队的根本精神。因为，奉献是激发团队成员的工作动力，奉献使成员在工作上互相协作，在生活上彼此关怀，与成员和谐相处，为工作倾注全部身心；包容与协作使团队成员为了团队的利益与目标而求同存异，彼此服从整体利益，相互宽容，彼此信任，形成尽心尽力的意愿与作用，凝心聚力；敬业精神，使团队成员基于共同的目标，共同承担

① 葛锁网. 大学教育管理心理学[M]. 南京：南京大学出版社，1997.

② 耿马. 在青年工作中如何培养团队精神. http://www.ynyouth.net/ncqn/9332.html.

集体事业责任。

## 三、创业团队的结构

团队的结构是指团队成员的构成特征。创业团队的结构包括年龄结构、专业结构、能力结构和性格结构等方面。

年龄结构是指团队成员的年龄构成状况，它反映了团队的社会经验和成熟状态。一般大学生创业团队基本上是同龄人，大部分是志同道合的同学，这种年龄结构往往使团队充满活力，但面对复杂的市场，也会面临经验不足、风险意识不强、过于冲动等缺点。因此，创业团队应聘用有经验年长的为创业顾问，优化团队年龄结构。

创业团队的能力结构是团队整体效能的内在体现。合理的能力结构是团队生存的关键。团队的能力结构不仅要求团队中的每个人有良好的能力素养，而且关键是每位成员能力的合理组合及其综合表现。创业团队的能力组合要求具有特殊性，要使团队稳健运行，必须有很好的表达能力、抗风险能力、运作能力、管理能力等。

团队的专业结构是团队成员专业能力的组合和多样化的表现。只有团队有一个合理的专业结构，才能使分工和合作成为可能。创业团队的专业结构具有很强的综合性，要有财会专业、营销专业、管理专业等各方面的成员，才能使团队成为一个结构合理的团队。

团队的性格结构是指团队成员的性格类型结构。团队要注意不同性格成员的合理搭配与塑造。性格是一个人对现实稳定的态度和习惯化的行为方式；性格是人的个性的核心成分，是个体本质属性在心理与行为中的表现。① 在心理学里，气质的分类较为统一，一般都从希波克拉底的体液说出发，将人的气质划分为胆汁质、多血质、黏液质和抑郁质 4 种类型。人的性格从心理机能的角度出发，可分为理智型、情绪型和意志型，根据个体心理活动倾向于外部还是倾向于内部，分为内向(倾)型和外向(倾)型。美国心理学家魏特金透过知觉来研究人的性格，把人分为独立型和顺从型。目前关于性格大体分为四类：活泼型、和平型、力量型、完美型。性格是在气质类型的基础形成的一种心理特性。因此，性格与气质的关系非常密切，二者相互渗透、彼此制约。根据国外学者在研究群体成员性格结构与完成任务的关系时发现，同质结构的群体完成简单任务效率较高；异质结构的群体完成比较复杂的任务有较高的工作效率。所以，创业团队将面临异常复杂多变的市场环境，从性格结构来看，成员构成应是异质的。

---

① 王雁飞. 管理心理学[M]. 广州：华南理工大学出版社，2005：96.

## 四、以团队精神强化创业团队建设

以项目为纽带凝聚团队。创业团队一般是在创业项目选择与策划中逐步形成的，项目是创业团队共同的目标和共同的追求。团队目标只有跟个人的目标一致时，成员才能齐心协力，相互协作，协同攻关，团队才有吸引力、号召力和凝聚力；反之，如果个人目标和团队目标不关联甚至相悖，就难以形成共同的愿景，凝聚力也就降低。所以，创业团队的成员要清楚了解所要达到的目标以及目标所包含的现实意义，而且要以目标的重要性来激励团队成员把个人目标融合到群体中去，形成有效的合力。

以创业领头人引领团队。创业领头人凭借自身的创业见识和敢想敢干敢闯的执著精神在创业路上领先一步并取得一定成绩，在团队成员中具有较高的威信和影响力，对团队的创业活动起着带动和引领作用。所以，创业团队应由本团队最具影响的带头人来引领方向，来凝聚人心，激发潜能，产生创新能力的“聚变效应”。出色的创业领头人应该是创业团队的领军人物，制定“共同的远景”，集思广益，统领团队成员朝着既定的目标和方向努力。

以集体奖励激励团队。个体奖励有利于调动个人的积极性，但内部的竞争会形成一种压力，协作、凝聚可能会弱化，有离散个体成员的负面作用，而群体奖励有利于增强群体成员的归属感和认同感，它也可能导致产生依赖感。团队不仅强调个人的工作成绩，更强调团队的整体业绩，团队通过成员的共同贡献，得到远远超过成员个人业绩的团队共同成果。团体奖励有利于增强团队的凝聚力，会使成员意识到个人的利益和荣誉与所在团队不可分割。

以制度固化团队精神。制度的形成和制订应当融入团队精神。制度的形成应当是一个科学、民主的决策过程，是一个集思广益、发挥众人智慧和力量的过程。团队精神可以通过各种形式进行倡导，但以制度形式将其固定或者在制度中体现团队精神的要义必不可少。团队精神就是将人的智慧、力量、经验等资源进行合理的调动，使之产生最大的规模效益，用经济学的公式表述即为：$1+1>2$ 模式，制度建设是团队精神的有力体现和保障。只有把团队精神的具体内涵反映到制度上来，不断进行充实、修正，才能把奖惩机制、分配机制、权责利的统一等通过制度落到实处。同时，高水平创业团队的管理只有通过在组织内部组建工作团队来完成组织的任务，才能提高组织绩效的一种管理机制。

以超越精神激活团队。营造积极向上的自我超越精神。每个人都有各自的理想，追求理想并取得成功是最大的喜悦，理想的实现过程就是自我超越的过程。人生所追求的不仅仅是三餐温饱，更应该有更高的人生追求。所以，超越精神是事业成功的动力源，基于共同目标的自我超越成为团队锐意进取、攀登科学高峰的不竭动力。只有把个人的目标、个人的理想追求与群体的目标与追求相统一，相互鼓励、相互促进，才能实现每个人的自我发展与提高，不断提高群体的竞争力。

以和谐精神营造团队。和谐指事物发展处于协调、均衡、有序的状态。只有在轻松和谐的氛围下，才能充分调动人的积极性，为团队提供强大的动力和支持。和谐以“仁爱”为原则，以“己欲立而立人，己欲达而达人”，“己所不欲，勿施于人”为处理人际关系的“道德黄金律”，每个人都得到别人的尊重，并尊重别人。团队活动的根本目的，都是为了人的生存、发展和满足。多设身处地地为别人着想，能够最大限度地理解别人。

# 第三章 大学生机会型创业中的创新

机会型创业需要开创一个新的市场，要求创业者有开创一个新市场的能力和素质，因此，大学生机会型创业不仅要求大学生要有创业的激情，更要求大学生要有创新的能力和素质，正如教育部在《关于大力推进高等学校创新创业教育和大学生自主创业工作的意见》中指出，大学生是最具创新、创业潜力的群体之一，要在高等学校中大力开展创新创业教育。创新活动与创业活动都属于经济活动，两者有区别也有联系，同时又相互促进。

## 第一节 创新与创业

创业一般离不开创新，特别是科技型机会型创业，无论其产品、市场、销售等都离不开创新。其实，创业与创新是两个既相互联系又相互区别的概念，创新主要是新的生产函数的建立，即产生要素的组合与革新，而创业一般指创办新企业，创办新企业往往面临市场竞争，竞争取胜往往离不开通过创新形成核心竞争力。而且，机会型创业起点高、专业门槛高、风险大，为形成竞争优势必须要创新，所以创新成为机会型创业的基础，而创新的产品或技术，也只有通过创业活动才能更好地实现其价值。剖析两者关系，对更好地从事机会型创业具有现实的理论和实践指导意义。

### 一、创新的内涵

创新是经济学的一个重要概念，根据美籍奥地利经济学家熊彼特的理论，创新是新的生产函数的建立，即"企业家实行对生产要素的新的组合"。它包括以下五种情况：一是引入一种新的产品或提供一种新的产品质量；二是采用一种新的生产方法；三是开辟一个新的市场；四是获得一种原料或半成品的新的供给来源；五是实行一种新的企业组织形式。可见，创办一个企业要创新，守业即维持企业在市场竞争中不被淘汰也必须创新。中共中央、国务院《关于加强技术创新、发展高科技，实现产业化的决定》指出："技术创新，是指企业应用创新的知识和新技术、新工艺，采用新的生产方式和经营管理模式,提高产品质量,开发生产新的产品,提供新的服务,占据市场并实现市场价值。"据此,技术创新可理解为:技术创新不仅是一种生产技术活动,而且是一种经济活动,其实质是为企业生产经营系统引入新的技术要素,以获得更多的利润;技术创新的关键不是研究与开发,而是研究与开发成果的商品化;技术创新的内容包括产品创新、过程创新和服务创新。

经济学创新理论研究认为:人们之所以要进行这些方面的创新,是出于经济原因,即强烈的利润动机和潜在的利润前景的驱使,经济增长的过程是通过经济周期的变动来实现的,而经济周期变动的原因在于创新。利益推动创新,创新刺激投资,引起信贷扩张,扩大对生产资料的需求,形成产业结构升级从而推动经济走向繁荣。在这个过程中,许多新资本投入其中,而同时那些"适应能力"太差或行动过于迟缓的企业则被淘汰。因此,创新既推动了经济增长,同时也造成破坏,即对旧资本的破坏。创新是产业结构调整的原动力,也是成功创业的原动力。

从创新的时效性看,企业创新一般总是从产品创新、技术创新开始的。因为一种新的市场需求总是表现为产品需求,因而,在创新初期,企业的创新活动主要是产品创新。一旦产品被市场接受,随之而来的企业将把注意力集中在过程创新上,其目的是降低生产成本,改进品质,提高生产率。当产品创新和过程创新进行到一定程度时,企业的创新注意力会逐渐移到市场营销创新上,目的是提高产品的市场占有率。在这些创新重点的不同时序上,还会伴随必要的管理创新和组织创新。创业过程是一个不断创新的过程。

企业作为经济活动的主体,当然也是创新的主体,尽管企业创新需要政府、学术界和教育、科研机构为之提供各种支持和帮助,但所有这一切归根到底都是为企业创新服务的。国民经济的发展需要依靠作为其基本生产单位的企业的不断创新和发展来实现。企业创新包括技术创新、过程创新、产品创新、管理创新、制度创新、体制创新、经营创新、市场创新等。

企业是创新活动的主体,这是对社会而言的,而在企业内部真正的创新主体是企业内的全体员工,人是企业创新的主体。创新的主体是人,创新从个人来讲是一种能力,是一种研究能力,是一种发现问题、分析问题和解决问题的能力,因此,提高企业职工的创新能力是企业实现创新的关键,企业的竞争看似是具有竞争力的产品的竞争,而要创造出具有竞争力的产品靠的是具有创新能力的人,企业的竞争实质是具有创新能力的高素质人才的竞争。具有创新精神和创新能力的人才既是企业生存与发展的需要,也是创业者在创办企业过程中得以生存与发展的根本所在。

## 二、创新与创业的内在联系

在熊彼特的创新理论中,创新是一个重要概念,而领导和发起创新的是企业家，企业家实行对生产要素新的组合，组织和推动经济发展，因此，企业家是创新活动的倡导者和实现者。正是企业家的创新活动促使科学技术转化为生产力，推动了产业结构的升级，也推动了经济活动和生活方式的变革，实现了经济社会的发展。因此，企业家是创新活动乃至经济发展的灵魂，建立一支高素质的企业家队伍是创新时代的第一要义。

机会型创业是衡量一个国家创业活跃程度和创业水平的重要指标，机会型创业对产业升级、扩大就业、拓展市场、增加税收等具有重要意义。无疑，人数众多、受过高等教育、具有较高综合素质的大学生应是机会型创业的主力军。大学生在就业与创业的选择中，可以充分发挥自身优势，利用资源和环境条件，捕捉、识别、筛选并抓住市场机会，从事创业活动。特别是大学生可凭借自身的知识优势，依靠自己拥有的技术成果如专利技术、保密技术或新的服务，依托学校资源，选择最佳的创业时期和创业地点，适时创办科技型企业。其实，科技型企业的创办一开始就表现为技术创新，由创新的时序规律也不难看出，成功的创业还必然包括经营创新和管理创新，不创新就会被淘汰，创新是新产品、新行业层出不穷的根本原因。从科技型创业的创办可以看出，创新是创业的基础和前提条件。同样，从事现代服务业的创业活动也离不开创新。现代服务业不是生产商品和货物的产业，主要有信息、物流、金融、会计、咨询、法律服务等行业。现代服务业不同于传统服务业基本特征在于“高人力资本含量、高技术含量和高附加价值”，所以，从事现代服务业的前提就是要创新。

创业即创立基业或开创事业。它不同于工资形式的就业，而是自我谋求职业。大学生创业是一种在技术层面的谋职行为，即凭借自身的知识优势，依靠自己拥有的技术成果如专利技术、保密技术或新的服务，选择最佳的创业时期和创业地点，创办高新技术企业的活动。可见，创新是创业的基础和前提条件。

## 三、创新与创业的区别

语言学定义可以帮助我们理解两者的区别。《辞源》中“创”的主要含义就是“破坏”，同时也有“开始”和“创立”之意。按照《现代汉语词典》的解释，创新是指抛开旧的、创造新的，也可简要概括为破旧立新的过程。创新是“新的生产函数的建立”，即“企业家实行对生产要素的新的组合”。创业，在《辞海》中的定义是“创立基业”，因此就可以被译为“事业心、开拓精神教育”或是“企业家精神教育”。

创业与创新虽然都具有开创新东西之意，但两者内涵有着明显区别。创业可能涉及创新，也可不涉及创新。例如，大学生生存型创业是一种模仿型的创业，这种创业活动，几乎没有创新，企业内部的技术改造等，有创新但不属创业。人们对创新概念的理解最主要是从经济与技术相结合的角度，探讨技术创新在经济发展过程中的作用。创业是一个新的非生命市场参与者(new non-biological market actor)的创造过程(新商业的诞生)。创业强调的是,“企业从何而来”、“人们为什么创建新的商业”、“商业是如何被创造的”等,而创新是对生产函数(包括科学技术、生产资料、生产工具及劳动力和生产关系)的建立等。

## 四、创新是创业人才必备的素质

创业人才应具备创业精神、创业能力、创业品质和创业意识。创业意识是指在创业实践活动中对人起动力作用的个性心理倾向,包括对创业的需求、动力、兴趣、思想、信念和世界观等心理成分。创业精神主要表现为实事求是、勇于创新、艰苦奋斗、自强不息、顾全大局、开拓进取的精神。创业能力指工资形式就业以外的“自我谋职”能力,这种能力与市场行为相结合,与企业实践和社会实践紧密相连。创业能力包括专业技术能力、经营能力、信息接收和处理能力、把握机会和创造机会的能力等。机会型创业能力是一种以智力为核心的具有较高综合性的能力,是一种具有突出的创造性特征的能力。创业品质即创业心理品质,它是对创业者在创业实践过程中的心理和行为起调节作用的个性心理特征,反映了创业者的意志和情感①。

创业,特别是大学生机会型创业涉及创业所依赖的技术成果,即准备推向市场、创办高新技术产业的企业的新产品,创业团体的组成,创业方案的拟订,企业运营和管理,打开市场销路和经营活动以及吸纳风险投资商资金投入等几个方面。成功的创业者在机会型创业中每迈出一步都离不开创新,所以成功的创业者首先必须是一个创新者。

缺乏创新意识就不会去创业。一个人墨守成规,因循守旧,只能从事机械的重复劳动,碰到问题只能依照条条框框去处理。而创业即开创基业,需要开拓、冒险,没有敢想、敢干、敢闯的精神,是不会想着去创业的。没有创新能力也难以机会型创业,机会型创业所依赖的新产品,需要靠所学的知识联系实际提出发明构想,并在一定的实验条件下制作出模型,撰写生产和使用说明,向国家专利局提出专利申请等。可见,没有创新能力就不可能发明出具有市场潜力的新产品。创新能力又表现为将技术成果推向市场,取得经济效益和社会效益的能力。创新的关键是研究与开发成果的商品化。没有创新能力即使研究与开发出了成果也不会去实现成果商品化,不会去机会型创业。

学生创业办公司,成为市场竞争的主体,与社会上任何一家公司没有丝毫区别,都要进行市场运作,都要追求利润,并参与市场竞争。在市场经济大潮中唯有

① 毛建国.职业学校创新教育与创业教育的关系[J].教育发展研究,2001(3).

不断创新才能生存与发展，创新使公司做到人无我有，人有我新，人新我优，不创新就灭亡。创业者要取得成功必须具备创新素质。

## 第二节　大学生机会型创业初创期的创新特性

大学生在学校里学到了很多理论知识，用知识和智力换资本是大学生创业的特色和必然之路。但现实中利用高校科技成果进行创业的成功率并不理想。据统计，在历届“挑战杯”大学生创业计划大赛中，不到10%的参赛者选择了创业，而在这10%的创业者中，只有少数能成功。[①] 大学生赖以成功创业的科技成果，应是技术成熟、产品明确、性能可靠、工艺稳定、市场需要，并拥有自主知识产权，形成较高技术壁垒，具有明显竞争优势的项目。但现实中，高校可以直接投放市场的好项目，往往很快由企业接手转化。所以，理性分析大学生机会型创业初期项目的技术成熟度，研究初创期项目设计和研发的过程，是促进高校科技成果有效实现产品化和产业化，提高大学生机会型创业生存和成长能力的关键，为便于阐述和理解，本研究仅以产品类创业项目为对象，对此进行研究。

### 一、大学生机会型创业初创期项目的成熟度分析

企业从诞生、成长、壮大、衰退直至蜕变或死亡呈现出生命的周期性。因此，一个企业的一生基本上可以分为种子期、导入期、成长期、成熟期和衰退期，或初创期、成长期、成熟期和衰退期。据此，初创期可理解为创业的种子期和导入期的集合，包括从市场调研、形成创意、产品研发、创业规划、设备安装、试产试销、产品被消费者初步接受为止的过程。

人数众多、受过高等教育、具有较高综合素质的大学生利用自身的知识和智力优势，创办科技型企业，应是大学生机会型创业的主流。大学生在校期间很少有成熟的具有市场潜力的科技成果，即使有成果，大多也是简单的研发，成果的科技含量不高。高校有着丰富的科技成果，很多成果长期处于闲置状态，通过学生创业来激活“睡眠项目”，无疑是科技成果转化的重要途径。

大学生机会型创业所利用的高校科技成果，往往是阶段性的成果，一般存在着两个不确定性因素：一是产品成功的不确定性。大学科技成果最终所设想的新产品虽然令人神往，但它能否按预定目标开发出来，存在极大的不确定性。二是产品生产工艺的不确定性。科技产品的技术含量高，往往处于技术创新前沿，因此不像成熟产品那样有现成的设备、生产工艺可供利用，工艺创新失败的可能性较大。如

① 赵秀红.金融危机下大学生怎样去创业[N].中国教育报，2008-11-27.

果不能保证产品生产的可重复性，其产业化就不可能实现，只有一项成果从产品到工艺上都能得到保证，那才是成熟的，也只有工艺稳定后，再购置固定资产包括厂房、生产设备以及原材料等，才能进入到批量生产产品投放市场的阶段。科技成果的这两种不确定性，意味着大学生利用高校科技成果进行机会型创业的研发包含着样品和产品生产工艺的两类研发。

## 二、大学生机会型创业种子期的创新分析

种子期是大学生利用高校科技成果创业的起始或上马阶段，技术成熟、性能完美、市场需要的项目，是创业成功起步的关键。由大学生创业来激活“睡眠项目”，是促进高校技术成果的转化，提高科技成果转化率的有效途径，而现实中利用高校科技成果进行创业的成功率并不理想。

### （一）大学生机会型创业种子期项目的特性

目前大学生创业获得项目主要有三条途径：一是学生自己独立完成以及参与完成的科技发明；二是高校教师研发的技术产品；三是社会机构或个人研发的专利技术。虽然大学生选用独立或参与研发并拥有自主知识产权的成果进行创业是一种理想状态，但整体上讲，大学生在校期间很少有成熟的具有市场潜力的科技成果，即使有成果大多也是简单的研发，成果的科技含量不高，所以，大多是通过后两者的授权转让方式进行，特别是高校有着丰富的科技成果，很多成果长期处于闲置状态。教育部 2009 年 4 月公布的统计数字显示，近 10 年来，国内高校承担各类科技课题 27.2 万项，申请专利 4.1 万多件，获得专利授权近 1.9 万件，但由于种种原因其转化率很低，不到 10%，大量成果被束之高阁。① 大学生利用高校技术成果进行创业，确定目标客户，开拓潜在市场，打通成果转向市场的通道，不仅可有效提高高校科技成果的转化率，而且可以缓解大学生创业项目短缺，降低创业的风险。但仔细分析大学科技成果会发现，高校老师从事科研活动很多不是以转化为目的，除了少数将专利卖掉或进行技术成果转化外，并没有太多的精力促进成果的转化，少数由企业接手转化的往往是技术成熟，可直接投放市场的好项目，所以，大学生创业所利用的高校教师科研成果，往往是项目技术仍不完善，成熟度不高，需要深度研发，只有通过对项目进行培育，才能实现项目由不成熟向成熟，产品性能由不完善向完善的转变，从而实现科技成果的市场化转变。

从笔者自 2004 以来指导南通大学学生参加的省和全国大学生创业计划竞赛来看，参赛的技术类创业项目，均存在着技术方面的不成熟。例如：专利技术“活性炭纤维静电植绒制品”，采用一个薄片状基材，基材表面植有活性炭纤维绒毛，并在

① 任媛.高校科技成果转化路在何方？[N].中国知识产权报，2009-05-27.

活性炭纤维绒毛和基材间涂有黏合剂层。它既可有效发挥活性炭纤维高效吸附的功能，又克服了活性炭纤维强度低、易脱落、可纺可织性差的缺点，开辟了活性炭纤维的多种用途。其样品为防毒口罩、空气过滤网等，但在对产品技术成熟度的分析中发现，防毒口罩中的毒气、空气过滤网的有害气体的吸附饱和的表征与解吸附技术没有解决，成为市场化推广使用中的瓶颈。又如，质子交换膜燃料电池项目，拥有两项专利技术：质子交换膜燃料电池双极板模具和质子交换膜燃料电池双极板自动生产线，采用 C/C 复合材料和凝胶注模制作双极板，可不需机械加工而一次成型气体流道的燃料电池双极板。但在制造质子交换膜燃料电池双极板时我们发现，其成品率太低，性能不甚理想等。所以，还必须加强对专利技术物化或产品化的研究，提高项目的成熟度、可靠性等，以达到性能稳定、工艺可靠、服务可行的具体要求。

综上所述，大学生机会型创业的基础是项目，没有项目无从创业；大学生创业项目来源于其在校期间的自主研发成果，更主要的来源于高校现有的科技成果；大学生机会型创业种子期项目面临由科技成果向样品，由不成熟向成熟的转变，即项目需要培育，种子期项目培育的本质为产品创新。

### （二）大学生机会型创业种子期的创新分析

创业种子期项目培育的本质是项目的应用和开发研究。创业所依赖的科技成果，其研发都是一个从无到有的过程，刚开始，只是各种理论设想和研究试验方案，经过反复实验、探索、比较后，最优方案会逐渐显露出来。新技术、新产品在诞生之初都十分粗糙，能否在现有的技术条件下很快完善起来，并没有确切的答案。

大学生机会型创业种子期起点虽高于一般企业，但大学生利用高校科技成果进行机会型创业，与社会科技型企业的创办不同。一般科技型企业的创办是在对市场调研和分析的基础上，了解市场需求，形成满足市场需要的创意，并由创意进行研究开发，形成满足市场需要的产品。所以，一般企业的创业种子期是从市场到创意，从创意研发到样品的过程，即市场——需求——创意——研发——样品的过程；而大学生利用高校现有科技成果进行创业，是由科技成果到市场调研，由市场需求到成果完善的过程，即成果——市场——需求——再研发——样品的过程。可见，大学生可以在众多高校科技成果中，挑选市场前景好，能充分发挥自己所学专长的技术，只需要利用现有的科技成果进行市场调研，建立创业团队，撰写创业计划书，对现有科技成果进行必要的产品化开发等，而不需要通过市场调研，了解市场需求，形成创意，撰写创业计划，再组织研究。所以，大学生利用高校科技成果进行创业的起点要高于、创业风险要小于一般新创企业。技术风险大小取决于技术的成熟度。由于高校科技成果中，技术成熟，市场前景好，可以直接投入生产的大部分已转化为生产力。没有能够转化出去的市场前景好的专利技术，或者只是阶段性的成果，技术不成熟，或者是因为重复效果较差，工艺不成熟等。为使学校能将更多好项目提供给学生，高校应引导教师对有市场前景的项目进行深度研发，提高大学生创业的成功率和降低创业的技术风险。

项目培育过程是对项目的深度研发，需要人、财、物的支持。大学生利用学校现有专利技术进行创业，种子期为生产出专利说明书所述性能的样品，为实现市场需求的性能，必须进行物化产品、完善性能；正如上述"活性炭纤维静电植绒制品"中的有害气体解吸附技术研发，"质子交换膜燃料电池双极板模具"中的凝胶剂研发等，成为种子期成果推向市场必须进行的应用和开发研究，需要人力、物力和财力的支撑。而我国目前的应用性研究，资金严重不足。一方面，它既难以界定为纯粹的科研活动，也难以界定为完全的生产活动，因此在经费投入上，正常的科研经费轮不到它，企业的生产性投入也不包括它，成了科技界和企业界投资的"两不管"地带；另一方面，这一阶段的资金投入风险较大，既有技术风险，也有市场风险和管理风险，这样银行贷款、非银行金融机构贷款或借款等常规资金也不敢或不愿投入。因此科技成果产业化链在此断裂。这就形成了我国高校科技成果转化过程中的"瓶颈"现象。所以，要解决高校科技成果转化难、转化率低的问题，就必须解决应用性研究阶段的资金投入问题。① 同样，大学生利用高校科技成果进行机会型创业，由于技术的不成熟而必须进行的应用和开发研究，需要研发资金、研发场地、研发设备和研发人员，需要得到政府、学校和社会各界的支持，可见，项目的培育过程也是一个冒险行为，需要政府政策的支持和学校全方位的帮助。

高校项目培育的主体是学校、教师和学生。大学生利用高校科技成果进行创业，一般是在对科技成果技术的可靠性、成熟度和市场前景等进行评估的基础上，将科技成果折价作股。因此，大学生创业的成功意味着学校科技成果成功转向市场，意味着大学生创业初始的投入取得应有回报，也意味着发明者和学校可以通过成果的转化取得收益。可见，大学生利用高校科技成果进行机会型创业，应是高校科技成果转化的重要途径，成为高校利用科技成果促进产业结构升级，服务学生、服务社会、服务地方，谋求发展的重要工作。为此，高校首先应成为创业项目培育的主体，将培育创业项目作为学校的一项重要任务；同时，为使学校有更多好项目提供给学生创业，高校应引导教师对有市场前景的可提供给学生的创业项目进行深度研发，提高产品的成熟度，使教师成为创业项目培育的重要主体，以此提高大学生创业的成功率和降低创业的技术风险；当然，学生作为创业项目的培育主体，在利用高校科技成果进行创业的过程中，高校应为学生对科技成果的深度研发提

① 顾秉林. 利用高校产业税收创立科技成果产业化支持基金[N]. 人民政协报，2009-06-03.

供必要的实验条件、经费支持和教师指导。

## 三、大学生机会型创业导入期创新特征分析

导入期是企业首次将产品推向市场，通过市场定位，确定目标客户，分析客户需求，进行科学定价，建立市场渠道，策划促销活动，激发客户需求，将产品销售给目标客户的商品化和市场化的过程。同时，为满足市场需要，产品批量生产，进行小试试验、中试调试，设计生产工艺，安装生产线，进行小批量生产的探索过程，因此，导入期是一个市场创新和工艺创新的过程。大学生利用高校科技成果进行机会型创业，必须跨过中试难关和市场导入风险，如何理性分析和化解导入期的试产、试销或推销带来的技术和市场风险，是大学生机会型创业走向成功的关键，为便于阐述和理解，本研究仍以产品类创业项目为对象进行研究。

### （一）大学生机会型创业导入期的特征

导入期需要工艺和市场创新，面临双重风险。导入期是开始创建一个企业，将成果、样品、专利导入商品化的阶段。① 所以，为使产品有效投放市场，实现产品向商品转化，导入期必须批量化生产，实现样品生产向批量生产转变，为此，需要设计相应的生产工艺和生产线，需要小试、中试，涉及设备设计安装、原料配料配比、生产技术指标、质量过程控制等，最大限度地减少技术、生产、管理等方面的不确定性，为大规模生产和销售做好准备。因此，导入期是一个工艺创新过程。产品进入市场，目标市场的确定、市场的细分、市场容量的预测及市场的准确定位，市场价格的确定、渠道的建设、推销的策略等，都是基于产品和市场的特点进行营销模式的探索，是一个市场创新的过程。由于导入期生产工艺和生产设备开发成本高，产品小试、中试费用大，产品刚刚进入市场试销，需要大量资金投入，因此，导入期往往呈现出技术和市场的双重风险，往往导致一般风险投资商在导入期不予投入。

大学生利用高校科技成果进行的机会型创业，经过种子期的研发，虽然通过技术开发，生产出样品或样机，但真正批量生产出合格产品，提高产品的合格率和产品的质量同样需要生产工艺的完善、生产设备的开发等工艺创新。为使新产品成为市场乐于接受的商品，必须通过市场调研或试产试销，消除生产和市场的种种不确定性和不适应性。例如，2010 年笔者曾辅导一个参加第六届江苏省大学生创业计划竞赛的项目——智能大棚，该技术与国际国内同类产品相比，具有智能化水平高、节能、节水优点，显示出较高的性价比和明显的竞争优势。在名贵花卉、生物育种、无公害蔬菜、反季节瓜果等高效经济作物的研发和种植领域有广泛应用，市场规模大，前景广，拥有两项正在受理的发明专利。但从产品模型到样品，从样品到

---

① 孔淑红.风险投资与融资[M].北京：对外经济贸易大学出版社，2002：396-404.

批量生产是一个漫长的过程，不仅要设计相关的施工和安装工艺，还要建立大棚的质量检测标准和检测工序等。

### （二）大学生机会型创业导入期的工艺创新

产品导入市场的前提是设计生产工艺进行批量生产。导入期是创业者将其种子期研究所形成的具有商业价值的成果，通过批量生产来实现产业化转变，通过投放市场实现市场化转化的阶段。科研成果一般都是在实验条件极其稳定的情况下研发出来的实验室成果，而工厂生产其温度、湿度以及工艺流程都处在车间的开放、机械、批量条件下。一个成熟稳定的生产工艺，需要比照工业规模有一定比例的缩小，或根据实验室结果进行放大，进行中间实验，得出数据，进行修正，确定工业批量生产中的工艺流程，再从中放大才能将科研成果转化为工业批量生产。它涉及设备设计安装、原料配料配比、生产技术指标、质量过程控制等。所以，在把科技成果转化为工业化生产的过程中，为实现批量生产，必须设计生产工艺和生产线，因此，导入期工艺创新是工艺参数、工艺条件、生产设备、生产线等全方位的从小试到中试的探索。

例如在化工生产中，中试是进一步研究在一定规模的装置中各步化学反应条件的变化规律，并解决实验室中所不能解决或发现问题的创新过程。虽然化学反应的本质不会因实验、生产的不同而改变，但各个最佳反应工艺条件如温度、压力、速度等，则可能随实验规模和设备等外部条件的不同而改变。为此，应对反应中的主要影响因素，如加料速度，搅拌效果，反应器的传热面积与传热系数以及制冷剂等因素，进行深入研究，通过反应条件的进一步研究，掌握其在中间装置中的变化规律。因此，只有通过中试才能最终确定工艺路线和单元反应操作方法。笔者2008年指导学生进行的一项创业计划，其产品是质子交换膜燃料电池（PEMFC），虽然获得“质子交换膜燃料电池双极板模具”和“质子交换膜燃料电池双极板自动生产线”两项发明专利，但在样品生产中其成品率低，无法批量生产，因此，投放批量生产，不仅要对燃料电池进行深入研发，还需完善生产工艺，设计生产线，甚至进行生产设备和检测设备的研发等。

### （三）大学生机会型创业导入期的市场创新

导入期是市场桥梁的架起和运行的初期。为把新产品推向市场并使更多消费者接受，产品导入市场应根据新产品的特点和不同消费者的心理需求，以及消费者接受新产品的一般规律，有效运用市场营销组合，通过分析客户的需要，激发客户的需求，将产品的性能有效传递给目标客户。导入阶段的时间长短大多由产品的特点及企业所采取的营销策略所决定，高效的营销策略能够缩短产品的导入期，迅速进入成长期，或通过较低的营销费用而达到占领市场、培育品牌的目的。为探索市场营销策略，许多新产品，特别是推向市场成本很高，市场成熟度低的产品，在开发过程中达到商品化以前都需要经过的一个试销阶段。通过试销发现产品的缺陷,并及时改进;调查分析消费者类型、态度和与竞争产品比较的结果,修正目标市场,估计销售水平,并为广告和推销方式选择提供参考意见。所以,导入期是市场营销的探索期,是加速新产品商品化的市场推广期,是一个市场创新的过程。

高校科技成果转化的突破口是根据科技成果找到市场,进行有效的技术转移,实现产品的潜在价值。大学生利用现有科技成果进行创业,在对现有成果进行市场机会评价的基础上来发现和捕捉其未来的市场机会,确定目标客户,分析市场容量,确定营销策略,在科技产品和需求方(消费者)之间架起一座桥梁。但大学生成功将产品推向市场,需要对行业有充分的了解,从事技术研发的教师往往是行业的专家,有着广泛的行业人脉资源,因此,大学生创业无论是技术的再研发,还是市场的开发,老师的帮助和指导是其重要的支撑。

大学生机会型创业导入期顺利立足市场的关键是拥有技术壁垒。导入期产品进入市场,引起竞争对手关注,竞争对手为保住原有的市场份额,保持市场销量,保住生存空间,必然要与新入市的企业进行比拼,拼价格、比渠道、比促销等,因此,导入期又是引发竞争对手开展市场竞争的拼搏期,面临产品有效推向市场和竞争对手打压的双重风险。为提高企业的生存能力,导入期产品必须拥有自主知识产权,应加强技术创新,保持高的技术壁垒和竞争优势。大学生利用高校科技成果进行创业,通过对科技成果的技术可靠性、成熟度和市场前景等进行评估,将科技成果折价作股,将创业活动建立在高技术壁垒之上,提高市场竞争力。

### (四) 机会型创业导入期的创新分析

导入期的主要目标是设计生产工艺和策划营销模式。在把科技成果转化为工业化生产的过程中,为满足市场需要,产品不能是生产样品,必须进行小批量生产,而批量生产必须设计生产工艺,设计生产线,而一个成熟的生产工艺,涉及设备的设计安装、原料配料的配比和生产技术指标、质量过程的控制等。因此,导入期是一个工艺创新过程。同时,导入期是市场桥梁的架起和运行的初期。通过市场定位,确定目标客户,进行科学定价,建立市场渠道,策划促销活动,激发客户需求,将产品销售给目标客户。导入期产品首次推向市场,其市场营销策略的确定是一个探索过程,需要分析客户的需求,激发客户的需求,通过市场促销将产品的性能有效传递给目标客户。因此,导入期是一个市场创新的过程。

大学生利用高校科技成果进行的机会型创业,经过种子期的研发生产出新产品的样品或样机,但试制一个样品与批量生产产品间是一个质的变化,还需要多方面的改进,包括生产工艺的完善、生产设备的开发等。为使新产品成为市场乐于接受的商业化产品,还需通过试产和试销,使技术与生产、市场相互调试,消除应用新技术所带来的生产和市场方面的种种不确定性。不难看出,大学生利用高校科技成果进行机会型创业，作为开发和应用研究，往往忽视创业中的创新，再加上大学生从事机会型创业还不得不面对市场创新，而创新需要经费支撑，因此，资助大学生创业，意味着必须资助学生创业过程中的产品创新、工艺创新和市场创新等三类创新。

## 四、大学生机会型创业的成长期与成熟期

成长期即规模化生产期。在这个时期，生产规模扩大、产品库存增加、应收账款增多、销售渠道拓宽、销量不断攀升、前景日益明朗，发展潜力初显，风险有所下降。此时从销售收回的现金流量还不足以支持发展所需的资金，所以企业还需进行第二轮、第三轮融资，并且有时要进一步扩大规模、开发新产品等。大学生创业进入成长期的特征与一般新创企业相似，但大学生此时往往要离开大学科技园（创业园），需要大量的资金注入，进行租赁或建造厂房，购置设备，增加生产流水线，大量招工等。我们认为，此时的关键是引入一定的风险投资基金，通过风险投资公司的介入，为大学生新创企业提供资金、管理等方面的支持和帮助，从而降低风险，并使企业获得明显的成长。

进入成长期后无论创业者和企业员工都对未来充满信心，甚至有些骄傲。收入的增加使企业增强了扩张的实力。同时，原本困难的外部融资也变得容易起来。在专业化水平提高，向多厂企业发展的同时，多元化战略又是把双刃剑，它虽然能够充分利用资源，但又分散企业资源而难以形成合力，企业在“做大”与“做多”的问题上最易求大就全。甚至一些企业“大胆”进入多个行业领域，包括自己极其不熟悉的非相关行业。多元化一开始可能使企业销售量大增，但企业盈利并未越来越多，而可能赔钱越来越多。保证多元化成功要以强大的资源实力为后盾，企业在成长期时的实力难以支持过多的行业领域。类似于巨人集团，巨人集团原有主业是软件业，在进入成长期后巨人集团进入了房地产业和保健品业，去运作一幢 70 层的大厦，最终拖垮了整个“巨人”。

成长期企业的风险主要是“长不大”或“未老先衰”。“长不大”主要是创业者事无巨细，凡事亲力亲为，老是紧抓住企业不放，凡事亲自来做决策。由于一个人的精力有限，他不能干太多的事情，导致他的企业发展不起来。还有一种情况就是满足于老产品、老经验、老管理，冷落甚至排挤不满足现状、敢于创新的人才。这样很容易流失开拓型人才，失去最重要的能给企业带来活力的因素，企业出现病态的“未老先衰”。

大学生创业的成熟期与一般新创企业相似，市场需求迅速扩大，企业大量盈利，风险降为最小，为适应市场需求情况，企业必须进行大批量的生产，要求购置更多的设备、材料，还需扩建厂房、招聘员工，资金需求量极大，企业上市成为企业成熟期的标志。

由于成熟期企业生存的环境相对舒适，创业梦想变成现实，创业中的人生目标已经实现，企业会逐步丧失了那些开拓进取的品质，安于眼前的繁华与兴旺，不寻求企业的改革创新，企业开始变得保守起来，对企业未来发展愿景失去了兴趣。成熟期企业的各项规章制度健全，各级人员只需按规定办事就行，人员的创造力被抑制。同时，企业组织规模大，官僚主义现象产生，企业的市场竞争力逐步下降。成熟期企业的最大风险是成熟期过于短暂。由于市场的变化，只要企业不能因时而变，一不留神，马上就进入蜕变阶段。所以，为了使风险投资获得高额回报，风险投资公司通常促成所投资企业走上市和被并购之路，退出企业。

衰败期企业面临的问题很多，诸如员工懒散责任心不强，内部争权夺利不顾市场，制度很多却行之无效。问题复杂而领导无法着手解决，大家在问题面前都袖手旁观。其实，如果企业根据市场进行蜕变，成功地转换产品，创新工艺，转换企业形态，准确选择新的产业领域，企业就有可能重获新生。当企业在成熟期或稳定期发现企业业绩上升缓慢或开始下滑时，就应考虑企业的蜕变了。

可以看出，大学生创业在种子期、导入期、成长期和成熟期都需要资金，特别是在种子期和导入期，创业资金主要靠学生家庭投入、资金扶持、创业贷款、社会保障等。由于大学生利用大学现有科技成果进行创业，不同于与一般新创企业由市场机会到创意，由创意到研发，再由研发到转化的过程，而是直接将市场潜力好且成熟的科技成果进行市场化，所以，利用高校科研项目进行机会型创业所需资金远小于一般新创企业，没有产品研发的风险，表现出在种子期和导入期的资金风险小于一般社会新办企业。为突破资金瓶颈、弥补创业资金和管理经验的不足，高校和政府设立创业基金显得尤其重要。导入期宜入科技园或孵化器，在创业导师的指导下，充分利用政府或高校的创业资助进行样品生产和市场培育；在成长期离开创业园，由于心理承受能力、实践经验和社会经验等欠缺，其成长期的团队风险和管理风险较一般社会新办企业要高，所以，引入天使投资或风险投资商的投资，引入外部投资者的管理是大学生创业取得成功的重要一环。一般新创企业和大学生创业各阶段所需资金和面临风险见图 3-1 所示。

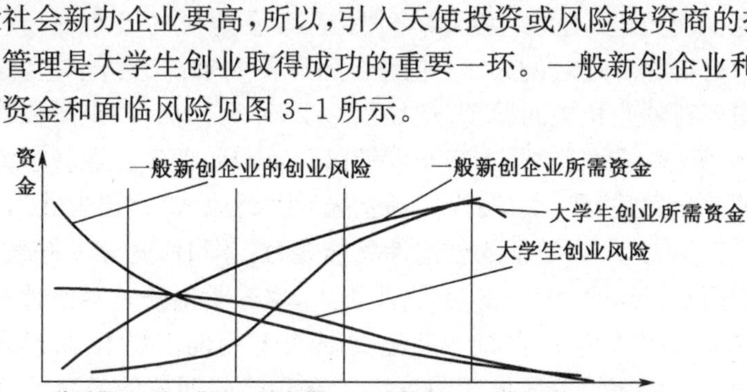


**图 3-1　新创企业各阶段创业风险及所需资金**

大学生利用高校科技成果创业是一个复杂而具有现实意义的科技成果产业化过程。现实中很多大学生通过门槛低、风险小的创业活动，如从事教育培训、网络服务、广告传媒和传统销售等。这些创业活动的种子期几乎只要完成一个事情——到工商局注册，导入期的工作就是做宣传，吸引顾客等。虽然学生通过这些创业活动，也促进了市场的繁荣、缓解了就业压力，但对促进产业升级缺少推动力，对开发人力资源、建立创新型国家的推动力不大。可以预见，随着我国创新体系的不断完善，科技创新成果将是大学生创业的重要项目来源。

## 第三节　扶持大学生创业初期创新的措施

创新是创业的基础，没有创新的创业是没有前途的创业。特别是机会型创业，要开拓一个新的市场，没有创新就不可能立足市场，因此，要使大学生机会型创业取得成功，必须使创业者有创新意识、创新精神和创新能力。也就是说创业者首先必须是一个创新者，同时，在企业初创过程中，要理性分析创业过程中的创新，这是使企业充满生机、脱颖而出的前提。

### 一、在创新教育中培养创业人才

创新教育的目的是培养创新人才，每个人都具有创新潜能，创新能力人人都有，是人的自然属性。同时，创新能力是可以通过培养和训练而得到提高的。创新教育的重要使命就是培养出更多的具有创新精神的创业者，具体可以从以下几个方面进行改革：

树立创新创业教育思想，在构建创新创业教育体系时，要转变传统教育思想中把学生只作为知识的接受者，将灵活掌握和运用所学知识作为优秀学生的质量观，树立勇于创新、学会学习、学会生存、学会发展、学会协作的人才观、教育观。在教学内容中及时更新陈旧过时的知识，把最新的科技成果传送给学生，同时，在课程设置上增加与创新创业相关的课程，例如创造学、专利知识、知识产权学、创新与创造力开发、创业策划、成本分析、市场开发学以及管理科学等。在教学方法上，改变过去继承性的教学方式，变“填鸭式”、“满堂灌”为“讨论式”、“启发式”，突出学生的主体地位和个性培养，培养学生的创造性思维能力。同时，充分发挥教师在教学过程中的主导作用，引导学生大胆设想，大胆批判，培养学生的质疑精神和提出问题、分析问题、解决问题的能力。在教学手段上，充分利用现代技术，如远程教育、网络教育、多媒体教育等，让学生尽早适应这个正在构建的开放的教育体系，培养学生终身学习和不断吸收新信息的能力。

实行学分制，使学生可根据自己的兴趣爱好选择所学课程，选择任课老师，选择上课时间等，鼓励教师多开课，开好课，促进教学内容的更新、教学方法的改善，充分尊重学生的个性发展。通过学生科技活动的开展、研究活动的引入，引导学生选择与创新创业相关的课程，如：创造学、创新思维等，夯实创新创业的基本理论知识基础。在学分制条件下，通过灵活的学制使学生可根据自身的条件选择学习进程，可以边学习、边科研、边创业等，可以让学生在学习期间休学创业，将自己的科研成果适时转化为产品。

注重学生创新精神和实践能力的培养，把搭建创新实践平台作为调动学生学习积极性的有效载体，紧紧围绕"以点带面、以练代赛、层层选拔、重在过程"的学科竞赛与创新训练的思路，不断加强大学生的创新实践活动。努力形成国家级、省部级、校级、院级四维一体的创新训练与学科竞赛体系，扩大了学生受益面，提高了学生的创新精神与实践能力。

特别是紧紧围绕学科专业特点，搭建大学生学科竞赛平台。学科竞赛是展示高等学校教育教学的重要窗口，是促进学风建设的有效手段之一，也是推进课程建设与教学改革的重要手段。结合学科专业特点积极开展学科竞赛工作，依托实验室进行研发。努力使学校学科竞赛逐步由点到面拓展，形成多层次、多类型、多学科的格局，不断扩大参赛规模，不断提高获奖成绩，在数学建模竞赛、机械创新设计大赛、电子设计竞赛、机器人比赛、智能汽车竞赛等竞赛中形成突破，使学科竞赛成为培养学生创新精神和实践创新能力重要平台。

南通大学在人才培养方案中适当减少课内学时，增加实践教学环节的比重，不断完善学分制方案，实行奖励学分制度，给学生更多自主学习、进行创新实践的时间和空间，学校要求每名在校大学生每年寒、暑假期必须参加大学生暑期社会实践活动，利用寒暑假开展创新创业项目设计、实践和社会调研，经学校评定合格者方能获得每年 1 分的实践课程学分。学校通过增设综合性、设计性实验室，吸引学生参加教师的科研等途径，培养学生的动手能力和创新能力。学校创新创业教育师资由创新创业指导专兼职人员、创新创业教育课程教学与科研人员、学校聘任的校内外创新创业导师共同组成，校内外结合、专兼职结合。学校紧密结合教学工作实际，大力实施大学生实践创新训练项目，并于 2007 年启动设立大学生实践创新训练计划项目，按照省教育厅的要求，根据学校教学质量与教学改革工作需要，每年设立一定数量的研究项目，每个项目给予一定的经费资助。自江苏省大学生实践创新训练计划开展以来，在学校的统一组织下，各学院根据学科专业建设、教学改革状况和教师科研、实践教学实际，结合学生的学习和能力状况，采取有效措施落实大学生实践创新训练计划项目，使南通大学省、校级立项数量逐年上升，并覆盖了全校所有院系。2008 年 10 月 14 日，南通大学公布了《南通大学大学生实践创新训练计划项目暂行管理办法》(通大教〔2008〕168 号)，加强对训练项目的规范管理工作，收到了较好的效果。大学生实践创新训练计划的开展，调动了大学生参加科研的积极性，激发了大学生崇尚科学、追求真知、勤奋学习、迎接挑战的主动性，提高了大学生的科技素质，对培养大学生科技创新精神，提高实践能力，全面提升大学生综合素质和就业竞争能力有明显的促进作用。

总之，创新教育在培养创新人才的同时，也培育出创业者。创业人才的培养离不开创新教育，创新是创业的前提和基础，创业是创新的载体和表现形式，两者相互促进、相互制约的辩证统一关系表明：没有创新的创业者，由于缺乏创新精神、创新能力而只能成为心理浮躁的盲目的创业者，很难想象能取得创业的成功。

## 二、促进大学生机会型创业顺利度过种子期

种子期是创业最为稚嫩的时期，要使一粒种子能成功破土面出，关键是种子本身要有活力，外界要有良好的培育环境，并通过科学的培育，使种子期的项目能吸收外界资源，实现有效的分化，健康成长。

加强大学生创业项目库建设，激励引导大学生创业。项目是大学生创业的前提和基础，大学生要创业首先要选择好项目，而目前，大学生创业大部分无项目，想创业而无从着手；鼓励大学生创业，建立大学生创业服务体系，必须重视大学生创业项目的研究和创业项目的评审，以及创业项目库的建设，为学生提供创业项目。通过多种渠道征集信息，搭建起创业项目库这个项目展示平台，为创业者提供更多创业项目信息。

遴选学校科技成果，建立创业项目库。技术资源是科技型创业的根本，也是大学生机会型创业的珍贵资源。大学生掌握很多理论知识，具有较高的综合素质，利用高校科技成果进行创业不仅利于高校科技成果转化，也利于提高大学生的创业成功率。但大学的科技成果并非都适合创业，大学生对大学的科技成果也并非都了解。这就需要学校对科技成果进行评估、筛选和整理，挑选出一批适合学生创业的科研项目，建立大学生创业的项目库。高校为大学生提供创业项目，实际上也就是提供更多机会型创业的机会。大学生在选择这些项目后，再对这些科技成果的市场需求、市场前景、预期收益、设备工艺、技术生命周期等进行市场调研和进一步论证，在此基础上进行市场分析、财务分析等，撰写创业计划书，促进大学生对创业机会的识别。鉴于目前高校专利技术转化难的问题，上海市政府和上海各高校都在采取措施。松江区知识产权局积极沟通有关高校，在专家的帮助下，挑选出一批适合学生创业的科研项目，提供导师跟踪服务和创业指导。已设立高校专利扶持专项资金，整理了600余件“闲置专利”技术，通过多种方式推进高校“闲置专利”技术的产业化，扶持大学生从事机会型创业。建议

高校在建立大学生创业的项目库的同时，要建立健全大学生利用学校科技成果进行创业的规章制度，明确成果转让中技术转让（含专利实施许可）、技术入股等方面的责权利等。

设立大学生创业创新基金，资助大学生培育创业项目。大学生创业初创期面临着样品的研制、工艺的完善、生产线的设计、市场营销的策划等工作，需要进行科技成果的产品创新、工艺创新和市场创新，面临巨大的技术风险，需要资金的支撑。尽管1999年经国务院批准并颁发了《科学技术部、财政部关于科技型中小企业技术创新基金的暂行规定》，在科技部设立了科技型中小企业技术创新基金，专门用于扶持和引导科技型中小企业技术创新活动，一些地方也设立了大学生创业基金，诸如2005年"中国大学生西部创业基金"启动，2006年8月"上海大学生科技创业基金会"成立等，但这些资金无论是总量还是收益，都难以有效满足大学生机会型创业的需要。因此，建议进一步完善大学生创业基金设立体系，通过国家、地方政府、高校各类创业基金的设立，共同资助大学生创业项目。

建立创业创新实验室，促进大学生创业机会的开发。科技成果的深度开发和样品生产离不开必要的实验设备、实验场所和研发人员，而大学生创业需要科技成果的深度研发、再建实验室和购置实验设备，而高校拥有大量用于学校的教学和科研活动的实验室和实验设备。创业过程中要根据创业机会，整合各种资源使创业项目逐步推向市场，得到市场响应，形成正向现金流。其中，很重要的一点是根据市场需要进行产品性能的完善和生产工艺的完善，这意味着还需要一定的实验研究，需要必要的实验场所、实验设备和研发人员。虽然高校有大量的实验室和实验设备，但这些资源主要用于学校的教学和科研活动，并非用于大学生创业将成果进行转化过程中的深度开发和样品生产活动。建议高校将大学生创业活动纳入学校教育的范围，建立创业创新实验室，或与社会合作建立大学创业园或科技园，丰富大学生创业的硬件资源，为大学生创业中的机会开发提供硬件支撑。例如，上海松江大学城免费提供创业场地，让大学生不脱离高校就能创业，各高校则免费提供实验平台。

## 三、促进大学生机会型创业导入期健康发展

大学生创业必须面对市场，并将产品或服务带入市场，为市场所接受。导入期是初创企业走向市场的时期，这个时期只有产品由样品进入批量生产，产品性能稳定而且为客户所欢迎，才能使客户购买产品或服务，企业资金开始回笼。因此，做好工艺创新和市场创新尤其重要。

建立大学生创业中试基地，提高工艺创新的成功率。中试是科技成果向生产力转化的必要环节，成果产业化的成败主要取决于中试的成败。多年来，中试在我

国并未得到足够的重视，“中试空白”现象比较严重。[①] 虽然利用大学科技成果进行机会型创业并非每个项目都要小试和中试，但小试和中试确实是很多成果转化过程中的必要环节，大多数高校，由于人力、物力和财力的限制，难以独立建立中试基地。建议政府从科技开发经费中拨出一定比例的款项作为中试资金，在大学或大学生创业园区建立公益性强、开放共享的中试基地，用于大学生机会型创业中的中试实验。

加强大学生创业园区建设，化解创业初期的技术风险。为鼓励和支持大学生创业，不少高校和地方为从事机会型创业的大学生者提供为期两年的经营场所、资金、经营管理、业务开拓、产品销售等支持与帮助，使经过孵化的科技型企业自身逐步产生对风险投资者的吸引力。同时，充分发挥学生的创业主体作用，使学生能够在创业实践中进一步提高和完善自我，推动创业公司从种子期向成熟期发展。但整体上我国大学生创业园总量还较少，很多高校没有大学生创业园，整体功能还不够完善，没有形成政策扶持、创业培训、创业服务“三位一体”的工作机制等。建议高校和社会通过共建等形式，创建更多的大学生创业园，完善创业场地、创业设施等硬件建设，制定大学生创业园区房租补贴、经营场地补贴政策。将创业园作为学校创业实践基地，发挥其孵化器功能，让学生创业顺利起步，从而走向成功。

完善孵化和培育体系，降低创业风险。创业初期是最艰难、风险最大、最需指导的时期，通过提供基本的场地和有利于创业的环境，充分发挥学生的创业主体性作用，在开办自己的实体公司中增强专业实践能力和动手能力，在创业实践中进一步提高和完善自我，从小企业开始起步，逐步实现从种子期向成熟期的发展过渡。上海在松江大学城中免费提供创业场地，让这些年轻的创业者不脱离高校这个母体。各大高校则免费提供实验平台，提供导师跟踪服务和创业指导。温州职业技术学院创业园提供基本场地和创业环境，通过“师导生创”，充分发挥学生的创业主体作用，使学生能够在创业实践中进一步提高和完善自我，推动创业公司从种子期向成熟期发展。

制订和完善创业制度，营造有利的创业环境。创业环境和创业文化的形成，是催生和推动高新技术产业发展的动力，在全社会要营造一个鼓励人们敢于创业，支持人们能够创业，帮助人们成功创业，减少创业风险的社会环境。关于大学生机会型创业，国家和地方虽然出台了教育、扶持、服务等一系列政策，但这些政策有的缺少配套，有的还缺少可操作性等，因此高校和地方政府还要进一步完善鼓励大学生机会型创业的规章制度，大力扶持自主创业，为大学生提供创业孵化基地，并在税收优惠、小额担保贷款、资金补贴等方面加大政策扶持力度。

---

① 钱春林. 高校科技成果产业化的措施与途径[J]. 江苏科技成果通报，2000(4).

下篇

# 实践篇

# 第四章 大学生机会型创业的资源

机会型创业对提高综合国力、增加税收、增加就业岗位都具有重要意义，但机会型创业对资源的需求较生存型创业更高，风险也大，必须要丰富大学生机会型创业的资源，并加以科学认识和充分利用使大学生创业扬长避短，放大优势。

## 第一节 大学生机会型创业中的资源需求

创业离不开人力、物力和财力的投入，资源是创业的基础，甚至决定着大学生创业的类型和创业的成功率。创业意味着建立一种商业模式，向客户提供产品或服务，获取回报，取得利润。创业需要适合企业成长的相应资源，不同的创业所需资源不同，这些资源是企业创建、发展壮大的基础。大学生虽然具有很大的创业潜力，但是如果没有机会型创业所需资源，其创业也无法落实到行动中去。

### 一、资源在大学生创业中的作用

创业是一种整合人、财、物和信息等资源，形成增值服务的活动。大学生创业从事的经济活动，离不开各种资源，这些资源主要指各种生产要素，包括生产资料、劳动力以及技术、信息和资本等。例如，学校给学生提供生存型创业平台，如复印、打字、家教服务等，给学生创业实践机会，创业者利用学校提供的创业实践机会积累经验，积极参加学校的社团活动，并在社团活动中提高自身的组织协调能力、工作能力、分析问题和解决问题的能力等，在学校期间就能抓住机会开始创业。南通大学 2007 届毕业生冯正飞，2006 年以学院“唯 E 工作室”负责人身份当选大学生就业创业协会理事会宣传部部长，还兼任教育科学学院分会会长，2006 年 8 月，还未毕业的他就成立了自己的“南通新狐网络有限公司”。其创业成功关键在于学校为其提供创业经验和创业能力积累的平台，学会如何整合资源，为他人提供增值服务。

信息资源决定创业行业。创业离不开对市场信息、国家政策、经济形势、科技发展等各种信息的把握。创业首先面临的一个问题就是从事什么行业，哪个行业最具市场前景，哪个行业最适合自身条件等。如随着人们生活水平的提高，旅游业得到快速发展，从事旅游业的创业活动应是市场前景广阔的行业，但在真正着手进行旅游业创业的时候就会面临是开旅行社、做网上旅游服务、还是做景点服务的选择。也就是说在选择一个行业的时候还会碰到更多更深层次的问题，同一个行业还可细分成很多不同的领域，没有充足的信息是难以成功创业的。创业是建立一种商业模型获取利润，必须要知道市场行情，选准行业非常重要，要明确到底靠做什么来获取利润，为什么要选择这个行业。进一步说就是要了解目前或将来显性或隐性的市场需求，没有需求，就不可能成功地建立商业模型，也就不可能获取利润，创业就更不可能成功。

产品或服务资源决定创业门槛。创业可以向市场提供服务，也可以向市场提供产品。服务类创业和产品类创业是不同的，服务类创业需要选好具有市场潜力的服务项目，如网络服务、连锁便利、家政服务、培训服务、咨询服务等。在人们需求越来越多样化，市场细分日益加剧的今天，第三产业由于环境友好，可以创造更多的就业岗位等得到迅猛发展，一个个新兴行业通过各种广告媒体的炒作，吸引着人们的眼球，引导人们消费观点的改变。但如果服务定位没有足够的市场空间或发展潜力，在激烈的市场竞争中没有独特的吸引消费者的优势，则在选择服务行业时必须慎之又慎。因为服务类创业要形成技术壁垒比较困难，目前主要方式是通过软件登记形成知识产权保护或通过独占资源的积累。产品类创业，往往建立在专利技术基础上。而作为一种专利技术，与产品是两个概念，一个产品可能由多个专利技术保护，但由多个专利技术保护的产品不一定是成熟的产品，甚至连产品的样品都生产不出来，因此，产品类创业很重要的一点在于产品不仅要是专利，而且要能生产出样品，实现专利说明书所述的功能，产品的生产工艺要相对成熟，不仅能生产出样品，而且能批量生产出产品。这种产品在市场上有一定的市场空间，与竞争对手或同类产品相比，在各项性能指标、原材料获取、产品成本等方面有明显的竞争优势。

管理资源决定企业的运行。创业不仅是要创立一个企业，更要维护或管理一个企业，人们常说开店容易守店难，从一个侧面反映管理在企业发展中的重要性。把企业做大做强相对于投资一个企业要困难得多，所以，管理资源对一个初创企业非常重要。管理从静态讲包括了企业人、财、物的管理，动态角度包括人流、物流、信息流、资金流的管理，也包括企业的进货、销售、仓库管理等，只有有效的管理，才能使企业正常运行，或有效运行。这就要求创业者懂管理，要有统揽全局的能力，有很强的市场敏锐度，有预测风险、化解风险和承担风险的意识，还要有面对市场的应变能力，等等。管理要管理知识，更离不开管理经验，因此，企业一开始往往是创业者直线管理，既是老板也是员工，事无巨细一把抓，当企业发展到一定规模后，会产生各种职能部门，通过职能分工各司其职进行组织管理等，所以，管理资源是企业重要的资源。

人脉资源影响创业导入市场的难度。公司创办初期，知名度小或没有知名度，没有信誉度，资金投入也小，为把产品打入市场，只能利用各种关系或人脉资源，通过好的产品或服务，积累自己的客户资源，把产品销售出去，逐步打开市场，使企业获取收益。在经营过程中，不断开拓市场，拓展市场空间，逐步扩大企业规模。人脉资源不完全是搞关系，人脉资源实际上是一种信任度。在经营过程中，一种产品或服务在一开始人们不了解的情况下，是难以取得客户信任的。只有通过现有熟悉的了解你人品的人，由对你人品的信任而转移至对你所做事的信任，而购买你的产品或服务，使你的产品或服务被更多的人所了解和接受，使企业的信誉度逐步提高，形成市场影响力，赢得市场的认可。

大学生创业需要一定的起步阶段来积累资源。例如，张可胜 2009 年进入南通大学文学院就读汉语言高级文秘专业，2009 年 10 月加入院学生会任文娱部干事，同时也加入璞石工作室，担任外联部干事。2010 年任外联部部长，在外联部这个职位上他和社会接触密切，积累了许多社会经验，2010 年 8 月，他和几位志同道合的朋友一起组成了一个创业团队，从开始销售小商品慢慢做起，并从中摸索经商的经验，积累到一些人脉，为后来担任电信开学迎新总策划人奠定了基础，同时也在暑假期间策划、编辑中国电信南通分公司《翼起来》校园版杂志，并获得了一些盈利。2010 年他注册成立南通远景广告传媒有限公司。这是一位就读于文秘专业的学生，在大学期间积极参加学校社团活动，提升自己的组织与沟通能力，参加创业活动，从生存型创业开始，提升创业能力，了解市场需求，积累社会经验和人脉资源。创业有一个过程，在这个过程中创业能否成功关键在于资源是否得到有效积累与整合。

## 二、机会型创业的资源需求

机会型创业是为了追求一个机会而开创企业的创业，呈现出创业起点高，对经济社会的推动力大，市场空间大，造就的就业岗位多，利润高、风险大等特征。机会型新创企业应拥有的初始人力资源、技术资源和社会资源等的充裕程度要优于生存型新创企业。因此，作为一种主动性创业的机会型创业，与生存型创业相比要求创业者具有较高的心理素质、较强的创业抱负、较高的机会感知能力、更丰富的创业资源和更具竞争力的创新手段。

机会型创业要有更高的技术门槛。一般生存型创业不是靠一种具有竞争优势的技术进行谋生，而是做一个与其他人相同的行业，甚至是人家做什么自己也做什么，人家能生存自己也能生存，进行模仿创业，诸如你办超市我也办超市，你开饭店我也开饭店，创业项目没有独特的竞争优势。而机会型创业是通过新的产品或服务去开创一个新的市场，其项目应基于创新基础。服务项目应有独特的创意，拥有一种竞争对手不好复制的屏障，形成核心竞争力。因此，这些服务项目或有软件登记的知识产权，或申请专利、注册商标等。同样，从事产品类创业也要有核心技术，一般是专利项目。这种专利技术可以是自己设计申请的，然后凭借专利打开市场。例如，江苏如皋丁堰镇的倪张根，1997 年从上海同济大学毕业，被分配到铁道部建厂工程局深圳建筑工程处，在一场数控设备展销会上他发现了一款数控切割设备，他在现有基础上开发出数控化程度更高的海绵数控切割设备，并申请了国家发明专利。2003 年，倪张根毅然辞去职务，在丁堰镇鞠庄村创办了南通恒康海绵制品有限公司，其振动刀海绵数控切割设备远销美国、日本、德国、斯洛维亚、西班牙等国家和地区，公司研发生产的低回弹海绵系列产品多达上百种，出口量在同行业中居全国第三，2008 年销售 1.35 亿元。作为一位创业者，也可以利用他人的专利技术进行创业。发明人往往注重技术的开发，对市场对生产无暇顾及，其实我国专利技术大部分(93%)没有转化为生产力，因此，利用现有专利技术进行机会型创业是一种好的途径。

机会型创业对创业者的素质要求高。机会型创业要开创一个新的市场，所投入的资金多，所冒风险较生存型创业要大得多，因此，机会型创业要求创业者有更高的抗风险能力，亦即识别风险、规避风险、驾驭风险的能力。机会型创业要求创业者有一定的专业知识和较高的理论素养，因为机会型创业往往不是靠体力，而是凭借自身的专业知识或理论素养去拼搏。在所从事的行业中，要站在行业的技术和市场前沿进行开拓，对现有的竞争对手了如指掌，对行业和技术发展的动向有一个清晰的预期等。机会型创业要有很好的人际关系，因为一开始创业者可能没有丰富的人脉资源，但良好的人际关系是有效积累人脉资源的关键。在公司内部，要调动创业团队内部和企业内人力资源的积极性，有很好的用人艺术；在公司外部，在做好客户管理的同时，处理好各种合作伙伴的关系，处理好与竞争对手的关系，把竞争作为促进企业健康发展的动力，而不是打垮对手，独霸天下的能力。创业者还要有空杯的心态，善于学习，勤于思考，在工作中不断积累管理知识和经验，见贤思齐，任人唯贤，不断树立自己的威信。

纵观社会企业，很多创业者学历并不高，即使现在从事高新技术机会型创业的老总其学历并不一定高。例如原南通工学院染整 84 级毕业生恽中方，在经营江苏伊思达纺织有限公司的同时，于 2007 年 11 月成立江苏伊思达电池有限公司，公司注册了 MNKE 商标，专业从事锰系圆柱形锂离子动力电池的研发和生产。产品主要有 18650 和 26650 两种尺寸，广泛应用于电动工具、电动自行车、电动汽车等领域，并为太阳能、风能发电储能，为军用设备、医疗设备、玩具等行业提供新一代的能源解决方案。公司秉承以发展绿色环保新能源为己任，引进海外领军型专家团队，科技创新，科学管理，依托拥有的国际先进锰系圆柱形锂离子动力电池的生产技术与工艺，生产的锰系圆柱形锂离子动力电池具有大电流放电、超低内阻、低自放电率、循环寿命长、安全性能好等显著优点。公司按照 ISO 9001 标准建立了企业质量体系，同时按照 ISO 14001 标准建立了企业环境管理体系，企业产品已经顺利通过了 UL，CE，ROHS 等质量认证。公司采用了中国目前最先进的生产制造设备及国际领先的检测设备，完全拥有自主知识产权的核心生产技术与制造工艺，生产的锂电产品享誉国际市场。其实，从事机会型创业要求创业者具备一种综合素质，而不一定是学历有多高，学问做得有多深，实际上恽中方在经营纺织有限公司中也已积累了丰富的经验，并通过其所积累的经验进行再创业。

机会型创业对资金有更高的要求。虽然《公司法》对从事科技服务类创业要求低，注册资本为 10 万元，但与生存型创业注册资本没有具体要求相比还是高的，更何况如果要从事一项科技成果转化的创业项目，需要原料、设备、厂房等，其投入是可想而知的，虽然公司法对生产类注册资本最低要求为 50 万元，但一般在真正运行时 50 万元是不够的。所以，在大学生机会型创业过程中，各个阶段都会面临资金问题，需要通过学校、政府、社会等途径筹集资金，保证企业不会因为资金链断裂而失败。

机会型创业与国家的政策联系更为密切。因为生存型创业往往从事的是维持生计的模仿型创业，别人干什么自己也干什么，不关注国家政策。而机会型创业往往是开创一个市场，这与国家的政策密切相关。例如，面对能源紧张，国家会大力发展新能源，而在新能源领域会出台各种鼓励政策，因此，这给机会型创业在新能源领域提供了很好的发展空间。近年来，国家将现代农业、生物技术、新材料、新能源等领域定位为高新技术领域，该领域的企业会得到税收方面的极大优惠。

## 第二节　大学生机会型创业资金

资金是企业运行的血液，是创业者投身创业，实现创业理想不可缺少的资源。创业者的一切活动，都离不开资金的支撑，资金是创业者走向创业之路的前提和基础。创业需要注册资本，它是创业合法化的必要条件，虽然最低法律要求不高，但要满足企业初始运行的需要，这是创业走向成功的第一步。大学生创业初期往往没有回报，注册需要资金，租房需要房租，办公设施需要购置，人员需要工资或生活费用等，如果是通过科技成果或科技产品的转化进行创业，还需要原材料的采购，厂房的租赁或设计建造，生产设备的采购和安装，试产试销和销售渠道的建立等。不管创办何种类型的企业，一定的资金是必需的。

## 一、大学生创业资金来源

大学生从高中校园到大学校园,从来没有工作经历,没有资金积累,学习、生活费用靠父母,而创业需要资金的投入,资金的来源只能靠父母、亲朋好友。但现实中,很多大学生创业时并没有向家里伸手,因为很多大学生家庭贫困,家长供养他们读大学都很困难,而在这些贫困生中有不少走上创业之路。大学生创业的资金还有一个重要来源就是通过勤工助学、摆摊销售等积累资金,然后进行创业。

例如,前文提到的南通大学 2009 级汉语言高级文秘专业学生张可胜,2010 年 8 月他和几位志同道合的朋友一起组成了一个创业团队,从开始销售小商品慢慢做起,并从中摸索经商的经验,积累到一些人脉。在暑假期间他策划、编辑中国电信南通分公司《翼起来》校园版杂志,并获得了一些盈利。2010 年他注册成立公司——南通远景广告传媒有限公司。

生存型创业资金门槛很低,如摆一个地摊,几十元就可以进点货进行销售;风险也很小,它只是在现有的市场空间挤出一点生路。在生活水平不高的情况下,大多数创业者会选择生存型创业。进行生存型创业到工商行政管理部门注册一企业,只要有明确的经营场所,一定的注册资金,即可开一个店或成立一个企业,没有什么最低注册资金的要求。但机会型创业不一样,往往是大学生放弃可以选择的工作,超越了生存的需要而进行创业,也就是说为了生存他完全可以找一份好的工作,之所以选择创业,是因为为了寻求更大的市场,这个市场可能是潜在的大市场或中市场,其创业所需资金的投入较生存型创业要高得多。机会型创业一般是创立一个公司,我国公司法明文规定创立各种类型的公司所必需的注册资本。我国公司法第二十三条规定有限责任公司的注册资本为在公司登记机关登记的全体股东实缴的出资额。有限责任公司的注册资本不得少于下列最低限额:(一)以生产经营为主的公司人民币五十万元;(二)以商品批发为主的公司人民币五十万元;(三)以商业零售为主的公司人民币三十万元;(四)科技开发、咨询、服务性公司人民币十万元。第二十四条规定股东可以用货币出资,也可以用实物、工业产权、非专利技术、土地使用权作价出资。可见,机会型创业必须有最低的门槛资金。贫困生不可能有资金用于机会型创业,家庭条件好的学生从事机会型创业也必然面临着巨大的资金风险。

在大学生创业注册资金的来源中,一般创业团队必须自筹一部分。如果一个创业项目,创业团队没有投入资金,又何以说服团队外的人员如天使投资者、风险投资商进行投入呢?资金的投入意味着冒险,也是一种责任的体现,所以一个创业项目创业者的投入是必须的。创业对促进国家产业升级、增加就业岗位、增加税收等都具有积极的意义,很多高校和地方设立了创业基金资助大学生创业,这是大学生创业获取资金的重要来源。再有就是天使投资人和风险投资商。随着创业环境的进一步优化，风险投资成为大学生创业获取资金，甚至得到天使投资者管理的重要资源。如，某公司成立初期注册资本200万元，其资本结构如下：

(1) ××大学专利技术入股40万，占总股本20%。

(2) 公司争取××大学创业基金入股50万，占总股本的25%。

(3) 公司争取省市政府创业基金50万，占总股本的25%。

(4) 公司争取天使投资资金入股30万，占总股本的15%。

(5) 创业团队资金入股30万，占总股本的15%。

## 二、政府资助是大学生机会型创业初始资金的重要来源

在企业生命周期中，确立产品或服务，完成企业注册的过程，即为种子期。所以，一般新创企业种子期创业者的任务在于：通过市场调研、市场分析、形成创意，组织研究开发，研发出满足市场需求的样品或服务，完成商业计划，筹资组建，注册登记，取得营业执照，成立企业。可见，种子期的核心任务是物化产品和筹资注册。

种子期注册企业需要一定数量的"门槛资金"，用于购买厂房、机器、办公设备、原材料和支付员工工资等。初创企业没有营销活动，没有经营收入，资金主要来源于自有资金、创业者自筹或私人投资者等私人资本；新产品未成型，需要对新产品进行研究和开发，需消耗大量研发资金。没有过去的经营和信用记录，从银行申请贷款的可能性甚小。因此，面临的资金风险巨大。虽然在大学生创业的种子期有些父母会给予一定的资金支持，但由于大学生机会型创业所需资金往往随着技术的完善、样品的试制、房屋的租赁、人员的招聘及公司的注册等资金需求不断增大，而大学生创业者未来的还款、盈利能力预期较低，投资公司往往不愿意对种子期的大学生创业项目进行投资。

种子期市场机制失灵是政府资助初创企业的重要原因。种子期创业者可能只有一个创意或一项尚停留在实验室还未完成的科研项目，需要投入相当数量的资金进行研究开发。随着时间的推移，自有资金或从家庭、朋友那里获得有限的初始创业资本逐渐被消耗殆尽。"资本缺口"随之产生，创业者只好转而寻求外部融资。研究表明，一个科技型的中小企业从注册到成长成熟的阶段，必然要经历一个死亡谷的阶段。① 在死亡谷阶段，企业融资非常困难。一方面是企业自己的资金很有限，另一方面从银行到风险投资的各个融资渠道，对企业都基本上处于关闭状态，因此企业很难得到市场融资。科技型中小企业既是加快科技成果转化、实现技术

① 赵鹰.创新基金助闯死亡谷[EB/OL]. http://www.stimes.cn/m/user_content.aspx?id=252943,2010-09-09.

创新的有效载体，也是国民经济增长和产业结构升级的重要源泉。而科技型中小企业在创立和成长初期，技术和市场风险比较高，商业价值不确定，社会资本不愿介入，处于非完全竞争状态，市场机制在这个阶段出现失灵，所以，政府应设立科技型中小企业创新基金，给这些企业以支持，承担起培育优质项目源的任务。

大学生机会型创业急需政府研发经费的专项资助。调查显示，“资金匮乏”已成为大学生创业的拦路虎，有45.5%的大学生创业梦为此搁浅；“缺少社会经验”和“缺少企业运作及管理经验”，在影响大学生创业的因素中各占24.8%和20%。①所以，有效弥补大学机会型创业中的资金不足和经验缺乏是促进大学生机会型创业健康成长的关键。大学生利用学校现有专利技术进行创业，在种子期要生产出样品，完善其性能，以满足市场需求，必须进行深度研发。以“活性炭纤维静电植绒制品”为例，该项技术在产业化过程中被发现其对有害气体的解吸附还有待进一步研发，否则其在吸附有害气体后就会失去进一步净化空气的功能，而何时吸附满没有标志显示。这个问题对其产业化形成阻碍。这些应用性研发活动，是成果推向市场前必须解决的技术问题。而我国目前用于应用和开发研究的资金严重不足。

目前政府资助政策只是部分缓解了大学生机会型创业种子期的资金风险。为鼓励大学生机会型创业，我国已初步形成了专项资助、税收政策、金融政策、产业引导等经济扶持政策体系，设立专项基金资助大学生创业创新活动。1999年经国务院批准并颁发了《科学技术部、财政部关于科技型中小企业技术创新基金的暂行规定》，在科技部设立了科技型中小企业技术创新基金，专门用于扶持和引导科技型中小企业从事技术创新活动。设立大学生创业基金，缓解了大学生创业启动资金的问题，坚定了高校创业者的信心，但整体而言，这些对大学生创业的优惠措施，力度还不够，限定条件过多，有的可操作性还有待加强。

## 第三节　大学生机会型创业初始资源

我国数量庞大的受过高等教育的大学生，理应成为机会型创业的主力军，但现实是我国大学生不仅创业率低，而且成功率也很低，机会型创业比例则更低。如何科学理解、合理安排并充分利用大学生创业资源，成为降低大学生创业风险，提高大学生创业的成功率，有效促进大学生机会型创业的重要课题。

### 一、大学生创业的初始资源

创业是一个发现和捕捉机会并由此创造出新颖的产品或服务，实现其潜在价

① 李集城. 对大学生创业风险投资基金模式的思考[J]. 职业教育研究，2010(1).

值的过程，是创业者在资源不足的情况下收集、分析和把握机会，创造性地整合资源，形成合力实现目标的过程。初始资源是创业活动的前提和基础。可见，初始资源决定了创业的类型，也影响着创业的成功率。蔡莉等研究表明①，机会型新创企业拥有的初始人力资源、初始技术资源、初始社会资源等充裕程度要高于生存型新创企业。大学生综合素质普遍较高，沉浸在高校浓郁的学术氛围下，容易获得好的项目，所以大学生从事机会型创业的资源有其自身的特征和优势。大学生创业可以依赖的资源主要有智力资源、技术资源、物质资源、政策资源等。

智力资源。大学生创业靠体力创业还是靠智力创业？这个问题的答案对大多数学生来说无疑都是靠智力，靠智慧。大学生与其他社会群体相比，其最显著的特征是接受过高等教育，掌握一定的基础知识、专业技能，综合素质较高，因此，大学生创业应发挥自身所长去开拓进取。而且，大学生创业还可以依赖学校的智力资源，可以向创业指导老师请教，可以向专业老师请教，高校大量的教学科技人才都是大学生可以依赖的资源。随着我国高等教育事业的发展，高校科技创新队伍不断壮大，截止到 2008 年底，我国理工农医领域高校从事科技活动的人数是 39.2 万人，其中从事“R & D”活动的人力达到 33.5 万。② 例如，2014 年南通大学有教职工 3 082 人，教学科研人员有 2 252 人，其中博士、硕士生导师 726 人，拥有国家有突出贡献的中青年专家、国家杰出青年科学基金获得者、首届江海杰出英才奖获得者、享受国务院特殊津贴人员、教育部优秀骨干教师、江苏省有突出贡献的中青年专家、省“333”工程培养对象、省高校“青蓝工程”培养对象等各类杰出人才。设有 85 个本科专业，涵盖文学、理学、工学、医学、艺术学、经济学、法学、教育学、历史学、管理学等 10 个学科门类。丰富的智力资源使大学生可以进行高科技含量的机会型创业。同时，为更好开展创业教育，很多高校建立起创业基地，大学生在创业基地可以得到创业经验丰富的创业指导老师的指导。

技术资源。高等学校是国家创新体系的重要组成部分，是基础研究的主力军、应用研究的重要方面军和高技术产业化的生力军。特别是众多研究型大学，已经成为我国高水平科技成果的重要源泉。根据有关部门统计，国家“973 计划”项目的一半以上、“863 计划”项目的三分之一以上是由高校承担的。2007 年全国高等学校申请专利 32 680 件，占国内职务申请的 11.8%③；2008 年，高校主持完成的自然科学奖占总数的 47%，技术发明奖占总数的 81%，科技进步奖占总数的 37.9%，

---

① 蔡莉，尹苗苗，柳青. 生存型和机会型新创企业初始资源充裕程度比较研究[J]. 吉林工商学院学报，2008(1).

② 武贵龙. 抓住机遇　发挥高校科技重要作用为促进经济社会发展做出新贡献[J]. 中国高校科技与产业化，2009(9).

③ 顾秉林. 利用高校产业税收创立科技成果产业化支持基金[N]. 人民政协报，2009-06-03.

高校有丰富的科技成果，但由于种种原因其转化率不到10%①，一般高校都设有科研处或科技与产业处，主要负责科研项目的申报、科研课题的管理、科研成果的管理和科研经费的管理等，高校的科研水平、学科建设水平往往代表一所高校的办学水平，因此，一般高校都非常重视科研工作，高校每年都会产生一批科研成果。大学生利用高校技术成果进行创业，确定目标客户，开拓潜在市场，不仅可有效提高高校科技成果的转化率，而且可以缓解大学生创业项目短缺，促进大学生高起点进行机会型创业。例如，南通大学2014年拥有1个省高校国家重点实验室培育建设点和省部共建教育部重点实验室，9个省级重点实验室、省级公共技术服务平台、省级工程中心和省高校哲学社会科学重点研究基地，获得自然科学基金和国家社科基金项目295项，拥有5个省高校优秀科技创新团队。

物质资源。2009年我国依托高校建设的国家重点实验室占总数的63%，国家工程研究中心占总数的39%，国家工程技术研究中心占总数的27%，国家工程实验室占总数的33.3%，国家技术转移中心占总数的70%②，所有这些都为大学生利用高校科技成果创业提供了强有力的支撑。自20世纪80年代中期我国开始探索大学科技园建设至今，大学科技园发展已初具规模，已建成国家大学科技园69个，还有很多省市级的大学科技园。2001年以来，科技部每年安排1 000万元国家拨款，用于国家大学科技园基础设施建设，构筑促进科技成果转化、科技型中小企业孵化和创新、创业人才成长的平台。同时，国家和一些省市设立基金对大学生创业企业的政策扶植。例如，2007年科技部火炬中心无偿资助大学生创业项目23个，资金920万元；2008年支持项目30个，资金1 200万元。③ 截至2010年，各级政府和高校共为大学生设立创业资金达16亿元，建成创业实习或孵化基地2 000多个，面积330万平方米。④ 所有这些既为大学生创业提供了必要的物质条件，缓解了创业启动资金的紧缺问题，也坚定了大学生创业的信心。例如，南通大学计算机学院建立了大学生创新创业实验室，专门供在校大学生进行创新创业活动。学生以团队的形式申报创新创业项目，经学校或学院审核后就可以在实验室进行创新创业的研讨和样品制作、创业计划书的撰写等活动，实验室收藏着历年来学生参加全省、全国创新和创业活动所获的奖项，激励学生通过创新创业不断提高自身的综合素质，投身到创新创业活动中去。

创业实践平台。大学生创业实习或孵化基地是高等学校开展创新创业教育、

---

①② 武贵龙.抓住机遇　发挥高校科技重要作用为促进经济社会发展做出新贡献[J].中国高校科技与产业化，2009(9).

③ 王文娟.大学生科技创业进入理性期[J].中国科技财富，2009(17).

④ 三省市成为国家大学生创业示范基地. http://www.univs.cn/newweb/channels/jobs/2011-03-31/1301544584d972557.html.

促进学生自主创业的重要实践平台，主要任务是整合各方优势资源，开展创业指导和培训，接纳大学生实习实训，提供创业项目孵化的软硬件支持，为大学生创业提供支撑和服务，促进大学生创业就业。提供多种形式的创业扶持。大学生创业实习或孵化基地为大学生创业提供场地、资金、实训等多方面的支持。配备必要的公共设备和设施，为大学生创业企业提供至少 12 个月的房租减免。提供法律、工商、税务、财务、人事代理、管理咨询、项目推荐、项目融资等方面的创业咨询和服务，以及多种形式的资金支持；为大学生开展创业培训、实训；建立公共信息服务平台，发布相关政策、创业项目和创业实训等信息。例如，围绕创业实践，南通大学积极构建“创业工作室、创业实训基地、创业孵化基地”三类实践教学体系，针对地方发展的重点领域，校企合作、校府联盟，共建了校外大学生就业创业基地 200 多个。学校纺织服装学院与南通三荣实业有限公司创立逸谷服装创作设计中心，吸纳学生积极参与创业实践，并创新教学模式，成为一个由校内教师、校外专家、创业教育指导老师、学生共同组成的教学、科研、生产、培训、创业相结合的多功能实践基地。南通大学科技园自 2008 年 9 月启动建设以来，以促进大学生“实习、实训、创业、就业”为己任，划拨 2 500 平方米用于建设大学生创业示范基地建设，支持大学生创新创业。大学生创业示范基地结合南通大学的学科建设，有效地增强了大学生的创业意识和能力，提高了高校人才培养质量，推动了高校科研成果的转化，为高校学科建设以及地方创新体系建设作出了一定的贡献，成为培养大学生创业意识、激发大学生创业热情、提高大学生创业能力的重要平台。到 2012 年 10 月，基地已入驻 41 家大学生创办企业，注册资金达 1 747 万元，孵化基地面积 5 397.94 万元，共带动 376 名大学生创业就业，实训大学生 1 300 余人次，并于 2010 年被教育部、科技部认定为“高校学生科技创业实习基地”。

创业平台资源。随着我国高校创业服务体系的不断完善，很多高校建立起大学生创业平台，供大学生了解创业、学习创业、体验创业。例如南通大学以大学生创业协会为主体，学生创业工作室不断涌现，现有唯 E 工作室、小孔成像视频工作室、火狐工作室、艺飞工作室、365 网络教员工作室等创业团队通过创业实践，收获竞争、创新、生存的成长体验，带动在校学生创业热潮。学校管理学院张尧、艺术学院杨海涛走上创业之路，电子信息学院 2005 级学生曹阳创办的耀阳数码科技有限公司于 2009 年 3 月注册成立。又如，南通职业大学在计算机系领导的大力支持下创办了《点击》报。《点击》报采取自主经营、自负盈亏的办报宗旨，为了维持报纸的正常出版，南通职业大学的宗习海不得不考虑整个营运过程，如何增加收入，如何去拉广告，如何去分配资金，如何去管理人员。现在不少高校建立起让在校大学生体验创业全过程，并在创业中真正投资、运营和取得收益的平台，这种平台与大学生在校门外摆摊进行生活用品的经营活动相比，学校可以对学生的创业活动进行有效指导，使学生有针对性地学习创业知识和经验。宗习海通过办系报了解了整个广告公司的营运过程，由于广告公司门槛较低，只需 2～3 台电脑和部分设施，2003 年宗习海创办了南通市蓝海广告设计有限公司。

## 二、大学生利用资源优势进行机会型创业的理性分析

大学生创业热情高，有创新精神，有理论知识，有技术优势，对创业有更高的心理期望值，有条件寻求较就业更大的发展空间，但为什么我国大学生 75.22%想创业，然而只有1.94%真创业[①]，机会型创业比率则更低呢？大学生创业有没有用到学校资源，如果用到又用的是哪些学校资源？大学生创业需要资金、需要项目、需要知识、需要人力、需要信息等。在这些资源中我们发现，大多数高校还没有建立供大学生创业选择的创业项目库，大学生创业基本上是通过社会兼职获取项目，通过亲朋好友提供项目，通过学长们创业而得到启示，等等；创业资金也往往是自筹，而对学生创业最有吸引力的是大学生创业园，可以为学生提供房租减免，大学生可以在创业园进行创业活动，创业知识的获取往往是学校、家庭和社会等各方面获取。在目前政府、高校和社会越来越重视创业的环境下，大学生创业的资源使用情况还存在很多不尽如人意之处，距大学生利用所学知识进行机会型创业的理想还有一段距离。

生存是人的最基本需要，创业是一种重要的经济行为，受到“看不见的手”的引导，表现为“经济人”的理性选择。目前，我国高校学生中有相当比例的贫困生和特困生。据统计，我国家庭经济困难高校学生总数高达 400 多万人，占在校生总数的20%至 25%，家庭经济特别困难学生占在校生总数的 8%至 10%。[②] 在沉重的经济负担之下，一些学生为了顺利完成学业，只好利用课余时间创业，部分学生在找不到工作的情况下，为解决生存问题走上了创业之路。事实上我国大学生创业群体中仍有相当比例的大学生无法发挥自身的知识和技术优势，无奈从事生存型创业。

大学生创业虽有智力资源优势，但初出校门还缺乏创业技能，缺乏企业家的市场运作经验。虽然自 2003 年开始教育部已连续举办了 8 期创业教育骨干教师培训班，培训教师近千名，但这对国内 1 000 多所高校来说无疑是“杯水车薪”。联合国国际劳工组织开发的创业教育培训项目，2005 年全国青联将其引入中国，启动了中国 KAB 大学生创业教育项目，从认识企业、创办企业、改善企业和扩大企业几个方面培养大学生的创业知识和能力，该培训项目对大学生创业知识的普及起到

---

① 徐敏. 大学生 75.22%想创业　1.94%真创业[N]. 解放日报，2009-08-05.

② 孟广慧. 贫困生就业：坦然面对务实进取[N]. 中国教育报，2009-08-12.

积极的作用，高校有很多老师通过培训获得了联合国国际劳国组织颁发的《KAB创业教育（中国）项目讲师培训班结业证书》，取得相应资格。但整体而言，目前从事创业教育的教师既缺乏系统的培训，又缺乏实战经验，因而在教学过程中更多倾向于理论说教。另一方面，大学教学科研人员从事科研活动，往往并不是针对市场，没有想通过转化来实现其成果的价值，在研究过程中往往没有学生的参与。如何将教师的科研活动与学生的创业活动有机结合，使大学生机会型创业人力资源形成合力，我们认为，一方面要加强大学生的创业教育，强化创业导师队伍建设，另一方面，要制订有效激励机制鼓励科研人员指导大学生将科技成果向市场转化。

高校有着丰富的科技成果，很多成果长期处于闲置状态，由大学生选择专利项目进行机会型创业，既有一定的技术含量，又可以受到国家法律的保护，更大大降低了创业风险。但现实中很多项目只是阶段性成果，部分项目不是应用研究项目等，利用高校科技成果进行创业的成功率并不理想。所以，对创业项目进行可行性及效益评估，对其进行创新性或市场潜力的分析显得尤为重要。例如，上海松江区联合各大学，挖掘和整理各高校的“闲置专利”，挑选一批科技含量高、市场前景好，又适合大学生创业的项目，提供给有自主创业意愿的学生；对高校现有科研成果进行技术成熟度和市场成熟度分析，并将成熟度高的科研成果建立起创业项目库，提供给大学生，由大学生根据自己的专业特长和兴趣进行创业，但其后仍有很多工作要做。

从高校可以用于大学创业的物质资源看来，高校的实验室一般用于教学和科研，而创业拥有其自身的特点，如产品类创业，需要对要投放市场的产品进行样品制作、性能检测、工艺研究等，这些研究活动需要一定的人力、物力和财力支撑。南京航空航天大学对大学生创业团队给予一定经费的资助，学生通过数万元启动资金进行样品制作、性能测试、市场调研等，经过近一年的运作后，科技成果的产业化在探索过程中不断成熟，主要是科技成果和产品的成熟度不断提高，其性能更稳定，更能贴近市场需要，与竞争对手的产品相比其优越性更加突出，学生在产品转向市场的过程中也逐步走向成功。当然，如果创业所依赖的科技成果虽然具有市场前景，但产品不成熟，制作出的样品无法转入实用化，这样的创业在初始运转后即会暴露出一系列问题，创业也不可能成功，但对促进产品成熟度的提高，寻找促进其性能改善的方向等都有现实意义，虽然一次转化没成功，但经过学校教学科研人员的努力，对科技成果的转化是具有促进作用的。现在很多高校正逐年增加大学生科技创新活动和创业活动的专项经费，设立大学生科技创新创业基金，对大学生课外学术作品和创业计划项目进行立项资助，并积极争取社会支持，利用社会资金设立大学生创业基金，对学生申请专利、进行创业给予经费支持。

针对大学生面临的创业形势，国家出台了各类鼓励大学生创业的政策。如国家教委于 2000 年 4 月出台了一项鼓励大学生创业的政策，大学生、研究生可以休学保留学籍，创办高新技术企业。各省市也相继出台了大学生创业优惠政策，如山西省政府下发了《关于实施创业就业工程的意见》，并出台完善创业培训补贴、落实小额担保贷款政策、逐步降低或取消反担保门槛等诸多向自主创业者倾斜的优惠政策。这些支持政策的出台，有力地支持了大学生的创业行为。但是，与西方发达国家相比，目前我国支持大学生创业的法律、法规体系还很不完善，这些对大学生创业的优惠措施，力度不够、限定条件多、可操作性也不强。

# 第五章 大学生机会型创业的优势与不足

大学生创业有优势也有不足，因为大学生从高中校园到大学校园，没有社会经验，更没有在企业工作的经验，因此，大学生创业存在的不足是明显的。但与此同时，我们也应看到大学生创业与社会人士相比也存在很多优势，因为，大学生创业虽然是要进入大海去拼搏，但大学生创业有独特的资源。他们身处高校，高校的智力资源、技术资源、信息资源、学生的人力资源等，都是大学生创业可以利用的资源，而这些资源是社会人士创业所无可比拟或与之抗衡的。而且，大学生自身所学的知识和专业，也是很多社会人士不好比拟的。研究大学生机会型创业的优势与不足，对指导我国大学生机会型创业放大优势、弥补不足，提高生机会型创业率和创业成功率具有现实的理论意义和应用价值。

机会型创业需要分析和发现新的市场机会，创业者应具有较丰富的专业知识；机会型创业的发展目标是进入或开发新市场，需要较多的初始财务资源以及高新技术资源；机会型创业者更关注未来、关注各种资源的整合，需要有较为丰富的社会资源。大学生有知识、有能力，综合素质较高，高校和社会对大学生创业有着广泛的支持，大学生创业呈现出其独特的优势，充分认识并发挥其优势，是促进大学生机会型创业健康发展的关键。

## 第一节　大学生机会型创业优势

大学生在就业与创业的选择中，充分发挥自身优势，利用资源和环境条件，捕捉、识别、筛选并抓住市场机会，作为事业的选择，主动自愿地从事创业活动，即为机会型创业。反之，如果没有找到合适的工作，为了生存的需要而从事的创业活动，即为生存型创业。显然，大学生发挥自身知识和技术优势，开发潜在市场，由"找饭碗"变成"造饭碗"，从事机会型创业，不仅对促进产业升级、增加税收，而且对创造更多就业岗位、促进社会和谐稳定等都具有重要意义。与社会上一般人员相比，大学生创业所拥有或可以运用的创业资源有以下比较优势。

## 一、综合素质的比较优势

大学生年轻、有活力，精力旺盛，素有“年轻是最大的资本”之说。大学生往往对未来充满希望，他们对未来有着美好的憧憬，自信心较强，对自己认准的事物会有激情去体验，思维普遍活跃，敢想、敢尝试，具有“初生牛犊不怕虎”的精神，而这些都是一个创业者应该具备的素质。有较强的领悟力，自主学习能力强，有较强的社会适应能力，善于接受新事物，敢于做潮流的引领者。勇于挑战未来，想通过成功创业，实现自己的理想，证明自己的价值，有很强的成就动机。没有成家的大学生暂无家庭负担，其创业往往能获得家庭或家族的支持。大学生在学校里学到了很多理论性的知识，有着较高的技术优势，而当今社会最有前途的事业就是开办高科技企业。大学生沉浸在高校浓郁的学术氛围下，与学术界关系密切，容易获得好的项目，“用知识换资本”成为大学生进行机会型创业的理想选择。

## 二、政策环境的比较优势

近几年来，我国大力倡导全民创业，鼓励大学生创业，制定了涉及创业培训、创业指导、资金扶持、融资与税收、产业政策等一系列优惠政策，初步构建了大学生机会型创业的法律支撑体系。1999 年教育部公布《面向 21 世纪教育振兴行动计划》，提出要加强对教师和学生的创业教育，鼓励学生自主创办高新技术企业；同年开始，为落实相关政策，由团中央、教育部、中国科协、全国学联联合主办开展了每两年一届的大学生“挑战杯”创业计划竞赛。2002 年 4 月，教育部确定清华大学等 9 所高校作为全国首批创业教育试点院校。2003 年教育部高等教育司委托北京航空航天大学举办高校创业教育骨干教师高级研修班。2008 年 8 月，中国人民银行、财政部、人力和社会保障部联合发布的《关于进一步改进小额担保贷款积极推动创业促就业的通知》规定，经办金融机构对个人新发放的小额贷款最高额度从 2 万元提高到 5 万元，对大中专毕业生的申请财政给予 50％的贴息。2007 年颁布的《中华人民共和国企业所得税法》对创业投资、税收提供优惠政策。2008 年 4 月 14 日，科技部、财政部和国家税务总局联合颁布了《高新技术企业认定管理办法》，并颁布了《国家重点支持的高新技术领域》目录，对电子信息技术、生物与新医药技术、高技术服务业等八大类技术领域的创业活动进行税收方面的优惠，引导大学生从事高新技术的机会型创业。2008 年 8 月，国务院办公厅转发人力资源社会保障部等部门《关于促进以创业带动就业工作指导意见的通知》（国办发〔2008〕111 号），要求各地劳动与社会保障部门为到基层创业的高校毕业生提供创业培训、开业指导、咨询服务等“一条龙”服务，同时积极促成小额贷款担保或贴息补贴政策的落实。很多地方政府也出台了相应的政策，全方位地帮助和支持大学生创业。例如，2009年上海大学生科技创业基金启动，主要用于资助高校毕业生以科技成果或专利发明创办的企业，兼顾创意类和科技类咨询企业。上海高校应届毕业生只要拥有科技成果均可提出申请，最高可获得30万元的资助。大学生创业基金的出台以及相关税费的减免，既为想创业的学生缓解了启动资金的问题，又降低了运营成本，坚定了高校创业者的信心。

## 三、大学资源的比较优势

大学生无论在学校期间，还是步入社会，都与学校结下了不解之缘，大学成为大学生创业可以充分依赖的资源，特别是随着创业教育成为高等教育人才培养的重要方面，各高校也为大学生创业制订了一系列鼓励政策，为大学生积极创业创造条件，所以，大学的资源优势成为大学生创业显著的比较优势。

智力资源。高校的教学、科研人员是大学生创业的重要支撑。大学生可以在老师的指导下进行创业计划书的撰写，可以主动参与教师的科研项目，可以在学校的支持和帮助下进行市场调研等。一所大学往往具有管理学、会计学、市场营销等众多专业，还有工科类专业等，大学生创业可以根据需要集聚相关院（系）的大学生组成知识结构互补的创业团队。丰富的智力资源使大学生在创业活动中，可以进行高科技含量的机会型创业。

技术资源。高校是国家创新体系的重要组成部分，是基础研究的主力军、应用研究的重要方面军和高技术产业化的生力军。特别是众多研究型大学，已经成为我国高水平科技成果的重要源泉。2009年国家"973计划"项目的一半以上、"863计划"项目的三分之一以上是由高校承担的。① 2007年全国高校申请专利32 680件，占国内职务申请的11.8%；2008年，高校主持完成的自然科学奖占总数的47%，技术发明奖占总数的81%，科技进步奖占总数的37.9%。②

物质资源。目前我国依托高校建设的国家重点实验室、国家工程研究中心、国家工程技术研究中心、国家工程实验室、国家技术转移中心，丰富的实验设施和平台为大学生机会型创业中的样品生产和后续开发等提供了强有力的支撑。在利用科技成果进行机会型创业的种子期和导入期，为化解成果孵化和培育的风险，自20世纪80年代中期我国开始探索大学科技园建设以来，大学科技园的规模和实力不断壮大，发展环境不断改善，转化了一批具有自主知识产权的科技成果，孵化和培育了一批具有自主品牌的科技企业和企业家，2013年有国家大学科技园69个，还有众多的省市建起了大学科技园，一些高校创建了大学生创业园（或创业基

① 顾秉林. 利用高校产业税收创立科技成果产业化支持基金[N]. 人民政协报，2009-06-03.

② 武贵龙. 抓住机遇　发挥高校科技重要作用为促进经济社会发展做出新贡献[J]. 中国高校科技与产业化，2009(9).

地）。大学生创业可以充分利用大学科技园所拥有的独特的资源和优势，科学创业，创办出高新技术企业。

## 第二节 大学生创业存在的不足

大学生创业在我国目前尚属起步和发展阶段，从1998年、1999年大学生创业计划竞赛的举办，到2014年已举办九届中国大学生创业计划竞赛，为我国大学生创业起到了示范和促进作用。特别是近年来，国家以创业带动就业及大学生创业各种优惠政策的出台和实施，使不少学生走上创业之路，但创业的艰难，又使不少学生退下阵来，引起社会极大的关注。大学生创业活动失利的原因在哪里，应该怎么做，理性分析大学生创业中存在的不足，对促使大学生创业健康发展具有重要的现实意义。

### 一、大学生创业存在的不足

大学生一直在校园里成长，在学习、生活和工作的人生阅历中，工作还是空白，生活经验也很欠缺。创业与就业相比要求大学生有更大的主动性和进取性，要拥有更多的知识和经验，应对种种不可预测的变化，因此，与经过一定经验积累的创业者相比，大学生创业存在一些不足，主要表现在以下几个方面：

1. 对创业的认识肤浅

一些学生对创业存在很大的盲目性，认为创业就是做生意，就是创办公司，就能一夜暴富。一些学生认为创业的目的就是注册几家公司，如清华大学的MBA杨殿云曾担任清华99级学生的班主任，他发现很多新生一入学就热衷于创业，选修课程时首选计算机课，而对数学这样的基础学科兴趣不大。学生看到的更多是创业学生的成功，选计算机课容易出成果，没看到创业学生付出的艰辛，很少想到会有失败的可能。①

认为创业就是办公司，必然造成对创业计划书缺乏推敲。有很多学生创业时是跟着感觉走的，没有创业计划书，对竞争对手、市场压力等考虑较少，导致创业失败。如华中科技大学李玲玲创办的天行健公司的“停摆”，有关人士认为李玲玲并非学工科出身，她发明的高杆喷药器很难说是一种成熟的技术，试模后并不令人满意。天行健公司从成立开始，由于技术不成熟，公司草草上马，投资经营有盲目性，已经注定会有今天的结局。② 据笔者调查，在南通科技园创业的大学生，很多没有

① 刘万永，蒋韩薇. 大学生创业走向理性[N]. 中国青年报，2000-11-27.

② 袁梦德，刘畅. 大学生创业的遭遇及反思(中)[N]. 中国青年报，2000-08-13.

创业计划书,而是在跟着感觉走。

2. 创业资金不足

大学生创业的资金主要来源于家庭和亲朋好友的资助、学校创业基金等。目前大学生创业融资难,虽然创业初期父母会给予一定的资金支持,但由于大学生创业所需资金往往在种子期、导入期不断增大,成长期则需要更多,而大学生创业者未来的还款、盈利能力预期较低,金融机构和投资公司往往不愿意对大学生的创业项目进行投资。风险投资是缓解大学生创业资金短缺的最好形式。风险投资自20世纪80年代被引入中国以来,虽有较大的发展,但由于我国目前与风险投资发展相配套的各种中介服务机构还不健全,知识产权评估和交易体系也有待完善,风险投资发展所需要的市场环境还不完善,尤其是缺乏一个良好的法律环境,缺乏完善的信用体系,还没有形成一个良好的投资体系。没有资金,再好的创业想法也难以转化为现实。针对这一问题,我国政府正逐步出台相关法律法规,对大学生机会型创业通过专项资助、产业政策、税收政策、金融政策等方面进行政策引导,但我国对于大学生创业的经济扶持,无论投资渠道,还是投资政策仍很不完善。

3. 注重表面而对创业教育重视不够

创业大赛的目的是为了对大学生创业起到一个促进和示范作用,而不是为了比赛而临时抱佛脚。在大学生创业存在弄虚作假现象,创业大赛举行初期,学生只要有一个创意就能够得奖了,但随着创业大赛的发展,创业计划大赛的每一个参赛项目都要有一个核心技术,项目的技术含量成为能否得奖的一个重要因素,因此一些平时对创新创业教育不甚重视的学校纷纷考虑采取对策。在第二届全国大学生"挑战杯"创业计划大赛中,学校成立创业大赛办公室,组织对风险投资有经验的教授负责帮助学生写好吸引风险投资的创业计划书①,学生只要表演就行。

大学生创业需要一定的知识和技能,而不少高校认为,大学生的主要精力在学习,无需系统讲授创业知识,因为社会上大多数创业者、企业家都没有经过创业知识的培训,企业也办得很好,从而忽视对大学生创业知识和技能的培养。

4. 大学生创业过于集中在某一领域

在国内创业的学生中,绝大部分是开办无需产品设计、生产、推销和售后服务的网站,不少人实际上是为网络增添泡沫,如上海举办的"张江杯"大学生创业计划大赛,首期征集的创业计划中,有90%以上是雷同的网站创业计划书。大学生创业过于集中于某一领域,既说明大学生创业所覆盖的学科面很窄,不利于产业结构科学调整,也反映了大学生创业尚处于起步阶段。

从南通大学近年来大学生创业的情况看,笔者了解到南通大学在校大学生创

① 谢绳武.创新赛岂能弄虚作假?[N].文汇报,2001-03-09.

办了13家企业，其基本集中在人力资源培训、广告传媒和网络服务三大领域，这些领域投资小，门槛相对较低，风险也小。

5. 对创办企业的管理认识不足

一些大学生创业成立公司后保留一个名分，实际工作都由一些社会公司一手操办，这就不能算完整意义上的大学生创业。例如，现在很多高校的大学生创业园，为大学生创业提供一条龙服务，只要你想创业，缴3 000元左右的服务费，你就可以获得注册资本为10万到50万的公司。这种一站到底，虽然看似为大学生创业提供了极其便利的服务，但大学生创业并没有经历最起码的工商登记和税务登记的程序，也收获不到创业起步应掌握的知识，如公司章程的撰写、注册资本的筹措、财务会计的确定等。另外，创业取得风险投资商的投资是创业成功的第一步，而决定创业能否取得最终成功的关键是创业者能否有效进行商业运作和管理。大学生学习期间，很少涉及人财物的管理，缺乏实际管理经验，而大学生创业中的管理经验不足，可能会导致团队分化，管理不善，必然造成企业无法正常运转，在市场竞争中被淘汰。

管理经验是影响大学生自主创业能否成功的重要因素。大学生有理想，但往往过于理想化；虽然学了不少书本知识，但未曾涉足市场，对具体的市场不甚了解，缺乏开拓市场和分析市场的能力，极易过高地预测市场效益；对自身创业所属行业缺乏深度审视，对竞争同行、社会消费能力、市场前景缺乏理性了解，对于潜在的风险，对于创业过程中出现的问题和各种不可控因素，不能辩证客观地分析和看待。没有在现实中打拼过，没有在实际工厂中操作过，缺少灵活处理各种问题的能力，不能根据市场变化及时调整市场战略，因而很容易被市场无情地淘汰。缺乏创业经验的大学生，创业时会走很多弯路，有的甚至由此而败下阵来。

6. 团队缺乏战斗力

社会心理学认为，同辈群体成员有高度的心理相容，对群体有较强烈的认同感，其兴趣爱好比较接近，同辈群体大都是在自愿的基础上形成的，带有明显的自发性。学生创办的企业，一般由几个学生组成的团队进行创业，开办公司，团队结构合理是成功的关键，创业需各方面人才的搭配组合。如纯理科生，则在财务、企划、管理、文案等方面先天不足，而如纯文科生，则对事物的分析可能相对表面化。学生创办公司成功不仅仅取决于产品，更重要的是创办企业的人员，是团队。而大学生由于缺乏相互协作的锻炼，缺乏协同作战、取长补短的经验，这样一艘小船自然在市场经济大潮中要饱受颠簸，如果其团队再不能有效地组合和及时调整，不能解决来自内部的问题和矛盾，倒闭是不可避免的。

创业团队不稳。创业团队是大学生创业能否成功的关键，创业团队在知识、性格、性别结构上搭配合理，能力互补，分工明确，需要管理知识、法律知识和风险投资知识，需要人事管理、资金财务管理、物资管理、生产管理和市场营销管理能力。高效的创业团队一般只需知识能力结构互补的3～5个人构成，既可以避免人员繁多带来的低效，又能形成“各尽其才，资源互补”的优势，高效率低成本运作，使企业健康发展。但刚毕业和面临毕业的大学生存在太多不稳定因素，他们在创业的同时可能还在考虑其他的发展方向。比如，一个五人的创业团队在创业过程中，先后有一人出国、两人考研，这就使整个团队陷入困境，难以继续他们的创业活动。另有一些大学生创业团队，由于缺乏合作和协商能力，在经营过程中由于不能很好地处理意见冲突而很快闹僵，导致“扯皮”，不能把精力集中到经营上，创业企业很快瘫痪。据调查，许多大学生创业团队难以保持相对稳定，能共同奋斗3～5年的较少。①

7. 技术不一定成熟

大学生创业面对市场竞争理应选择能发挥自己专业特长，有一定技术含量的项目进行创业，或是一个技术成熟度相对较高，可以生产出样品进行试产试销的技术成果，或是一项靠智力具有一定科技含量的服务项目。如果靠的是科技成果，只有具有市场潜力，技术含量高的产品才能取得创业成功的第一步。大学生创业少，创业成功率低的重要原因是大学生对科研参与不够，绝大部分大学生没有科研成果，即使少数有科研成果，有的成果不成熟，有的成果市场潜力不大甚至不具市场潜力，有的成果实用性不强，有的处于点子或设想阶段等。

大学生在学校里学到了很多理论性的知识，有着较高层次的技术优势，而目前最有前途的事业就是开办高科技企业，用知识和智力换资本是大学生创业的特色和必然之路。一些风险投资家往往就因为看中了大学生所掌握的先进技术，而愿意对其创业计划进行资助。但在现实中，大学生在校期间很少有成熟的具有市场潜力的科技成果，即使有成果大多也是简单的研发，成果科技含量不高。2009年，教育部高校学生司在沪完成国内首次大学生创业问题的调查研究。数据显示，高校毕业生从事的创业项目中，社会服务业占34.63%，制造业占13.27%，金融、保险业占12.94%，真正参与高科技创业的仅占创业人数的17.11%。② 尽管大学生在校参加的创业计划大赛，大多数项目都是关于高新技术的，但这些项目大多是高校的科技成果，大学生不拥有自主知识产权。大学生一旦毕业脱离学校后，要凭个人之力创办高科技企业，往往显得势单力薄。

8. 缺乏科学的创业评价体系

创业是一项高风险、高利润的活动，需要投入大量的人力、物力和财力。为使

① 朱先奇.构筑中国特色大学生创业教育模式[N].光明日报，2008-04-21.

② Atkinson J, Birch D. An introduction to motivation[M]. New York: Van Nostrand, 1964.

适合创业的人来创业，使时间性强的项目尽快走向市场，能组建结构合理，能经受住市场风浪的团体，真正实现大学生创业成为我国高新技术产业的孵化器，提高创业的成功率，规范创业投资，必须建立大学生创业评价体系。而目前，我国由于没有大学生创业评价体系，大学生出现心理浮躁，创业计划草率，创业技术不成熟，创业者、创业团体对创业缺乏正确的认识，造成大学生创业总体成功率低。

## 二、对大学生创业存在不足的理性分析

大学生创业的目的是为了充分施展自己的才华，使自身的人生价值得到社会的承认。心理学认为，成就动机是指个人去从事、完成自己认为很有价值的工作，并想达到完善的地步的一种内在推动力。大学生的成就动机与自身的能力正相关。能力是成就动机所指向的预期目标能否达到的先决条件。个人成功的经验能增强大学生的成就动机，而失败的经验则往往会降低成就动机。另外，个人成就动机的强烈程度还与大学生对面临活动的主观认识有关。个人认为该活动过难或过易时都不可能产生强烈的成就动机。良好的校风、班风和对活动的正确认识会增强成就动机。大学生把创业作为一种事业去追求，要取得创业的成功必须要有很强的成就动机，其前提是应有较强的创业能力和成功的创业经验。

### 1. 创业的技术成果不成熟的重要原因在于大学生缺少科研活动，缺少创新教育

我国高校学生绝大部分处于被动学习态势，学习任务重，学习目的不甚明确，很少有时间参加科研活动，教师的科研项目其课题组成员基本上是教师。学生即使有好的点子，好的项目，但由于缺少学校和老师的支持和指导难以进入实验室进行研究。实验室不能全天向学生开放，大多数实验为再现性，缺乏创造性；学生不能较为自由地把自己想做的实验带入实验室；缺乏强烈的创造意识和创造条件，难以产生好的创造成果。

创新教育是按照一定的教育理论，培养人才的创造素质，提高创造能力，使教育成为创新人才的实践活动。创新教育在培养学生创新思维，创新技能的基础上，培养学生的创新精神和创新意识、创新能力。而创新教育的目的不仅是为了积累知识，更主要的是为了提出问题，发现问题。创新学习，它的功能在于通过提高一个人发现问题、吸收信息和提出问题的能力，以迎接处理好社会日新月异的变化。创新思维是发明创造的思维基础，一项课题的提出，众多解决方案的提出等都离不开创新思维科学的指导，它是产生创意、创造成果和完善创造成果的前提和基础。

我国传统的教育片面强调读书而忽视创新，把读书作为受教育的同义词，学生

的学习目的在于获得已有的知识、经验，提高解决当前已经发生问题的能力。因此，容易造成思维僵化倾向，创业中碰到问题不能很好地解决，也想不出好的设想提出好的课题。创新原理和创新技法是从事发明创造的基本理论和方法，是指导学生完成发明创造活动的理论基础，也是使学生在发明创造中不致陷入茫无头绪、无所适从境地的保证，是一项发明创造能适应市场需求，立足于市场经济进行定向发明创造的技法。它对于开发满足市场需要的畅销商品，促进发明创造成果的商品化有很大的积极意义。

创新教育中的企业创新，是现代企业在市场竞争浪潮中不断推陈出新，取得竞争优势的关键，当代企业不创新就灭亡，作为大学生创业创办的企业同样必须不断创新，一项技术、一个产品，只有不断创新，才能日益成熟。大学生创业即使已成功获取了风险投资商的投资，也会面临散伙的结局，重要原因是缺乏企业创新的理论指导。

2. 大学生缺乏实际操作经验是大学生创业成功率低的重要原因

首先，大学生创业目前属初始阶段，大学生在公司创办初期对创业缺乏通盘的策划，只考虑到人财物的如何投入，如何获取学校创业基金，取得开办企业的成功，但对创业中如何随着市场的变化而调整，甚至如何实现资金的有效退出，退出方案的可行性等基本没考虑，成功的创业应该是能进能退。这一切都需对创业有一定的感性和理性认识。

其次，大学生创业缺乏模拟操作锻炼。如果创业者在创业之前，有筹建一个公司、一个经销部的经历，就学会了如何在创业中迈出第一步，即如何领取营业执照、生产许可证，如何缴纳管理费和税等繁琐的手续。多一次经历，将少一份盲目。现在，大学生创业成功率低的重要原因是大学生没有实际经验。试想，如果大学生在创办一个企业的过程中遭遇失败，经过一段时间的积累，再创办另一个企业，那么他无论在创业所依赖的技术成果的选择和对其市场潜力分析上，还是在团队组成结构和企业资金的融资、企业的创办和管理以及产品打开市场等方面都会更成熟。

最后，大学生创业需要选择最佳的时机和最佳的区域。一些创业者之所以创业失败，是因为其技术产品现在仅是极少部分人的需求，大多数人的消费需求还预留在未来一段时期，或者只有环境变化包括政策、法律的调整时才能表现为一种市场需求等。只有对技术产品进行实实在在的市场机会调查分析，才能找准技术产品推向市场的时间和地点。

当然，大学生创业存在的问题和不足，恰恰反映了开展大学生创业教育的必要性，反映了建立大学生创业服务体系的必要性，反映了大学生创业发展空间的巨大。大学生是一个接受过基础知识教育和专业教育的巨大群体，通过创业教育培养其创业的能力和素质，对有效提高我国大学生的创业比例，特别是提高大学生机会型创业的比例具有重要意义。

## 第三节　扬长避短促进大学生机会型创业

机会型创业是衡量一个国家创业活跃程度和创业水平的重要指标，机会型创业对产业升级、扩大就业、拓展市场、增加税收等具有重要意义。但调查显示，2009年我国大学生有75.22％想创业，1.94％真创业①，机会型创业的比例则更低。大学生进行机会型创业具有自身的知识和技术优势、学校的资源优势、国家和地方的政策优势等，只有整合资源，弥补不足，放大优势，正确引导，才能使大学生在机会型创业过程中发挥优势，提高机会型创业率和创业成功率。

### 一、组建知识能力互补型的创业团队

大学生从事机会型创业，既要有专业知识，又要有管理知识，还要有财务知识和市场营销知识等，一位大学生不可能通晓方方面面的知识，即使是双专业学生也只能是熟悉两个专业的知识，而现在创业需要多个专业知识的组合，这就需要团队合作，即需要创业所需知识专业的团队。大学特别是综合性大学和多科性高校，往往都有经管类专业，有财会和市场营销专业，还有工科、医科、农科等专业，而作为一个创业团队必需的专业是财会和市场营销，再加上某个其他专业，如工科之类，形成产供销或服务的商业模型，使之有效运行。所以，高校多学科的特点为高校大学生组建创业团队提供了独特的优势。一个结构合理的创业团队应该是知识结构、能力结构优势互补的团队，既有技术研发、生产管理人员，又有市场营销、财务管理等各方面人员，这是创业成功的法宝。风险投资商考察项目时，常有一句经典的话："宁要二流的技术、一流的团队，也不要一流的技术、二流的团队。"组建结构合理的创业团队是创业成败的关键，也是大学生创业的比较优势所在。

大学生创业团队的形成有多种形式，总的来说有两大类，一类是教师或学校来组织，另一类是学生自发组织。由学校或创业指导老师来组织，其优点在于组成的团队一定是知识结构合理的，因为创业指导老师知道什么是创业所需要的合理的知识结构，如一定会把财会、市场营销、技术、管理等专业的同学组合在一起；而由学生自行组织，总会局限于同一生活圈中，而且往往是同一专业。由同一专业组成的创业团队，只懂技术，不懂市场和财会，或只懂管理缺少有竞争力的项目，在实际创业中是很难运行的。所以，只有学生通过创业教育，理解合理创业团队的组成，才会有意识地去组建。组成的创业团队应有共同的意愿，因为创业是一个艰苦的

---

① 徐敏. 大学生75.22％想创业　1.94％真创业[N]. 解放日报，2009-08-05.

过程，前面有很多艰难险阻，会碰到各种意想不到的困难。共同的意愿是凝聚团队的重要力量，共同的兴趣、共同的目标、共同的信念才能使团队形成竞争力。大学生均为年轻人，思想容易融合，容易接受共同的意愿，因此，大学生创业团队较其他类型的团队更具活动。

创业团队的队长是团队的核心人物，把不同专业的学生团结在一起，从事创业活动，必须善于处理各种矛盾，协调好各方面的关系，调动各方面的积极性等。创业团队的队长，一般是创业的发起人，或负责人，由于团队中各成员担当的角色不同，队长要对成员在团队中的角色进行定位，任务和目标都要明确，而团队中每个成员在完成自己中心工作任务时必须依靠他人来获取信息。例如，财务的数据离不开技术的评估，离不开生产管理中的各种费用，离不开营销中的各种数据，也离不开市场营销中的成本和收入等，而生产中的各种数据，离不开销售量、订单数等，创业团队是一个不可分割的整体，是一个一环扣一环相互依赖的系统。要使这个系统有效运行必须协调、调和和协助，使每个成员共享成果，分享资源。在创业中，由于会出现各种决策，难免有不同意见，如何科学决策，必须要充分沟通，达成共识，才能使团队保持良好的工作关系，使团队绩效最大化。团队队长在管理上，要用制度管人、管事，每个团队成员要有明确的岗位职责，制定科学的绩效考核制度，从制度上抑制成员不规范行为的发生，以获得更好的团队绩效。创业团队队长往往具有一定的领导才能，往往是学校社团干部、学生会干部或班干等，了解学生，理解学生，更易于被团队成员所接受。

根据系统论，一个完整的系统应由结构、要素、功能和环境构成。一个创业团队就是一个创业系统，在明确了创业团队组成结构、要素、功能的基础上，如何使团队有效融合在一起也是值得探讨的问题。因为，团队成员间的相互了解有一个过程，人与人的相互配合有一个磨合期，一个完美的团队并不是一开始就能建立起来的，而是在创业团队建立后经过一段时间的运行逐步完善起来的。随着团队的运行，团队成员间在工作过程中，职能划分、制度设计等不合理之处会一点一点地暴露出来，这时团队就要及时进行调整。甚至在工作过程中，有的队员由于相互沟通、价值取向、工作方式、能力素养等方面的原因离开团队，团队成员形成一种流动机制，在团队调整融合过程中，最重要的是成员间的沟通与协调，形成共同的价值取向不断强化团队精神。

创业团队成员间的股权分配是一个现实而敏感的话题，应尽量做到科学合理。而科学合理的股权分配机制应该是股东的股份分配尽量本着有利于企业发展的原则。如果股份大部分由创业团队中的队长持有，往往会挫伤其他股东的积极性，削弱整个团队的竞争力。除了股权分配外还需要有一个利益分配体系，因为在创业中往往会出现某些具有显著贡献的成员拥有较低的股份，容易出现贡献与报酬不一致的现象，这就要建立一套公平的利益分配机制来弥补仅按股份分红的单一分配机制，形成工资收入与股份分红结合的分配机制。特别是要形成奖勤罚懒的绩效机制，充分调动每个人的积极性。

## 二、激活高校科技成果进行机会型创业

高校在科学研究和社会服务中具有明显的人才和技术优势，每年都会承担大量的科研项目，产出大批的科技成果，但科技成果转化率低一直是困扰高校科研工作可持续发展的难题。受过高等教育具有较高技术能力和素质的大学生，以科技进行机会型创业理应是首选，但大学生在校期间所研发取得的具有市场潜力并拥有自主知识产权的科技成果极少，如何把大学生的创业活动与高校科技成果的转化有机结合起来，通过大学生创业激活“睡眠”中的科技成果是亟待解决的现实问题。

### （一）高校科技成果转化现状

加强知识创新和技术创新，发展高科技，实现产业化，是提高国民经济整体综合国力、实现跨越式发展的紧迫任务。我国每年有成千上万的科技成果，但是，从整体上来讲，我国科技成果的转化率仅有6%～8%，即使是在中关村这样一个人才密度远高于美国硅谷的地方，科技成果的转化率也仅为20%，而发达国家为50%左右，硅谷更高达60%～80%。① 同样，我国高校科技成果的转化也不容乐观。2005年教育部一份研究课题报告显示，由于受到缺乏内在动力机制、缺乏外在经济载体、社会投资机制不畅等三大“瓶颈”制约，我国高校虽然每年取得的科技成果在6 000项至8 000项之间，但真正实现成果转化与产业化的还不到十分之一。②

科技成果中作为直面市场的专利其转化率又如何呢？据《中华人民共和国国家知识产权局2008年度报告》显示，2008年，在全国大专院校专利申请量排名中，浙江大学、清华大学和上海交通大学分别以2 033件、1 303件和1 102件的专利申请量位居前列，分别比2007年增长21.8%、10.6%和20.6%。然而，与快速增长的申请量相反，我国高校成果转化率却没有相应提高，真正实现产业化的不足5%，与发达国家近80%的转化率相距甚远。2009年4月国家教育部公布的统计数字显示，近10年来国内高校承担各类科技课题27.2万项，申请专利4.1万多

① 杨艳萍.创业教育的基本内涵和教育模式[J].长沙铁道学院学报(社会科学版)，2001(2).

② 吕诺.三大“瓶颈”梗阻:我国高校科技成果转化率不到10%[N].中国青年报，2005-01-12.

件，获得专利授权近 1.9 万件。[①] 然而，与申请量连年增长相反，全国范围内高校专利转化率不高的问题依然十分突出。2009 年据中国高校知识产权研究会秘书长张平介绍，根据她对中国申请专利数前 100 名高校进行的调研，高校专利申请数量呈上升趋势，转化率却在下降。[②]

综上所述，虽然高校所有的研发并非全都面向市场，但研发人员想要写论文、出成果、升职称等。高校科技成果的研究与开发包括了基础研究与开发和应用研究与开发，它们的性质、特点、功能是截然不同的，虽然基础理论研究难以直接转化，但应用研究和开发研究，特别是直面市场的专利技术转化率也很低，大量科技成果的闲置造成了巨大的浪费。建立高校科技成果转化通道，为成果找市场，提高科技成果转化率成为促进我国高校科技工作健康发展亟待解决的问题。

### （二）科技成果与大学生机会型创业

大学科技成果的转化需要与大学生创业有机结合。科技成果就像一粒种子，如果没有适宜的环境、没人管理，它便发不了芽，即使发了芽也难以长大结果。科技成果的转化包括科技成果的商业化和科技成果的产业化，前者为将科技成果转化为直接为人类服务的商品的过程，后者为将科技成果转化为商品并经营成一个产业的过程。科技成果产业化的特点是把科技转化为商品的全过程，分解成若干个彼此相关的分过程，如开发、筹资、产、供、销、售后服务等分过程，把对整个转化过程最大效益的追求，分解到每一个过程，成为追求每一个过程的最大效益，这就必定要求每一个过程面向社会选择质量、速度、成本的最优组合。[③] 所以，如果我们把科学研究按照过程不同分为基础研究、应用研究和开发研究，则科技成果的转化往往包括了开发研究和生产活动，还需要进一步的开发和生产性投入。高校老师的科研活动很多不是以转化为目的，除了少数将专利卖掉或进行技术成果转化外，并没有太多的精力促进成果的转化。用智力和技术换资本，这是大学生创业的优势，也是大学生创业的追求，而大学生在校期间虽然掌握了一些先进的技术，但很少拥有自主知识产权的科技成果。由大学生创业来激活高校适宜产业化的项目，不仅有利于高校技术成果的转化，也有利于解决解决大学生创业选不到成熟项目的难题，更大大降低了创业的风险。

大学生创业是实现科技成果价值的重要途径。创业是一个发现和捕获机会并由此创造出新颖的产品、服务或实现其潜在价值的过程，所以，创业旨在根据市场机会，创造出新颖的产品、服务，实现其潜在价值。高校科技成果转化的突破口是

---

① 任媛. 高校科技成果转化路在何方？[N]. 中国知识产权报，2009-05-27.

② 操秀英. 专家指出：高校专利技术转化机制需创新[N]. 科技日报，2009-11-29.

③ 唐五湘，黄伟. 科技成果转化的理论与实践[M]. 北京：方志出版社，2006：18.

根据科技成果找到市场，进行有效的技术转移，实现产品的潜在价值，这个过程要么是社会现有企业直接接手生产销售，实现成果的转化，更多的则需要对闲置的成果进行大量的市场调研和论证，建厂房，找客户，搞营销等，这种转化由高校教师进行显然有点力不从心。而大学生利用现有科技成果进行创业，在对现有成果进行市场机会评价的基础上，来发现和捕捉其未来的市场机会，确定目标客户，分析市场容量，找到竞争对手，确定营销策略，分析预计的市场占有率；通过财务分析，确定资金需求和融资渠道等；通过创业所需硬件和软件投入，实现科技成果的市场价值，在科技产品和需求方（消费者）之间架起一座桥梁。

创业计划大赛是将科技成果与大学生创业有机结合的实战性模拟演习。以拥有自主知识产权的成果进行机会型创业的比赛活动在我国已进行多年，最具影响力的是大学生创业计划大赛。大学生创业竞赛是国际上最为流行的商业模拟技术，能够帮助大学生们实现无成本、无风险的创业模拟。自 1983 年美国德州大学奥斯汀分校举办首届商业计划大赛以来，世界上有 20 多所著名大学每年都举办这样的竞赛，许多大公司像著名的 Yahoo、Excite、Netscape 等公司就是在斯坦福校园里的创业氛围中诞生的。据统计，美国表现最优秀的 50 家高新技术公司中有 46%产生于麻省理工学院的创业计划大赛。① 从某种意义上讲，高校的创业计划大赛已成为美国经济的直接驱动力之一。我国自 1999 年在清华大学举办第一届“挑战杯”中国大学生创业计划竞赛以来，共青团中央、中国科协、全国学联已举办了九届“挑战杯”中国大学生创业计划竞赛，且从 2002 年起，教育部也成为这一赛事的主办单位之一，这无疑提高了竞赛的权威性。竞赛的成功举办在中国的高等学府掀起了创新、创业的热潮，产生了良好的社会反响。其显著特点在于通过高新技术进行创业模拟，通过创新的服务进行创业模拟，极大地提高了大学生创业的能力和素质，对大学生创业能力的提升、创业精神的培养、创业信心的树立、创业风险的降低等都具有重要意义。

对高校科技成果的评估是提高大学生创业成功率的重要一环。由于并不是高校所有科技成果都适合转向市场，也不是所有科技成果都适合大学生创业，对高校科技成果进行评估，遴选出适合大学生创业的项目，成为高校促进科技成果转化和提高大学生机会型创业率的重要工作。为了更好地为创业者提供指导和服务，一些地方通过多种渠道征集信息，搭建起创业项目库这个项目展示平台，为创业者提供更多创业项目信息。一些地区特别是首批国家级创建创业型城市已经建立或正在着手建立创业项目库，人力资源和社会保障部于 2009 年 10 月发布了《关于加强创业项目库建设有关问题的通知》，要求创业项目库建设，以直辖市和首批国家级

① 沈又红，夏云飞. 中美大学生创业的比较[J]. 中国大学生就业，2002(5).

创建城市为主，有条件的省可以建立省级项目库，并搭建全省范围内网上链接平台，通过项目库的建设来征集项目、评价项目，以获取具有市场潜力的技术成熟项目，发布项目信息，提供给创业者选择。一些高校面对大学生创业层次低、缺乏合适的创业项目等，在对大学科技成果进行评选的基础上，建立起创业项目库。例如，河南财经学院会同省知识产权局等部门在全国首创"专利创业"新模式，由政府提供专利项目、创业场地、资金支持和技术指导，来帮大学生找到一条"小成本、高含金量"的创业新途径。

创业是一个极其复杂、充满风险与不确定性因素的过程。一个小环节的决策失误，往往可能导致"全盘皆输"。所以，要使创业取得成功，不仅要选好创业项目，充分做好前期调研，而且要在政策的扶持下，通过科技园或孵化器对创业项目进行创业初期的培育，高效率地配置资源，充分利用良好的宏观经济环境与社会因素，才能使新创企业顺利渡过初期的风险，进入成长、成熟期。

## 三、鼓励大学生利用大学科技成果自主创业

遴选学校科技成果，建立创业项目库。大学生虽然掌握很多理论知识，了解学校的科技成果信息，可以利用学校的科技成果进行创业，但大学的科技成果并非都适合创业，也非都能转化，这就需要学校对科技成果进行评估、筛选和整理，挑选出一批适合学生创业的科研项目，建立大学生创业的项目库。例如，鉴于高校专利技术转化难的问题，上海市政府和各高校采取措施，挑选出一批适合学生创业的科研项目，提供导师跟踪服务和创业指导，设立高校专利扶持专项资金，通过多种方式推进高校"闲置专利"技术的产业化。因此，建议高校在建立大学生创业项目库的同时，要建立健全大学生利用学校科技成果进行创业的规章制度，明确成果转让中技术转让（含专利实施许可）、技术入股等方面的责权利等。

整合学校教学科研力量，建立创业导师制。大学生要真正成为一名成功的创业者，不仅需要有丰富的创业理论知识，还需要科研人员的技术指导。新产品的开发是一个不断完善的过程，科研人员的指导是大学生创业进行产品创新的保障。同时，创业导师具有丰富的创业指导经验，能有效地驾驭各种市场风险，为大学生创业保驾护航。据悉，科技部与全国600家科技孵化器联手推出了"中国火炬创业导师行动"，深受创业者欢迎。建议高校加强创业导师队伍建设，对学生在校期间进行创业知识传授和创业项目进行技术指导，跟踪大学生的创业历程；大学生科技园或创业园还应聘请富有实战经验的培训老师、成功企业家和政府有关部门专家，采取单个指导、会诊指导、授课指导、陪伴指导、咨询指导等形式帮助大学生提高创业实践能力，少走弯路。

设立大学生创业创新基金，建立多元化的融资渠道。大学生创业初始资金主

要来源于父母。1999年经国务院批准并颁发了《科学技术部、财政部关于科技型中小企业技术创新基金的暂行规定》，在科技部设立了科技型中小企业技术创新基金，专门用于扶持和引导科技型中小企业技术创新活动。政府应牵头设立面向大学生创业者的风险投资基金，引导社会资金和金融机构进入，促进中小企业创业板的设立；建立、健全大学生信用体系，推进和完善资本市场的建设，建立起有利于大学生创业的成熟的投资、融资体系。

进一步丰富物质资源，建立创业硬件支撑体系。例如，上海松江大学城免费提供创业场地，让大学生不脱离高校创业；各高校则免费提供实验平台，很多学校建立起创业园。所以，建议高校将大学生的创业活动纳入学校教育范围，与社会合作建立大学创业园或科技园，丰富大学生创业的硬件资源，为大学生创业提供硬件支撑。同时，为帮助大学生缓解筹资压力，政府和高校可采取类似发达国家的政府、社会、银行三条渠道争取专项基金和贷款的做法，可设立一定资金规模的“大学生创业基金”，由政府或创业园为学生创业提供贴息贷款担保，降低大学生创业风险。

提供创业场地，让小企业顺利起步。大学生在创业初期是最艰难、风险最大、最需指导的时期，通过提供基本的场地和有利于创业的环境，大学科技园为大学生创业免费提供场地，充分发挥学生创业的主体性作用，在自己开办的实体公司中增强专业实践能力和动手能力，在创业实践中进一步提高和完善自我，逐步实现从种子期向成熟期的过渡。温州职业技术学院大学生创业园管理暂行办法》创业园提供基本场地和创业环境，通过“师导生创”，充分发挥学生的创业主体作用，使学生能够在创业实践中进一步提高和完善自我，推动创业公司从种子期向成熟期发展。建议高校和社会通过共建等形式，创建更多的大学生创业园，将创业园作为学校创业实践基地，发挥其孵化器功能，让学生创业顺利起步。

总之，目前我国大学生还存在对创业认识不足，缺乏创业知识和心理素质；高校对创业存在攀比和“一阵风”的倾向，缺乏科学的创业评价体系；国家还需制订相应的创业优惠政策。其原因在于高校没有有效开展创新教育和创业教育，科学研究在人才培养中还未引起有效的重视，大学生没有创业的实际经验等。要有效开展创业活动，应开展创新教育和创业教育，加强创业教育的系统研究，完善各项管理措施，制订相应的优惠政策。

## 四、构建创业人才培养体系，提高大学生创业素质

构建创业教育的理论体系。政府教育行政部门、教育科研机构联合成立专门的创业教育研究组织，广泛开展研究，努力探讨我国创业教育思路，构建适合我国国情的创业教育理论体系。各高校建立创业教育课程体系，把创业教育列入教学计划。开设大学生创业教育课程，倡导学历证、技能证“双证制”，推行大学生创业

教育学分制试点，开设“创业人才孵化班”，切实提高大学生创业能力。注重创业实践教育，构建创业实践基地，为学生提供创业实践的便利，如创业见习基地、创业实习基地等，鼓励并指导学生参加“挑战杯”“创业大赛”等全国大学生课外科技竞赛活动，切实提高大学生的创业知识、能力和素质。

创业和守业是两种不同的处事态度，表现出做事主体两种不同的素质，传统教育是守业型的，在教学特点上是帮助学生掌握现有的知识。创业型教育则侧重于帮助学生学会学习，使学生能以获得的知识为基础，以掌握的学习技能为工具，去获取新知识，创造新知识。要构建适合创业教学的新体系，广大教师也应从守业型教学向创业型教学转变。

创业教育是一种创新、创业的启蒙教育，它是以知识经济为背景，以知识与经济相结合的规律作为理论基础的教育。知识的进步，经济的发展，这两方面是相互作用的。创业教育培养的是知识型的企业家、科学家和工程师，创业是需要机遇的，但弱者等待机遇，强者把握机遇，智者创造机遇。通过创业案例教学，使学生体会到成功创业者的创业方法、创业过程和创业规律。同时也要剖析创业失败的原因和值得总结的教训，使学生学会冷静思考。在社会由工业经济向知识经济转变的时期，经营、加工、服务、信息产业只要不断创新，实现自我创业的机会很多，潜力很大。创业教育很重要的一个方面就是要培养学生抓住机遇实现自我创业。

创新是创业的基础和孵化器，开展创新教育，使学生掌握创造性思维科学，熟练掌握创造原理和技法。创新教育开发学生的创造潜能，有利于创造成果的形成，有利于提高受教育者的创造能力，也有利于学生根据市场需求进行创造，将发明创造及时申请专利，并将之推向市场，使创造、创新和创业融为一体。很多学校通过创新教育取得了宝贵的经验。大连理工大学为了有效实施创新教育，创建了大学生创新教育实践基地，使学生在创新、动手实践工作态度、与他人合作、自学和管理能力等方面与非基地的学生相比，都呈现出明显的优势。①

加强创业教育的系统研究，丰富创业教育理论。大学生创业是时代发展的产物，也是高校教育、服务和社会服务功能的体现，知识经济社会中高校从社会经济的边缘进入中心地位，很重要的一点是开展大学生的创业教育，创业教育是使学生能够学会生存，学会发展，学会协作，学会学习的教育，但人们对创新与创业的关系，创业与经济发展，产业结构调整，创业的风险预测，创业的政策与环境等的研究还比较肤浅。为使创业创立教育步入科学发展的轨道，必须加强创业教育的系统研究。

① 李嘉曾，吴守一．创造教育的本质与类型探讨[J]．煤炭高等教育，1995(4).

## 五、完善各项管理措施，创造一个良好的创业环境

我国大学生创业尚处于初级阶段，国家鼓励大学生创业，旨在造就一代有创造力的新人。而创业涉及创业者、创业团体及其家庭、学校、风险投资者等，是众多对象构成的多元主体的活动，具体如何有的放矢地抓好此项工作，需进一步完善各项管理措施。

国家应制订相应的政策，不仅要允许大学生合法创业，而且要鼓励大学生创业，对大学生创办的高新技术企业采取融资、税收、征地等方面的优惠政策。关于大学生机会型创业，国家和地方虽然出台了教育、扶持、服务等一系列政策，但这些政策有的缺少配套，有的还缺少可操作性，因此，为有效促进大学生机会型创业，在完善创业政策的同时，更主要的是对现有政策进行落实。建议高校和地方政府要制订和完善鼓励大学生机会型创业的规章制度，大力扶持自主创业，为大学生提供创业孵化基地，并在税收优惠、小额担保贷款、资金补贴等方面加大政策扶持。优化社会创业环境，加强对大学生创业工作的指导服务，通过大学生创业园或科技园为园内大学生新创企业提供政策咨询、各类扶持资金申请、企业登记注册以及商务、融资等方面的“一站式”服务，提供创业资助资金、各项补贴、税费及工商注册费优惠等，切实化解大学生机会型创业中的困难，提高大学生机会型创业的成功率。

学校作为大学生创业的摇篮，除开展创新、创业教育外，还应构建大学生创业的评价体系，对大学生创业知识、创业能力、创业精神、创业所依赖的科技产品的科技含量，市场前景，创业团队的知识结构、整体素质等进行科学评价。为使学子和企业在知识与财富之间架起桥梁，高校应建立起相应的机构，保证创业顺利开展。

地方是大学生创业最直接的环境，为保护这株幼苗，也应制订相应的优惠政策。如武汉市计委、经委和东湖开发区三家共同出资成立武汉世博投资公司，专门为大学生设立了创业风险金。北京设立了清华大学大学生创业园区。南京近两年每年都出台一些政策为私营企业松绑，对大学生来说，选择私营也是很有前途的。我国中关村、苏州工业园区也已成为大学生创业的理想园地。

# 第四节　天使投资助推大学生机会型创业

受过高等教育，具有较高综合素质的大学生应成为从事机会型创业的主力军。但“资金匮乏”、经验不足成为阻碍大学生成功创业的关键，而天使投资不仅可有效启动创业项目，而且能给大学生创业管理带来极大支持。

## 一、大学生机会型创业潜力巨大但又先天不足

机会型创业是通过发现或创造新的市场机会，为追求更大发展空间，通过新产

业的开拓实现对新市场开拓的创业形态。大学生在学校里学到了很多理论知识，有着较高层次的技术优势，用知识和智力换资本是大学生创业的首选。但调查显示，2009 年我国大学生有 75.22%想创业，但只有 1.94%真创业①，而在发达国家大学生创业的比例一般占 20%～30%。可见，我国大学生创业的比例很低，与发达国家的大学生创业率相比有着巨大差距。我国大学生机会型创业的创业率和创业成功率的低下，与国外大学生创业相比存在巨大潜力。

同时，高校资源为大学生机会型创业提供了强有力的后盾。表现在三个支撑：一是智力支撑。随着我国高等教育事业的发展，高校科技创新队伍不断壮大，无论研究型大学，还是教学研究型大学，高校已成为我国技术创新的主要力量。二是项目支撑。我国高校每年都承担着大量的科研项目，有大量科研成果，但有很多成果被束之高阁。大学生充分发挥自身的专业优势，利用高校技术成果进行创业，不仅可以缓解大学生创业项目短缺，可有效提高高校科技成果的转化率，而且降低创业的风险。三是平台支撑。目前我国依托高校建设的国家重点实验室占总数的 63%，国家工程研究中心占总数的 39%，国家工程技术研究中心占总数的 27%，国家工程实验室占总数的 33.3%，国家技术转移中心占总数的 70%②，丰富的实验设施和平台为大学生机会型创业中的样品生产和后续开发等提供了强有力的支持。但大学生从高中校园到大学校园，没有实践经验，缺少资金积累等，造成大学生创业的先天不足，主要表现在：

创业资金不足。大学生创业资金主要来源于家庭，由于大学生创业利用的高校科技成果往往不成熟，面临着科技成果产品化、产业化、市场化等转化环节，其中样品研制需技术创新、批量生产需要工艺创新、推向市场需要市场创新等，巨大的资金需求导致资金链的脆弱，而大学生创业者未来的还款、盈利能力预期较低，金融机构和投资公司往往不愿意对大学生的创业项目进行投资。

创业经验缺乏。经验是影响大学生自主创业能否成功的重要因素。创业是一种极具挑战性的行为，是一个极其复杂、充满风险与不确定性因素的过程，一个小环节的决策失误，往往导致“全盘皆输”。所以，成功创业，不仅要选好创业项目，做好前期调研，而且创业者需要有丰富的生产管理、技术管理、财务管理、仓库管理、风险管理、团队协作、市场开发等实际操控经验。面对技术风险、市场风险、财务风险等，需要沉着应战竞争对手，协调控制技术风险，有效把握市场风险，未雨绸缪应对资金风险等，所以实际操作的工作经验显得尤为重要。大学生年轻，有理想，但往往过于理想化；虽然学了不少书本知识，但未曾涉足市场，对具体的市场不甚了

① 徐敏. 大学生 75.22%想创业　1.94%真创业[N]. 解放日报，2009-08-05.

② 刘建. 高校专利技术普遍“闲置”科研成果产业化不足 10%　大学生自主创业亟需知识产权扶持[N]. 法制日报，2009-05-26.

解，缺乏开拓市场和分析市场的能力，极易过高地预测市场效益；对自身创业所属行业缺乏深度审视，对竞争同行、社会消费能力、市场前景缺乏理性了解，对于潜在的风险，对于创业过程中出现的问题和各种不可控因素，不能辩证客观地分析和看待。

## 二、天使投资是助大学生起好步的重要力量

天使投资是民间资本助推初创企业发展的不可或缺的力量。20 世纪 80 年代，美国新罕布什尔大学的风险投资研究中心，首次把具有一定闲置资本的个人对在种子期、具有巨大发展潜力的技术项目或初创企业进行的权益资本投资，统称为“天使投资”。[①] 据美国天使投资协会统计，从 1996 年开始，由天使投资者投资的创业企业数量以每年 35％的速率增长，总计增长率为 236％。到 2007 年，在美国大约有 300 万人有过天使投资经历，其中大约有 50 万人为持续的天使投资者。[②] 天使投资者根据自己的喜好或者感兴趣的领域，对所选择的具有巨大发展潜力但缺少自有资金的创业项目进行直接的权益资本投资。天使投资的个体性、自发性、分散性和民间性使它又独立于风险投资，成为一种极具生命力和社会价值的个人投资方式。

天使投资资金和经验是初创企业不可多得的资源。天使投资者对投资项目的考察比较简单，只有对项目的技术或企业的高成长性和可操作性有了一个基本的判断，往往就愿意冒较大的风险进行投资。这对于想在尽可能短的时间内寻求资金的初创企业来说，无疑是“雪中送炭”。天使投资者的利益与初创企业高度关联，为保障其投资成功，他们往往会调用其所能驾驭的社会资源，帮助初创企业渡过早期的困顿。必要时，天使投资者会给初创者提供全方位的管理，表现在：从产品规划、市场策划，到建立资本利益分配结构，与资本打交道，向风险投资商展现自己的潜力；从帮助创业者解决重大的运营问题，到制定公司发展战略；从帮助创业企业雇用高级管理层，到招聘知识渊博的员工等。有时天使投资者不会过多介入管理，但企业发展遇到问题，需要帮助和支持时，会像教练一样帮助创业者，伴随公司发展壮大的全过程。

虽然风险投资是缓解大学生创业资金短缺的最好形式，但目前国家创业资金和风险投资仍难以满足大学生的创业需要。近年来为鼓励大学生创业，国家已出台支持大学生创业的政策，但申请到的创业资金往往无法满足创业的经费需求，更何况很多大学生创业项目无法申请到创业资金的资助。自 20 世纪 80 年代风险投

---

① 过文俊，王芊．天使投资：中小企业自主创新的“垫脚石”[J]．中国高新区，2006(8)．

② 徐颖．天使投资与风险投资比较分析[J]．合作经济与科技，2007(5)．

资被引入中国以来有了较大的发展，但由于我国目前与风险投资发展相配套的各种中介服务机构及知识产权评估和交易体系还不健全，风险投资发展所需要的市场环境还不完善，还没有形成一个良好的投资体系。况且，风险投资基金作为一种程序化、专业化、技术性强的商业行为，往往对所投资的项目或企业要进行缜密细致的考察、审核、分析、论证，才会作出投资决策，由于运作上往往过于刻板而缺乏灵活性，因而常常会疏远一些可能蕴含巨大增长潜力的“种子期”项目。而天使投资为了抓住某些潜在的高成长性企业，往往在“种子期”就愿意“下注”给创业者。

起步于天使投资，成长于风险投资是初创企业健康成长的生命轨迹。如果说风险投资对创业企业的作用更多地表现在对成型的小企业“送一程”，那么天使投资的作用则更多地表现在对“种子期”项目或未成型的小企业“扶上马”。事实上，美国今天的许多国际知名大公司成就其从创意到商业帝国的神话，最初都得益于天使投资的“扶上马”。如贝尔科技、福特汽车、苹果电脑、宝帝商店、亚马逊网络等，这些国际知名公司最初的启动资金都来自天使投资人。目前在西方发达国家，创业者往往是先争取天使投资启动创业项目，然后再进一步争取风险投资基金的支持。① 美国一些风险投资家往往不对未经天使投资人推荐的企业提供融资。

为引导大学生机会型创业，发展我国天使投资时不我待。中国大学生创业，最缺的就是大批社会化、能够在大学生最初的创意形成阶段扶他们一把的“天使投资人”。改革开放 30 年来，随着中国经济的发展，一大批具有经济头脑的人士通过个人奋斗积累了一定的财富，特别是浙江、广东、江苏等富有的省份，一批民营企业家和私营业主拥有充足的财力和丰富的理财经验，他们是有能力进行天使投资的一个群体。政府部门要采取加大科技投入，降低税率，政府配套等措施，引导和促进民间资本的进入，从而促进天使投资及科技型中小企业在我国的顺利发展。

## 三、发展天使投资，促进大学生机会型创业的设想

### 1. 建立大学生创业信用体系，营造天使投资环境

大学生创业信用体系建设是社会信用体系建设的重要组成部分，对于促进大学生及新创企业自律，形成有效的市场约束，具有重要作用。应借鉴国际经验，进一步完善信贷、纳税、合同履约、产品质量的信用记录，推进大学生创业信用建设。高校和地方政府应建立大学生创业信用评价委员会，每年对创业主体的信用进行评价，建立完善的信用体系网络。通过建立、健全大学生信用体系，加快推进和完

---

① 过文俊，王芊. 天使投资：中小企业自主创新的“垫脚石”[J]. 中国高新区，2006(8).

善资本市场的建设，建立起有利于大学生创业的成熟的投资、融资体系。

2. 扶持天使投资业的发展，鼓励社会资本支持大学生创业

大学生利用高校科技成果创业面临既难获得银行的资金，又得不到风险投资机构的投资等一系列问题，应大力培育天使投资者，发展天使资本市场，使其成为种子期大学生创业重要的资金来源渠道。目前，美国创业资本市场最重要的私人投资者是天使投资者。中国则缺少天使投资人，建议政府通过媒体进行宣传，介绍国外成功的经验，提高人们参与天使投资的积极性。建立天使投资俱乐部、天使投资联盟、校友投资人网络等天使投资者团体和信息网络，加强信息的交流和共享。建立各种投资退出机制，鼓励民间资本更多地从事天使投资，以更好地引导我国天使投资发展。

3. 完善无形资产评估制度，引导创业项目的深度研发

大学生利用高校专利成果进行机会型创业，应根据专利的类型、专利的法定保护期和剩余寿命、专利的使用范围和获利能力、专利技术的成熟度，折价入股，同时应充分考虑科技成果转化中的效用风险和市场风险。所谓效用风险就是产品的实用性如何，是否为社会所接受，所谓市场风险包括市场是否有需求，如何赢利，以及营销体系的建设等。① 建议高校建立科技成果转化的评估制度，对科技成果进行综合评估，确定其在创办企业中的股份，这对鼓励发明者指导科技成果的深度研发，研制样品及开发生产工艺，化解创业技术风险都具有重要意义。

① 王丽红. 我投资种子期——访广州昊源集团有限公司董事长莫道明[J]. 中国创业投资与高科技，2003(5).

# 第六章 大学生机会型创业的过程

创业是一个历经艰辛、跌宕起伏、连续不断的过程，在这一过程中有很多企业没能走出黎明前的黑暗就停止创业了。研究创业过程，探索创业规律，是给创业者提供有针对性的帮助，促进更多创业者走向成功的关键。和生物一样，企业也有生命，任何企业都有一个从小到大，从弱到强的过程，在其各个成长阶段都有不同的特征，全面认识这些特征，并有针对性地采取措施，才能有效地促进企业健康成长。企业的生命周期，是指企业的诞生、成长、壮大、衰退、蜕变的过程。为科学分析大学生机会型创业的发展过程，探索大学生机会型创业的规律，揭示大学生机会型创业过程中的难点，给大学生机会型创业走向成功提供理论与实践指导，笔者对此进行了研究。

## 第一节 企业生命周期的阶段特征

大学生创业的过程实际上就是企业创办的过程，而任何一个企业从注册诞生到发展壮大都有其内在的规律。企业作为一个组织系统，具有类似于生命体的性质，存在生命周期，国外学者当斯（Downs，1967）、斯考特（Scott，1971）、史密斯（Smith Mithell and Summers，1985）将企业生命周期划分为三个阶段；卡赞简（Kazan jian，1988）、奎因（Quinn and Cameron，1983）将企业生命周期划分为四个阶段；吉尔布雷斯（Galbraith，1986）、格雷纳（Greiner，1972）、米勒（Miller and Friesen，1984）将企业生命周期划分为五个阶段①；陈佳贵认为②，企业生命周期是指企业诞生、成长、壮大、衰退，直至死亡的过程。由此，我们将新创企业的生命周期细分为种子期、导入期、发展期、成熟期、蜕变期等五个时期。

---

① 凤进，韦小柯. 西方企业生命周期模型比较[J]. 商业研究，2003(7).

② 陈佳贵. 关于企业生命周期与企业蜕变的探讨[J]. 中国工业经济，1995.

## 一、种子期

种子期是新创企业的初始阶段和萌芽期，是创业者成立企业的准备阶段。[①] 刘健钧[②]认为，种子期企业尚处在构想之中，一是产品或服务还没有完全开发出来；二是市场营销模式尚未确立；三是管理团队尚未正式形成。在这个阶段，创业活动主要涉及以下几项内容：①确定所开发的产品或服务在商业上的可行性，并评估其风险；②确定所开发的产品或服务的市场定位，并制定相应的市场营销模式；③确定企业组织管理模式，并组建初步的管理团队；④募集启动资金；⑤筹备企业注册设立事宜。种子期是企业孕育产生的过程，因此，种子期又称孕育期。

创业始于一种创意、一个项目，为将创意或项目进入市场，创业者在注册前要明确项目有多大的市场需求，市场需求是否迫切，从事创业项目能否充分发挥自身的优势，需要多大投资，投资主要的用途，资金来源的渠道，创业的合作伙伴，相互的分工等一系列准备工作。例如南通职业大学汽车电子专业 2010 届学生丁松兵，他从小喜欢看名人传记和关于励志的书籍，想通过创业这个途径实现自我人生价值。他的哥哥曾经创过业，但是失败了，没有继续做下去，对他来讲也是一次创业的启蒙教育。上大学后他参加了系学生会，经常与学长们聊人生，谈规划，通过参加社团活动，接触到社会，了解到社会和学生的需求，为以后的创业打下一定的基础。在校期间，他也尝试做些小生意，第一笔生意是卖学习用品，但却上当受骗，而后发现市场是有风险的，第一次的失败让他得到了经验教训，但他没有放弃。大三时他做过运动鞋的代理生意，但由于运动鞋库存压力大，代理的运动鞋知名度小，价格卖不上去，资金启动大等因素，最终也失败了。后来他做中国电子商务协会发启的"百城万企"独立商城项目，在网上注册域名，公信部备案，专门做汽车用品方面的产品，最终取得成功。所以，创业的种子期是一个项目的尝试与选择过程，在经营项目没有正式确定下来之前都属于种子期。当然，在项目的选择过程中，没有领取营业执照进行市场调研式的试销，如丁松兵在创业中试销学生用品失败后又代理试销运动鞋都没有成功，这都属于种子期项目的选择，一旦经营项目确定下来，并申领营业执照种子期即结束。

创业的起步阶段往往是一个摸索和尝试阶段，而大学生利用高校科技成果进行产业化的起步阶段是一个充分进行市场调研，筹集资金，完善技术的起始或上马阶段。能找到一个技术成熟、性能完美、市场需要的项目，是创业成功起步的关键。种子期是一个概念期，创业者仅有一个好的点子或创意或一项尚停留在实验室还

---

① 葛建新. 创业学[M]. 北京：清华大学出版社，2004：325.

② 刘健钧. 创业投资原理与方略——对"风险投资"范式的反思与超越[M]. 北京：中国经济出版社，2002.

未完成的科研项目，没有注册企业或刚刚注册企业，在这期间创业者需要投入相当数量的资金进行研究开发，或者对自己的创意进行测试或验证。

## 二、导入期

导入期是产品或服务的开发期，此时商业计划已完成，已开发生产第一个样品，完成第一次销售。导入期实际上是产品或服务导入市场的过程，因此需要一定数量的“门槛资金”。利用科技成果进行产品类创业的导入期资金主要用于购买机器、办公设备、生产资料和初期销售等，所需要的资金额往往较大。企业注册一旦成立后，无论是一项即将市场化的产品，还是一种满足客户需求的服务，都得走向市场，接受市场的考验，市场能否认可，能否在市场竞争中取得佳绩，关键是产品或服务在导入市场的过程中能否激发客户的需求，满足现有或潜在市场的需要。

企业要取得收入关键是产品或服务要被市场所接受，为了实现这个目的，自身的产品或服务必须接受市场的检验，通过收集反馈信息进行调整，产品只能小批量生产。由于销售渠道没有真正建立，这时产品的生产成本很高，销售成本也很高，要根据市场的反馈来改进产品性能，为正式进入市场打好基础。

产品类创业的导入期需要工艺和市场创新，面临双重风险。导入期是开始创建一个企业，将成果、样品、专利导入商品化的阶段。[①] 刘健钧将这个阶段定为起步期[②]，此时企业已经注册成立起来，其特征在于：产品或服务虽然已经开发出来，但尚处于试产试销阶段；市场营销模式还处于探索过程中；企业有了一个初步的管理团队，但企业管理模式也还处于摸索过程中。此时创业活动主要涉及以下几项内容：①根据产品或服务的试产试销情况，完善产品性能和工艺或服务模式；②根据所确定的市场定位，结合消费者群体的特点，迅速确定市场营销管理模式，以便尽快打开市场；③根据市场营销模式的需要，完善企业管理模式，充实企业管理团队的力量；④募集起步资金。对一家正处于起步期的创业企业而言，企业通常还没有销售收入，而只是投入，而且导入期用于市场开拓所需的资金投入要远远多于种子期用于产品或服务开发所需的资金。所以导入期是需要创业投资支持的重要阶段。从风险的角度看，此时的技术风险已经不是很大，主要是市场风险、管理风险和财务风险，但由于市场营销模式和企业管理模式远未成熟，尤其是企业管理团队尚未定型，因此通常只有能够承担较高风险的“零阶段创业投资”开始对其进行投资。刘国光等将其定义为求生存期。[③] 企业取得登记注册，并开始营运后，就进入

---

① 孔淑红. 风险投资与融资[M]. 北京：对外经济贸易大学出版社，2002：396-404.

② 刘健钧. 创业投资原理与方略——对“风险投资”范式的反思与超越[M]. 北京：中国经济出版社，2002：107.

③ 刘国光，陈乃醒，等. 中小企业成长[M]. 北京：民主与建设出版社，2001：49-51.

求生存期。

## 三、成长期

创业初期分为种子期和导入期。随着市场的逐步打开，市场需求逐步增大，为满足市场需求，企业必须增加厂房，购置设备，招聘员工，表现为企业的产品市场占有率增加，生产规模增大，发展速度加快，企业即进入成长期。成长期企业充分集聚资源，进行组织的分化，由原来的直线制转变为直线职能制，分化出市场部、财务部、技术部、人力资源部等，管理更加规范，规模扩大，实力增强。在这个过程中，成长能否充分，成为创业能否将潜力充分发挥的关键。同时，成长期即规模生产或扩张期，产品或服务走向市场，通过市场开拓，推销产品，扩大市场，扩大生产规模，需要大量资金，资金困难是企业在这一阶段面临的最大难题。

刘健钧①将成长期称为扩张期，企业产品经过试销完善后，已经逐步打开市场并形成一定的市场占有率，市场营销模式已经初步确立，同时，企业组织管理模式渐渐形成，管理团队已基本稳定，企业正处于快速成长的阶段。这个阶段的创业活动主要集中在：建立相对成熟的营销模式，不断开拓市场；完善企业组织管理模式，并进行系列产品的开发；随着市场需求的急剧增加，需要筹集大量资金投入生产营运。刘健钧将成长期细分为扩张前期和扩张中期，并认为发展期企业已经开始有营业收入，但在扩张阶段的前期，收入仍然少于投入，企业仍处于负现金流状态；尽管到扩张阶段的中期出现收支相抵，并进而呈现出正的现金流状况，但随着市场需求量的急剧增加，急需大量资金投入生产营运。而张玉利等认为②，当企业克服了资金不足的困难局面，而且发展速度节节提高后，企业就进入了成长期。

成长期，企业销售额快速上升，企业规模有效扩大，企业员工增加很多，企业资产大幅增加，企业管理难度大大增加。在成长期，企业逐步关注品牌打造，利用品牌创造佳绩，企业的无形资产得到有效提升，促进了企业的发展。这个阶段企业呈现出以下主要特点：

*1. 技术和市场相对成熟*

企业经过导入期后，产品基本成熟，生产工艺基本成熟，市场逐步打开，销售收入逐步提高，生存问题基本解决。在这个阶段，通过市场销售业绩的分析，企业形成了自己的主导产品。这些主导产品销售业绩好，并已得到用户的认可和欢迎，因此，企业可以大批量生产。

---

① 刘健钧.创业投资原理与方略——对“风险投资”范式的反思与超越[M].北京：中国经济出版社，2002:107-108.

② 张玉利，张维，陈立新.创业管理理论与实践的新发展[M].北京：清华大学出版社，2004:183-184.

2. 生产和管理走上正轨

企业向多厂企业发展。随着企业规模进一步扩大，单厂企业发展到一定规模，再扩大生产规模就会使边际成本上升，整体效益降低。为使企业继续成长，企业只得另建新厂或并购其他企业，企业由单厂企业变成了多厂企业。

企业专业化水平提高。由于企业产品销售量激增，往往出现生产赶不上市场需求的现象，为解决这一矛盾，一些企业往往把零部件都由别的企业生产。这样不仅提高了专业化水平，也增强了与其他企业的联系，取得了扬长避短，联合发展的效果。

管理逐步走上正轨。企业规模扩大，企业内部管理更为复杂。企业的规章制度不断完善，一些先进的现代管理办法和技术也逐步被采用，管理组织结构也逐步由集权制向分权制转变。

3. 资金和技术投入增大

经营者也积累了较为丰富的管理经验，企业职工增加，企业自身拥有的资金逐步增加，筹措资金的能力也得到增强。

创造发明投入增大。为取得竞争优势，处于高速发展阶段的企业，在主导产品不断占有市场的同时，还会不断发现和挖掘市场需求，并根据市场需求，不断研发新产品，以满足更多的市场需求，显示出很强的创新精神，并且具有较强的研发能力和将创造发明投入使用的能力。

成长期是企业发展的黄金期，企业随着资产的积累，逐步建立起自身的社会信誉，在扩大生产销售的过程中需要大量资金，资金的获取渠道增加，可以通过抵押等向银行申请贷款，风险投资商也会主动与企业洽谈进行风险资金的投入。同时，这个时期的竞争对手已相对明确，在争取市场份额的过程中，开发新产品，促使原有产品不断升级成为这个时期的关键。

## 四、成熟期

在成熟期，企业已有自己比较稳定的现金流，企业的目标是完成企业的上市工作，使风险投资成功退出，风险投资得以进入良性循环。在企业成长过程中，当速度增长到一点阶段，企业的产量、销量、效益等平稳在一个相当高的水平，企业即处于成熟期。成熟期在各项业绩平稳的同时，将面临竞争对手越来越多，越来越强大的局面，不进则退，没有创新，竞争力则不断下降，将面临被市场所淘汰的危机。

成熟期是企业最为理想的阶段，这个阶段能给企业带来巨额的利润，使企业家真正享受到收获带来的喜悦。产品质量、市场竞争力及社会知名度均达到相当水平，市场营销模式已经十分成熟。企业的组织管理模式也已成型，并开始形成自己的管理理念，按照上市标准，完成上市的各种技术准备与业务公关工作。成熟期可以细分为两个时期：成熟前期和成熟后期，处于成熟前期的企业发展速度尚未达到最高峰，而是越来越快；处于成熟后期的企业，发展不但不再加速，而且向下滑坡。但发展期两个阶段的共同特征是发展速度变化都很缓慢，处于高速发展境地。

从规模看，成熟期企业很多称得上是大型企业，无论员工数量、企业收入，还是企业资产，都是一个大的数目，企业发展达到了一个很高的层次。从企业发展后劲上看，成熟期企业不会短缺资金，外部融资渠道完全通畅。从品牌角度看，成熟期民营企业的知名度和美誉度很高。成熟期企业往往开始分化，衍生出新的组织结构。上市加速了企业向现代企业制度的过渡，使企业更加成熟，各项规章制度更加规范，优秀人才进入企业决策层。但往往产品市场前景不容乐观，当很多企业的发展对某一产品的依赖性很强，出现产品兴，企业也兴时，意味着企业进入成熟期就是产品进入成熟期，再过一段时间必然会出现衰败，从而企业的发展后劲会受到影响。

经过高速发展，企业发展速度放慢，企业发展水平达到相当高的程度，企业进入了成熟阶段。其主要特征是：

1. 发展速度减慢

企业经过高速发展后，企业规模较大，企业发展方式的转变使企业的发展速度减慢，但效益却提高。

2. 企业的发展模式转变

企业发展方式逐步由外延式转向内涵式，由粗放经营转为集约经营。

3. 产品向多样化方向发展

经过较长时间的经营，企业产品的知名度和市场占有率有效提高，甚至创造出全国或全球有名的名牌产品和特色产品。同时，现有产品市场竞争越来越激烈，为发展自身和减少风险，企业产品也逐步由单一向多样化发展。

4. 企业向集团化发展

分公司、分厂增加，他们从总公司中分离出来，成为独立的法人，形成了母子公司体制，公司逐步向集团化发展，甚至向跨国公司方向发展。

5. 内部管理向分权模式发展

为适应公司产品向多样化发展和公司组织形态集团化发展，为提高管理效率和市场应变能力，企业管理模式逐步由集权型向分权模式转变，管理重心下移，公司下属单位的权限扩大。公司的管理组织结构广泛采用事业部制、矩阵制等管理模式。

6. 良好的企业形象逐步树立

通过多年经营经验的积累，企业形成了自己的经营理念，创出自身的名牌产品和商标，通过各种媒体的宣传，在社会公众中树立了良好的企业形象。

7. 创新精神减退

企业在成熟期的领导者中以老年人居多，他们的见识广、经验丰富，他们为企业付出了极大的心血，对企业拥有很深的感情，很容易在看到成绩的同时忽视缺点，因此，创新精神减退，思想趋于保守。

## 五、衰败期

创业企业经过昔日的发展壮大后，产品没有经过不断的升级换代，没有经过服务模式的与时俱进，被竞争对手不断超越，所占市场份额越来越小，企业的效益将不断下滑，这时的企业即进入衰退期。由于市场竞争加剧，或者需求发生变化，导致业绩滑坡，如果缺乏有效措施，企业就会不断衰退。

在成熟期如果企业不能转产，不能进行二次创业并取得成功，企业将逐步走向衰败，直至破产。进入衰退期后的破产死亡是企业机体老化而引起的，所以称为衰亡。企业进入衰退期后，存在着两种选择，一是衰退，二是蜕变：如果进行转产，二次创业即为蜕变。不进行蜕变，就不能在变化的环境中生存。

衰退期企业的最显著特征是企业效益快速滑坡，逐渐形成“资金的陷阱”，企业的内部冲突层出不穷，企业生命周期曲线中的斜率为负，绝对值很大，且变化率也很大。企业在衰退期的主要特征是：

1. “大企业病”严重

由于企业规模过大，管理机构庞大，间接生产人员众多，决策过程复杂，决策行动缓慢，内部各个部门矛盾增多，协调困难，本位主义严重，安于现状，墨守成规，“大企业病”严重。

2. 技术装备陈旧

现代社会知识和技术更新速度加快，新工艺、新材料大量涌现，企业技术更新周期加快。处于衰退期的企业，思想保守，往往不注重技术的更新改造，或无力进行大规模的更新改造，企业的工艺过时，设备陈旧，生产效率低下。

3. 产品老化

随着技术进步，新产品也层出不穷，而衰退期的企业，由于不注重创新，不注重新产品的开发，原有的产品日益被新产品所替代，原有产品的市场竞争力也不断下降。

4. 企业的效益降低

由于产品老化、工艺过时，市场竞争力下降，企业生产发生萎缩，企业效益降低，利润率下降，甚至发生严重亏损。

5. 财务状况恶化

由于产品市场竞争力下降，生产不断萎缩，效益降低，企业逐步出现亏损，企业负债增多，资金周转日益困难，财政状况日益恶化。

所以，处于衰退期的企业应尽量缩短衰退期，促进企业的蜕变。

## 第二节 基于Timmons模型的大学生机会型创业过程

创业是一个多因素相互匹配、动态复杂、不断积累的过程，是创业者收集、分析和把握机会，创造性地整合资源，形成合力实现目标的过程。Timmons 模型对于理解机会型创业过程及创业者行为具有很好的解释力。我们基于对机会型创业最具解释力的 Timmons 模型，从大学生机会型创业中的机会识别、机会开发及资源和机会的共存与依赖性关系，对大学生机会型创业中的“机会、资源、团队”这一贯穿于机会型创业过程的三个关键要素，特别是机会与资源进行分析，从给大学生提供技术资源、资金资源、政策资源等方面，借鉴 Timmons 模型对帮助大学生机会型创业提出设想。

### 一、机会型创业过程与 Timmons 模型

机会型创业是衡量一个国家创业活跃程度及创业水平的重要指标，对产业升级、市场拓展、扩大就业、增加税收等具有重要意义。创业作为一个国家经济发展、综合国力提升的重要驱动力，机会型创业过程成为创业研究关注的焦点之一。学者们都想通过对机会型创业过程的抽象、凝练，揭示出机会型创业过程的本质，为指导机会型创业提供理论和实践指导，并从不同视角归纳出各种机会型创业过程模型。例如，一些学者将新组织的建立作为模型的核心，一些学者将机会的识别作为模型的中心，还有一些学者将在创业不同阶段所遇到的问题作为模型的重点。这些模型共同的特征是将“机会型创业过程”描述为“不同创业环节的逻辑性组合”。

在众多机会型创业模型中，Jeffry A. Timmons(1999)在 *New venture Creation* 中提出创业模型[①]，学界称之为 Timmons 模型，不少学者认为它是“独到的机会型创业过程模型”、“最具解释力的是 Timmons 模型”。如图 6-1 所示，该模型由机会、资源、创业团队三个因素构成，认为创业过程就是由这三个因素驱动的结果。创业的展开过程是启动创业机会，组成创业团队，再取得必要资源的过程。成功的创业活动，需要创业机会、创业团队和必要资源三者搭配恰当，并能形成动态平衡。

① Timmons J A. New Venture Creation[M]. Singapore: McGraw-Hill, 1999.

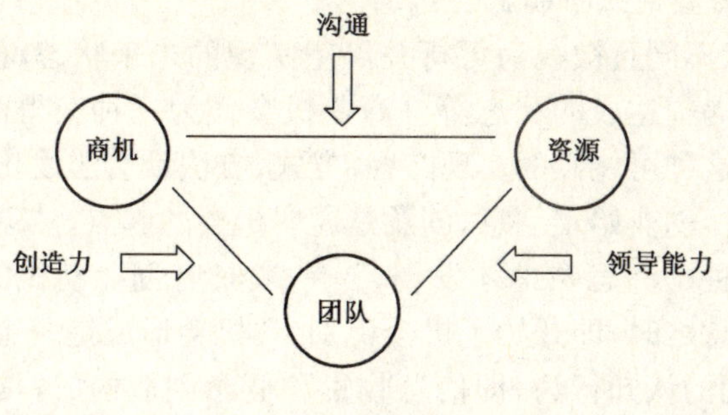


图 6-1　Timmons 创业模型

Timmons 模型将“机会、资源、团队”作为贯穿于机会型创业过程的三个关键要素，其特点是，“三个核心要素构成一个倒三角形，创业团队位于三角形底部。在创业初始阶段，商业机会较大而资源较为缺乏，三角形将向左边倾斜，随着企业发展，企业拥有较多资源，但原有的商业机会可能变得相对有限，导致另一种不均衡。这时，创业领导者及创业团队需不断探求更大的商业机会，寻求资源的合理运用途径。”[①]意味着，创业初期创业者主要任务是寻求、整合、开发机会所需的资源，来启动创业机会，当企业进入蜕变期，创业者的主要任务就是要利用手中的资源去寻找新的创业机会。企业的发展就是这三者的不断调整，三要素间的连续和互动衔接过程最终实现动态均衡。外部环境的变化会影响这三者之间的衔接关系，从而影响机会型创业的推进。

创业过程可分为机会识别与机会开发两大阶段，也可细分为机会发现、机会评价、机会开发和创业结果四个部分，其中机会发现、机会评价、机会开发必须依赖丰富的资源。蔡莉等研究表明，“机会型新创企业拥有的初始人力资源、初始技术资源、初始社会资源等充裕程度要高于生存型新创企业”。[②] 因此，对于机会型创业而言，关注创业机会与资源关系显得尤为重要。

## 二、基于 Timmons 模型的大学生机会型创业过程分析

创业旨在创造出新的产品、服务，并取得市场的响应，实现其潜在价值。大学生机会型创业是基于创业项目进行市场调研，找到市场机会，通过资源整合，将新产品或服务推向市场，得到现金流入，不断发展壮大的过程。

---

① 杨蕾. 基于经典模型的机会型创业机会研究[D]. 合肥：合肥工业大学硕士论文，2008：7.

② 蔡莉，尹苗苗，柳青. 生存型和机会型新创企业初始资源充裕程度比较研究[J]. 吉林工商学院学报，2008(1).

1. 大学生机会型创业中的机会识别

机会是与现状不同且被视为可行并渴望实现的未来状态，机会涉及可行的改变、喜好的方向与渴望达成的状态等。商业机会作为一种获得商业利益或实现商业交易的可能性，这种可能性的实现路径、方式、方法就会激发出人们的种种设想、构思，即产生创意。创业始于创意，创意是通向机会的起点。“创意有两种来源：一种是意外发现，一种是深思熟虑才发现。”①一般具有创业动机的个体在发现市场需求，获取初始创意之时，即开始了机会识别。“机会形成是一个不断演进的过程，这一过程由两方面的认知行为，即信息收集和概念创造构成，具体包括信息浏览、研讨与思考、信息搜寻以及资源评估四种相关行为。”②机会识别是初始想法或创意被调研、论证和完善，并被确认为一个可行的商业机会的过程。在创业机会识别过程中，创业者通过对创意进行不断的评价和凝练，对实施的可行性、市场需求、利润空间、资源获取等进行评价，从中不断找到问题，分析问题，并解决问题，实现风险的最小化和利润最大化。机会识别的关键是创意打造，形成一个明确的商业概念，创业机会只有勾勒出创意开发的蓝图才算存在。

大学生利用科技成果进行机会型创业的创意形成在申报科研项目的论证过程中已完成，因此，不需要根据市场调研形成创意，而是直接对大学现有科技项目进行市场调研和市场评价，确定目标市场和目标客户，分析市场容量，找到竞争对手，进行竞争分析，预测市场占有率，确定营销策略和定价策略，进行财务分析，确定资金需求和融资策略等，论证商业机会的可行性，撰写创业计划书。创业计划书是技术、生产、市场、营销、财务、人力资源等职能计划的综合，是新创企业的模拟蓝本。大学生的创业计划书也是叩响投资者大门的“敲门砖”，一份优秀的创业计划书往往会使创业者达到事半功倍的效果。因此创业计划书的撰写过程就是对创业项目机会的识别过程，创业计划书就是机会识别的预期。

“在企业创建时期，真正的商业机会比团队的智慧、才能或可获得的资源更为重要。”③商业机会对每位创业者而言都极其珍贵，而高校的科研成果蕴含着大量的商业机会，因为，很多科研成果是基于经济社会的发展，基于市场的需要而研发的。因此，在高校大量的科技成果中，应该有不少具有市场前景，适合大学生创业的好项目，鼓励大学生利用高校科技成果进行机会型创业，不仅对提高大学科技成果转化率具有现实的意义，也为大学生带来巨大的创业机会。

---

① Karl H. Vesper. New Venture Strategies[M]. NJ：Prentice-Hall，1989.

② De Koning，A. Conceptualising Opportunity Formation as a Socio-cogitive Process. Disscrtation. INSEAD，Fontainebleau，1999.

③ 丁栋虹. 创业管理[M]. 北京：清华大学出版社，2006：22.

2. 大学生机会型创业中的机会开发

创业是一个机会识别、机会评价和资源获取交错进行的连续过程。南开大学张玉利①认为，"创业是基于创业机会的市场驱动行为过程，是在可控资源匮乏前提下的机会追求和管理过程，是高度综合的管理活动，并最终实现新企业生存与成长的行为过程"。

大学生机会型创业的机会开发，是在创业计划论证评价的基础上实施创业项目，集中体现在创业的市场导入阶段。这个阶段是创业者将具有商业价值的成果，通过试产试销实现产业化转变，通过投放市场实现市场化转变，架起通向市场的桥梁。为满足市场需要，产品不能仅仅是生产样品，必须进行批量生产，而批量生产必须根据市场需要，完善产品性能，设计生产线，设计生产工艺，进行设备的设计安装、原料配料的配比和生产技术指标、质量过程的控制等。要把产品成功推向市场，还必须进行市场开拓，建立市场渠道，开展促销活动，激发客户需求，将产品的性能有效传递给目标客户，直到以最佳的途径把产品销售给目标客户。成功的市场导入，意味着产品成功地批量生产、创业机会成功地被市场所认可，而这个过程需要整合大量的人力、物力、财力和市场资源。

3. 创业过程中资源与机会的共存与依赖性分析

有学者为分析企业生命周期中每个阶段的资源需求，构建了形似细胞的 Cell 模型。内圆中的资源为本阶段赖以生存的核心资源，处于内外圆之间的为可以促进企业进一步发展的重要资源。按照 Cell 模型，结合创业过程分析，企业成长过程中的资源需求曲线可描述为如图 6-2 所示②：

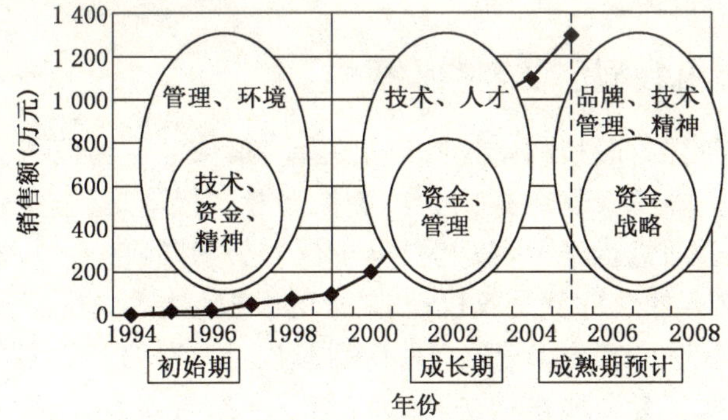


图 6-2　企业成长过程中的资源需求曲线

① 张玉利，张维，陈立新. 创业管理理论与实践的新发展[M]. 北京：清华大学出版社，2004.

② 姚晓芳，张宏. 科技型创业企业资源需求曲线的案例分析[J]. 科技进步与对策，2008(11).

通过对大学生创办科技型企业成长过程中的资源整合分析整合可知：资金的缺乏是制约科技型创业企业发展的最主要因素，科技型企业的生存根本是技术资源，科技型创业的创业者一般都是技术人员，引入专业的管理人员，对企业的发展会有重要的促进作用。大学生进行机会型创业应充分发挥高校科技成果对大学生创业中在机会识别和机会开发中的作用，以高科技含量构筑高的技术壁垒，同时，应充分利用大学生自身的知识和技术优势、学校的资源优势、国家和地方的政策优势等，整合资源，弥补不足，放大优势，使大学生在机会型创业过程中发挥优势，提高大学生机会型创业率和创业成功率。

## 第三节　大学生机会型创业过程中的股权分配

股权是一种财产权和管理决策中的表决权，股权对调动股东积极性，激发企业活力，促进创业企业健康发展具有重要意义。大学生机会型创业一般由知识能力结构互补的 3～5 个人构成创业团队，各自根据能力出资并承担责任，团队以其全部资产承担责任，成立有限责任公司。有限制任公司强调承担责任的形式，作为公司内部还必须正确处理好成员应享有的权利——股权。股权作为创业发起人、创业团队成员获取利益和参与公司管理表决的权利，伴随着企业的发展，与公司一起沉浮。有学者认为，在机会型创业失败的案例中，超过 90%的原因都在股权分配方面。[①] 股权标志着投资多少和各自利益分配，如何正确理解和科学处理股权分配，成为有效凝聚人心，充分调动积极性，促进创业企业攻坚克难、健康成长的关键，笔者对此进行了研究。

### 一、大学生机会型创业中的股权

何为股权？学界对股权的论述有以下几种：第一种认为股权是因对公司的投资而获益的权利。如学者赵旭东认为："股权即股东权，广义上的股权是指股东将自己的财产交由公司进行经营，按其投资份额对公司享有一定权利并承担一定义务，这种权利和义务的总称就是股权；狭义上的股权是指股东因其股东地位而对公司享有的一系列权利的综合。"[②]第二种认为股权是一种财产收益权和股东身份社员权。如学者肖峰认为："股东权包括股权和股东参与权两种权利，股权是指股东对股份的所有权，是一种物权、财产权，其实质仅为一种单纯的财产权，并无公司事务参与权能成分在内；股东参与权即投资人因为出资获得股份取得股东身份后获

① 梁梦晚. 大学生机会型创业失败超九成源于股权分配[EB/OL]. 中国经济网，http://news.163.com/10/0511/20/66E8CN4E000146BD.html.

② 赵旭东. 新公司法讲义[M]. 北京：人民法院出版社. 2005：152.

得的一种社员权、非财产权利。"①第三种认为，股权是追求收益的财产权和请求权。"股权是一种相对于公司权利、以追求投资收益为宗旨、兼具间接性支配权、请求权（含诉权）以及人身权属性的新型私法权利。"②"股权以追求投资收益为宗旨，股权与物权、债权以及社员权相比较，股权兼具间接性支配权、请求权（含诉权）。"③"股权是基于公司法的规定，股东因出资而享有的一种以经济利益为核心的，具有支配性和请求性以及可转让性的财产权利。"④

我们认为，股权是股东以追求收益为宗旨，股东在公司资产中的占有量即股份，股权是对股份的所有权和获益权，股权是一种物权、财产权，通常可以交易，所以，股权从利益分配角度来说，代表着所获得的分红。股权同时又是一种表决权，股份代表股东说话的分量，是股东在公司享有的管理权，是一种非财产权利。股权是股东的财产权、获益权和表决权，因此，股权对新创企业发展至关重要。大学生机会型创业一般成立有限责任公司的组织形式，创业团队各自虽有分工，但必须明确投资的多少和各自利益的分配等一系列权利和义务。实际上，一切关于利益和表决权分配的问题，对于一个团队来说，都是足以影响全局的大问题。因此，在创业团队中必须明确作为利益分配的股权，明确股权分配的原则和获取股权的方式，这是调动每个成员积极性，同心协力促进企业发展的关键。

## 二、大学生机会型创业中股权的分配

大学生创业团队由队长和队员组成，创业团队中的股份类似于发起人股或创始人股，即在创业初期分配给创始人和联合创始人的原始股份。因为关系到企业所有权，公司的原始股份通常根据每个创始人对公司主要资产的贡献度来分配。创始人股与企业发展后期发行的股票不同，创始人股基本上是"血汗股"——如果有多个创始人，每个人的角色和贡献度不同，如何公平地分配股份就成了难题。⑤我们认为，股权分配应有利于调动每个成员的积极性，有利于凝心聚力，有利于同甘共苦，有利于促进企业发展的原则进行，因此，大学生机会型创业股权分配主要应考虑以下几个方面：

首先是基于贡献度分配股权。贡献度是创业团队成员在一定时间内为企业所作的贡献，或提供新产品，或赢得新客户，或开辟新市场，或带来新利润，或投资企业

---

① 肖峰. 论股权[J]. 内蒙古社会科学（汉文版），2003(3).

② 王平. 也论股权[J]. 法学评论（双月刊），2000(4).

③ Robert W. Hamilton. The Law of Corporations[M]. New York: West Publishing house, 1987.

④ 赵峰，蓝晓植. 股权概念的认定[J]. 江南大学学报（人文社会科学版），2003(3).

⑤ Asheesh Advani. 新创企业的股权分配[J]. 创业邦，2010(3).

所需资金等，所以，贡献度表现为团队成员为企业生存和发展所作出的贡献。正是由于这种贡献才使企业的净资产增加，股权增值。

团队成员分配股份的重要目的，在于把成员的利益同团队的利益紧密关联起来，以此激发每个成员的积极性。股权基于财产的投入、精力的付出而获取收益、获得权利，大学生机会型创业，初期的资源非常紧缺，拿出资金入股成为承担风险、为企业作贡献的重要举动，应该说谁投入的资金多，谁承担的风险就大，谁对公司的贡献度就高，其获取的股权红利也应越高。同时，投入的资金越多，承受的压力越大，压力转化为动力，促使你付出更多的努力，加深对行业的理解，提高领导团队和驾驭新创企业的能力。因此，股份越高，说话的分量越大，其结果与上述目的是一致的。

其次是基于授予期分配股权。股份的保值和增值不只是由资本创造，更是由劳动所创造，这就要求股权的分配应有一个授予期。授予期意味着要获取公司的股权必须为公司全身心地劳动付出一段时间。如果我们把通过劳动付出为公司创造价值所得股权称之为经营股，则经营股的获取必须是全身心地投入，将自身的利益与公司的利益捆在一起。任何一边干着他们其他的全职工作一边帮公司干活的人只能拿工资或者工资“欠条”，但是一般不能给经营股。实际上公司创始人的股权是原始股，原始股权随着公司的资产价值而变化，原始股增值必然凝聚着创始人的投资和劳动的付出，所以，原始股应包含着创始人的投资股和经营股。创始人因资金投入而获取原始股权是要有条件的，这就是一定时期必须为公司全身心地投入，共担创业的艰难险阻，否则，即使投入资金，如果远离企业，而还获取经营股股权坐享公司红利对其他创业者来说是不利的。

授予期一方面能防止某个创始人在停止贡献后还能拿到同样的股份，从而保护企业的股份不被稀释；另一方面，投资者需要一种能将企业创始人或联合创始人留在公司的好办法——规定一个授予期不增发新股，提高强制力。授予期将股份以每月分期支付方式授予创始人，而不是一次性给予，一般时间长达三、四年。授予期分配股权计划一般第一年给 25%，然后每个月落实 2%，这样，就可以避免因没有授予期分配股权“股份绑定”条款。目前，初创企业没有执行“股份绑定”的现象极其普遍，其后果也可以想象。

第三是基于公平公正分配股权。公平公正意味着股权的获得应与所冒风险相配，即冒险越大所获股权越多。创始人和投资人的股权都是因为冒险，两者投入的资金越多，获得的股权越大，但创始人所得股权包含了投资股，又包含了经营股，而风险投资商所得股份只是投资股，认清两者的区别，才可以公平公正处理两者的股权分配。如果大学生利用高校科技成果进行创业，还涉及技术股，技术股只能在评估的基础上，获得类似于投资股的股权。

公平公正处理投资人与创始人的关系，既要给投资人一定的空间，又要调动创始人的积极性。如果公司能依赖自我积累来发展，而不需要靠外来投资，那么创始人和员工将一起拥有公司100%的股权。如果公司发展需要吸引外界投资，若外来投资人获得超过50%的公司股权，那么创始人可能会感觉自己不重要而且会丧失动力，所以外来投资人的股权以不超过50%为宜。当然，如果发起人与一个朋友50%比50%平分建立一个新公司的股权，就不需要坚持发起人拥有60%的股权，因为如果把股权拆分为60%比40%，公司将在因股权分配不公的争吵中走向失败。

第四是整体股份结构的制衡。股权作为表决权，是一种对公司经营的管理权，是对公司资产的支配权，关系到公司的运营，因此公司的股权从整体结构上讲应通过股权的制衡形成对经营权力的制衡。有限责任公司和股份有限公司董事会成员分别为3～13人和5～19人，一般都是奇数。这样在决策时，即使投票表决也不至于无法进行，奇数结构是一个制衡的结构，在管理中得到广泛应用。股份安排中对股东一般采取奇数原则，比如一个企业拥有三个股东，即使他们的股份不一样，在决策时也是制衡的，公司内部彼此的制约是稳定的基础。奇数的股东结构，可灵活运用于公司发展中，如为了吸引优秀人才，充分调动高级管理人员和技术人员的积极性，“应拿出部分股份给予部分高级人才，按照通常的规则是70%～80%由创业者拥有，其余20%～30%由高级人才拥有，让他们享受相应的投票和分红的权利。”①

随着公司由小到大，由弱到强的不断发展，可能会吸引风险投资，从而引进更多高级管理人才，甚至会有合作伙伴的加入等，因此，在整个过程中股份结构的平衡，形成稳定的制衡关系就显得非常重要，合理的股权结构是处理企业利益冲突，促使企业稳步发展的基石。

## 三、大学生机会型创业股权分配应处理好的几个关系

大学生机会型创业初期股权分配一般按照团队成员出资多少分得相应的股权。但是，随着企业的发展，人员的变动，股权的转让，为保持企业稳健发展，调动每个成员的积极性，做好股权分配工作必须处理好以下关系。

一是处理好技术股与资金股的关系。在公司注册时应处理好技术股与资金股的关系。公司注册的股份按所出资金多少来划分，科技成果应作为无形资产经评估后折价作股。由于无形资产的交易价款支付方式多样，有定额支付，即无形资产的价款一次全部付清；也有在有效期内提成支付，即按该项无形资产所生产或销售

① 戴海.创业指导：创办新公司要注意7大细节[J].职业技术，2007(7).

产品数量和一定的比例提成；也有定额加提成，即先支付一笔定额费用，然后再提成。因此，公司既可以用资金购买专利技术，使其不占股份，也可将其作为技术折价入股，两种方式各有优劣，应根据资金和技术的具体情况而定。

二是处理好投资股和经营管理股的关系。投资者投资项目，宁可投一流的团队二流的项目，也不投一流的项目二流的团队，投资者投资项目的关键是看团队，最重要的是人，其次才是项目。因此，首先从人的角度来对待投资资金应占股份的比例，在此基础上，再处理经营股权部分，在经营股总的比例定好之后，设立一些简单的虚拟股权绩效评价系统，根据创业过程中让股东的股权随着个人绩效的变化有一定调整幅度的激励制度，从每个人在团队中担任的职责和能力来评估。

三是处理好投资入股与借贷的关系。初创期需要大量资金，大学生创业的资金主要来源于家庭资助，虽然创业初期父母会给予一定的资金支持，但从公司注册到项目的启动都需要资金支撑。这时无论团队每个成员的投入还是与他人借款，都会面临是入股还是借贷的问题。因为入股必须与企业共沉浮，而借贷需还本付息，两者性质有很大差别，所以为化解创业风险，对投入的资金可以入股形式；当然对于自己很有把握的项目，对取得的资金可以采用借款形式，并承诺在初期利益分配上多给他一些补偿，这样也可以防止他以投资大股东的身份干涉经营，从而导致创业受挫。

四是处理好创业团队股与外来投资股的关系。由于股权不仅是财产权，还是表决权，或对公司的管理权，因此，必须处理好创业团队股与外来投资股的关系。为调动创业团队的积极性，外来投资人获得的股权不宜超过50%，但考虑到投资者的心理，以及从能否顺利获得投资的角度考虑，创业团队共同占有的股权又以不超过40%为好，基于两方的权衡，建议确定一个20%的基于一定授予期的原始股，或由创业团队先和投资人协商好总的分配比例，然后再和团队商议各自的利益分配比例。

# 第七章 大学生机会型创业的政策

大学生机会型创业对促进产业结构升级，增加就业岗位，拓展市场，扩大出口等具有重要意义，国家对大学自主创业出台了很多政策，无疑为大学生创业铺就了一条“绿色通道”。理性分析我国大学生机会型创业的政策，对其政策的有效执行，指导大学生机会型创业，完善大学生创业的政策体系具有现实意义。

## 第一节　高校开展创业教育的政策体系

大学生创业对推动经济发展，促进经济转型，提高税收等具有现实意义，因此，鼓励、支持和扶持大学生创业应成为政府部门、高校的重要工作。由于大学生创业涉及大学生创业教育、科技创新、企业注册、房屋租赁、土地征用、企业融资、企业税收、企业用工等，因此大学生创业是一个多部门协同的系统工程。只有多部门联手，合力制订有益于大学生创业的政策，才能使大学生创业活动能有效推进，促进国家经济社会的发展。

### 一、创业教育方面

创业意识、创业知识和创业能力成为大学生走上创业之路不可缺少的综合素质，为使大学掌握创业的基本技能，在专业教育与素质教育的基础上开展创业教育，培养创新创业人才，不仅是时代发展的需要，也是大学生顺利走上创业之路的需要。

#### （一）创业理论教学体系不断完善

大学生机会型创业首先必须教育先行，通过创业教育培养大学生的创业意识、创业能力和创业素质，而大学生创业教育的有效开展是一个系统工程。涉及创业师资队伍建设、创业课程体系建设、创业实习实训基地建设，乃至创业园区建设等。我国大学生创业教育历经了创业教育试点、创业师资培训、创业基地、创业实验室、规范创业教育教学等方面的政策推动。

1999 年 1 月国务院批转的教育部《面向 21 世纪教育振兴行动计划》中，就提出了要“加强对教师和学生的创业教育，鼓励学生们自主创办高新技术企业”。从1999年开始，由团中央、教育部、中国科协、全国学联联合主办开展了每两年一届的大学生“挑战杯”创业计划竞赛。根据我国高校实际，为有针对性地开展创业教育，教育部于2002年4月遴选了中国人民大学、清华大学、北京航空航天大学、黑龙江大学、上海交通大学、南京财经大学、武汉大学、西安交通大学、西北工业大学等9所高校进行创业教育试点工作，要求各校借鉴世界各国大学生创业教育的经验和做法，结合我国实际对创业教育进行理论研究与实践探索，为将我国高等学校创业教育工作推向深入，为各项政策的出台积累经验。

创业师资是有效开展创业教育的关键，创业教育的实施、创业教育质量等都取决于创业师资队伍的水平。在我国，是否要提倡大学生创业教育曾受争议，高校中几乎没有受过专门创业培训的教师。为借鉴学习国外创业教育的先进经验，建立创业教育的课程体系，提高创业教师的教学水平和业务素质，推动我国高校创业教育的发展，2003年教育部高教司委托北京航空航天大学创业管理培训学院承办了“教育部高校创业教育骨干教师高级研修班”，经过十年多的努力，共为全国高校培养创业教育骨干教师一千余名。参加培训的学员获得“高等学校青年骨干教师高级研修班培训证书”。

2003年11月由共青团中央、中华全国青年联合会、国家劳动社会保障部、中华全国工商业联合会等7家机构倡导发起的中国青年创业国际计划(英文名称是Youth Business China，简称YBC)，旨在通过动员社会各界特别是工商界的资源，为创业青年提供导师辅导以及资金、技术、网络支持，帮助青年成功创业。根据2005年国际劳工组织与我国劳动和社会保障部劳动科学研究所合作开展的“中国青年就业状况调查”，中国青年(15～29岁)的失业率在10%以上。为提高我国大学生的创业能力，共青团中央、全国青联与国际劳工组织合作，在中国大学中开展KAB创业教育(中国)项目。KAB创业教育项目是国际劳工组织开发的课程体系，与已经在各国广泛实施的“创办和改善你的企业”(SIYB项目)共同构成一个完整的创业培训体系。KAB项目也是我国通过国际合作引入大学课程体系的第一个创业教育项目。到2008年底，KAB项目已为我国318所高校培训师资近800名。YBC已扶持青年创业项目525个，创造就业岗位5 000多个，其中就业人数最多的企业员工超过800人。YBC在全国19个城市设立了项目办公室，招募导师志愿者2 000多人，战略合作伙伴已有40多家。

1998年清华大学举办第一届大学生创业设计大赛，被视为中国创业教育的起点。1999年由共青团中央、中国科协、全国学联主办，清华大学承办的全国首届“挑战杯”中国大学生创业计划竞赛拉开了中国创业教育的大幕，在各高校掀起了一轮创业的热潮，产生了视美乐、易得方舟等一批高科技公司，取得了良好的社会声誉。2004 年台湾地区首次派队参加“挑战杯”，2006 年，吸引了香港地区 9 所高校参赛，2008 年澳门地区高校的参赛，标志着“挑战杯”已涵盖全国 31 个省（直辖市、自治区），2012 年举行了第八次大学生创业计划竞赛。创业计划竞赛培养了大学生的创新意识、创意思维、创造能力和创业精神，提升了大学生独立分析、团队合作、语言表达、社会活动的创业能力。通过创业计划大赛，筛选出一大批优秀的创业项目和创业团队，在国家创业优惠政策的支持下，孵化出一批大学生创业公司，引起了社会高度关注。但总体来讲，我国创业教育与国际成熟的创业教育相比，发展基础还比较薄弱，特别是在创业教育实践领域。

创业是一项实践性很强的活动，特别是在大学生真正走向创业之后，面对创业过程的复杂性和多变性，还需要老师进行全程性的指导。2008 年，科技部火炬高技术产业开发中心、中华全国工商业联合会经济部、中华全国学生联合会办公室、中国技术创业协会共同发起了“中国火炬创业导师行动”，目标是五年组织1 000 名创业导师，采取一对一、一对二的方式，辅导 3 000 名以上的创业者，提高创业者的创业成功率。一些大学生创业园也着手建立并壮大创业导师队伍，逐步推行大学生创业导师制，聘请创业培训老师、成功企业家和政府有关部门专家，采取单个指导、会诊指导、授课指导、陪伴指导、咨询指导等形式帮助大学生提高创业实践能力。

2010 年 4 月，为大力推进高等学校的创业教育工作，加强对高校创业教育工作的宏观领导，充分发挥专家学者的研究和指导作用，教育部决定成立教育部高等学校创业教育指导委员会（以下简称创业教育指导委员会）。根据《教育部关于成立 2010—2015 年教育部高等学校创业教育指导委员会的通知》（教高函〔2010〕3 号），创业教育指导委员会是主要对高等学校创业教育工作进行研究、咨询、指导、评估和服务的专家组织。

2012 年 8 月，教育部印发了《普通本科学校创业教育教学基本要求（试行）》，对普通本科学校创业教育的教学目标、教学原则、教学内容、教学方法和教学组织作出明确规定。要求各高校应创造条件，面向全体学生单独开设“创业基础”必修课，旨在深入贯彻落实教育规划纲要，推动高校创业教育科学化、制度化、规范化建设，切实加强高校创业教育工作。

### （二）创业实践教学基地功能不断增强

自 20 世纪 80 年代中期我国开始探索大学科技园建设至今，大学科技园的规模和实力不断壮大，发展环境不断改善，转化了一批具有自主知识产权的科技成果，孵化和培育了一批具有自主品牌的科技企业和企业家，到 2013 年有国家大学科技园 69 个，还有众多的省市大学科技园。为了鼓励大学生开展创新实践活动，倡导创业意识，培养创业精神，提高创业能力和素质，一些高校创建了大学生创业园(或创业基地)。大学生创业可以充分利用大学科技园所拥有的独特资源和优势,进行机会型创业。为充分利用科技企业孵化体系,应引导大学生以技术创业带动社会就业,促进大学教育资源与科技成果产业化工作的紧密结合。

为鼓励大学生创新创业,很多地方政府建立了大学生创业园区,并取得显著的成效。2009 年 12 月教育部授予昆山"全国大学生创业基地"称号;2010 年 4 月,教育部授予辽宁省大学生创业教育实训基地和徐州大学生创业园"国家大学生创业示范基地"称号;2011 年 4 月,教育部授予杭州市"国家大学生创业示范基地"称号,授予长沙市"国家大学生创业示范基地"称号。

为发挥科技园区在创新创业人才培养、以创业带动就业方面的作用,加强和规范高校学生科技创业实习基地的建设、运行和管理,推动基地的健康快速发展,2010 年 4 月,教育部办公厅科技部办公厅下发了《高校学生科技创业实习基地认定办法》(教技厅〔2010〕2 号),明确了高校学生科技创业实习基地是指依托高新技术产业开发区、大学科技园或其他园区等设立的为高校学生提供实习、实训、创业和就业的综合服务平台,简称"双实双业"基地。其中,所称学生是指高校在校生和应届毕业生以及毕业两年内(含两年)的往届毕业生。"双实双业"基地的主要任务是开展创业教育和培训,接纳学生实习实训,促进学生创业就业,整合各方优势资源,为提高高校人才培养质量,实现以创业带动就业提供支撑和服务。在"双实双业"基地的认定条件中,要求为学生提供多种创业、就业及职业技能实训,年实训不低于 200 人次;为学生创业企业提供的场地面积达到 500 平方米,在园学生创业企业数在 15 家以上;为学生创业企业提供至少 12 个月的房租减免,提供专业服务与咨询,配备相应的公共设施或设备等,为大学生创业提供实实在在的优惠和服务。

2007 年党的十七大提出"提高自主创新能力,建设创新型国家"和"促进以创业带动就业"的发展战略,2010 年 5 月,教育部下发《关于大力推进高等学校创新创业教育和大学生自主创业工作的意见》,提出要大力推进高等学校创新创业教育工作。加强创新创业教育课程体系建设和教材建设,借鉴国外成功经验,编写适用和有特色的高质量教材。加强创新创业师资队伍建设,引导各专业教师、就业指导教师积极开展创新创业教育方面的理论和案例研究。支持教师到企业挂职锻炼,鼓励教师参与社会行业的创新创业实践。积极从社会各界聘请企业家、创业成功人士、专家学者等作为兼职教师,建立一支专兼结合的高素质创新创业教育教师队伍。广泛开展创新创业实践活动。建立质量检测跟踪体系。省级教育行政部门和高等学校要建立创新创业教育教学质量监控系统。加强创业基地建设,打造全方位创业支撑平台。教育部会同科技部,以国家大学科技园为主要依托,重点建设一批"高校学生科技创业实习基地"。

2011 年 3 月 16 日,教育部批准成立了全国大学生创业实验室(上海),挂靠在上海市科技创业基金会。对上海市教育委员会和上海市科学技术委员会共同支持建立的上海市大学生科技创业基金会(以下简称基金会)创办以来,积极资助大学生创业实践,广泛开展创业教育,促进了一批科技成果转化,有力带动了高校学生就业,在全国起到了积极的示范作用给予肯定,给由上海市科技创业基金会拟筹建的汇聚"选拔—训练—资助—孵化—接力"模式的大学生创业实验室,将为整合社会资源,有效提升大学生创业的数量和质量发挥更大更好的作用给予鼓励。并希望全国大学生创业实验室(上海),进一步发挥上海市大学生科技创业基金会推进大学生自主创业工作的示范作用,在全国范围内进一步加大力度推进大学生创业工作。

2009年7月,科技部结合科技企业创业孵化体系,出台《关于大学生科技创业见习基地试点工作的实施方案》,启动大学生科技创业见习基地试点工作,以综合集成各种优势资源,为实施高新技术产业化工作和建设创新型国家持续不断地培养和储备大学生创新创业人才。依托科技企业孵化器,计划在3年期间,建立一批大学生科技创业见习基地。通过组织大学生创业培训、创业见习、模拟创业和创办实体四个阶段,力争每个基地平均吸纳30个以上的大学生创业团队,共创办10 000家大学生企业,孵化毕业7 000家大学生企业,其中培育500家以上拥有自主知识产权、收入达1 000万元的规模企业,带动数万名大学生和社会就业。但应该看到,我国大学创业园建设还很不完善,很多高校和地区尚未建大学创业园,有很多大学创业园功能较少,难以满足大学生创业的需要。

2011年12月20日教育部、科技部根据《高校学生科技创业实习基地认定办法(试行)》(教技厅〔2010〕2号),在专家评审基础上,认定上海大学国家大学科技园等24家单位为高校学生科技创业实习基地。并要求各地教育、科技部门进一步把促进大学生自主创业工作作为培养学生创新精神和实践能力,提高高校人才培养质量的一项重要工作,加强政策指导和资金支持,扎实推动这项工作深入开展,工作中遇到的重要情况和问题请及时报告。

2012年2月教育部下发了《关于做好"本科教学工程"国家级大学生创新创业训练计划实施工作的通知》(教高函〔2012〕5号),教育部决定在"十二五"期间实施国家级大学生创新创业训练计划。国家级大学生创新创业训练计划内容包括创新训练项目、创业训练项目和创业实践项目三类。其中,创业训练项目是本科生团队,在导师指导下,团队中每个学生在项目实施过程中扮演一个或多个具体的角色,通过编制商业计划书、开展可行性研究、模拟企业运行、参加企业实践、撰写创业报告等工作。创业实践项目是学生团队,在学校导师和企业导师共同指导下,采用前期创新训练项目(或创新性实验)的成果,提出一项具有市场前景的创新性产品或者服务,以此为基础开展创业实践活动。国家级大学生创新创业训练计划由中央财政、地方财政共同支持，参与高校按照不低于 1∶1 的比例，自筹经费配套。

江苏省为推进高校创业教育工作，发挥省内高校的大学科技园、产业园、创业园等载体在大学生创业教育与指导、创业模拟与实践、创业服务与研究等方面的重要作用，引导和帮助高校学生提高创新创业能力，引导和扶持大学生自主创业，于 2012 年 9 月出台了《江苏省大学生创业示范基地认定及管理办法（试行）》，明确大学生创业示范基地必须设有专门的管理服务机构，建有合理规范的管理运营机制；用于大学生创业项目（企业）的场地集中，面积不少于 2 000 平方米，入驻大学生创业项目（企业）30 家以上；每年新增的不少于 5 个、孵化成功退出的不少于 3 个；设立专门用于扶持大学生创业的资（基）金不低于 150 万元；为大学生创业项目（企业）提供至少 12 个月的场租减免，免费配备相应的公共服务设施或设备；有专门的服务场所，可为大学生创业提供“一站式”服务，帮助创业大学生落实和享受各种优惠扶持政策等。

## 第二节　大学生创业优惠政策不断完善

近几年来，我国大力倡导全民创业、建设和谐社会，并制定了鼓励创业（包括大学生创业）的许多优惠政策，涉及创业培训、创业指导、资金扶持、融资与税收、产业政策等诸多方面，初步构建了大学生机会型创业的法律支撑体系。

### 一、发放《就业失业登记证》

我国各省都建有《就业失业登记证》的申领发放制度。为切实做好高校毕业年度内高校毕业生的自主创业工作，落实相关创业扶持政策，及时发放《就业失业登记证》，进一步鼓励和支持毕业年度高校毕业生自主创业，一些省对毕业年度内高校毕业生自主创业人员在校期间发放《就业失业登记证》。如黑龙江省在 2011 年 8 月下发了“关于做好毕业年度内高校毕业生自主创业人员在校期间发放《就业失业登记证》有关问题的通知”，持有《就业失业登记证》的毕业生可享受税收减免、收费优惠、小额担保贷款和创业培训补贴等优惠政策。

一些省市，如哈尔滨市对持有《就业失业登记证》的毕业年度内高校毕业生自主创业可享受以下创业扶持政策：除国家规定在 3 年内按照每户每年 8 000 元为限额的税收减免政策外，对毕业 2 年以内的高校毕业生从事个体经营，符合规定条件的，在其工商注册之日起 3 年内免收管理类、登记类和证照类等有关行政事业性的收费优惠政策；对高校毕业生自主创业，从事个体经营的，符合规定条件的，可享受最高额度不超过 10 万元的小额担保贷款，期限最长不超过 2 年，可延期一年。对合伙经营和组织起来就业的，可给予人均 10 万元以下、额度不超过 70 万元的小额担保贷款政策，高校毕业生可以参加该市创业培训基地举办的免费创业培训班，接受创业培训指导和服务。对创业成功的，给予每人 1 200 元创业培训补贴；未成功的给予 800 元创业培训补贴。对参加创业培训，领取了工商营业执照或民办非企业执照，并申领了小额担保贷款，持续生产经营正常纳税 6 个月以上的成功创业人员给予每人每户 2 000 元一次性补贴。创业成功的就业困难人员给予 4 000 元一次性创业培训补贴政策。

2010 年 10 月，财政部、国家税务总局发布了《关于支持和促进就业有关税收政策的通知》（财税〔2010〕84 号），规定自 2011 年 1 月 1 日起实施新的支持和促进就业的税收优惠政策。第一条，对持有《就业失业登记证》（注明"自主创业税收政策"或附着《高校毕业生自主创业证》）人员从事个体经营（除建筑业、娱乐业以及销售不动产、转让土地使用权、广告业、房屋中介、桑拿、按摩、网吧、氧吧外）的，在 3 年内按每户每年 8 000 元为限额依次扣减其当年实际应缴纳的营业税、城市维护建设税、教育费附加和个人所得税。第二条，对商贸企业、服务型企业（除广告业、房屋中介、典当、桑拿、按摩、氧吧外）、劳动就业服务企业中的加工型企业和街道社区具有加工性质的小型企业实体，在新增加的岗位中，当年新招用持《就业失业登记证》（注明"企业吸纳税收政策"）人员，与其签订 1 年以上期限劳动合同并依法缴纳社会保险费的，在 3 年内按实际招用人数予以定额依次扣减营业税、城市维护建设税、教育费附加和企业所得税优惠。定额标准为每人每年 4 000 元，可上下浮动 20%，由各省、自治区、直辖市人民政府根据本地区实际情况在此幅度内确定具体定额标准，并报财政部和国家税务总局备案。着重支持自主创业。在国家已出台一系列促进中小企业发展税收优惠政策的基础上，新的就业税收优惠政策主要针对个体经营，积极扶持个人自主创业。

## 二、发放《高校毕业生自主创业证》

为扩大就业，鼓励以创业带动就业，经国务院同意，中央有关部门下发了《关于支持和促进就业有关税收政策的通知》（财税〔2010〕84 号）和《关于支持和促进就业有关税收政策具体实施问题的公告》（国家税务总局 2010 年第 25 号）。为贯彻落实上述两个文件精神，2010 年 12 月教育部办公厅下发了《教育部办公厅关于做好核发〈高校毕业生自主创业证〉有关工作的通知》（教学厅函〔2010〕31 号），切实做好《高校毕业生自主创业证》的审核和发放工作。《高校毕业生自主创业证》发放对象是毕业年度内在校期间创业的高校毕业生。其中，高校毕业生是指实施高等学历教育的普通高等学校、成人高等学校毕业的学生；毕业年度是指毕业所在自然年，即 1 月 1 日至 12 月 31 日。毕业年度内高校毕业生在校期间创业的，可持《高校毕业生自主创业证》向创业地县以上人力资源和社会保障部门提出认定申请，由创业地人力资源和社会保障部门核发《就业失业登记证》，一并作为当年及后续年度享受创业税收扶持政策的管理凭证。毕业年度内高校毕业生离校后创业的，可凭毕业证书直接向创业地县以上人力资源和社会保障部门提出认定申请。县以上人力资源和社会保障部门在对有关情况审核认定后，对符合条件的毕业生核发《就业失业登记证》，并注明"自主创业税收政策"。对持《就业失业登记证》（注明"自主创业税收政策"或附着《高校毕业生自主创业证》）毕业生从事个体经营的按照财税〔2010〕84 号享受税收优惠。

2012 年 10 月，南京市政府下发了《青年大学生创业扶持政策实施细则》（以下简称《创业细则》），明确成立专门服务大学生创业的服务机构——青年大学生创业工作办公室。南京市制定了统一的大学生创业证，明确申领条件为：具有大专以上文化在校大学生或毕业五年内的大学生（含海外留学人员）；有创业项目意向计划书并基本可行的。按照属地化管理的原则，由创业项目工商注册（或意向注册）所在地区（县）统一受理《南京青年大学生创业证》（以下简称《创业证》）的申领和审核发放。通过评估入选的优秀创业项目和特别优秀创业项目，在完成工商注册登记后，凭《创业证》按规定给予一定比例的资助性投资。持《创业证》的青年大学生需要提供创业场地扶持的，可向市、区（县）"大创办"提出申请，"大创办"提供免费推荐入园等服务，对入住创业园区的项目，由大学生创办企业纳税属地区县（开发园区）按规定提供免费场地或租金补贴。无自有住房的初始创业青年大学生在紫金科技创业特别社区创业的，可凭证向特别社区申请优先安排公租房。[①]

2010 年 5 月，教育部下发《关于大力推进高等学校创新创业教育和大学生自主创业工作的意见》，提出允许高校毕业生按照法律法规规定的条件、程序和合同约定将家庭住所、租借房、临时商业用房等作为创业经营场所。对应届及毕业 2 年以内的高校毕业生从事个体经营的，自其在工商部门首次注册登记之日起 3 年内，免收登记类和证照类等有关行政事业性收费；登记求职的高校毕业生从事个体经营，自筹资金不足的，可按规定申请小额担保贷款，从事微利项目的，可按规定享受贴息扶持；对合伙经营和组织起来就业的，贷款规模可适当扩大。积极争取资金投入。省级教育行政部门要与有关部门协调配合，积极争取当地政府和社会支持，通过财政和社会两条渠道设立"高校毕业生创业资金"、"天使基金"等资助项目，重点扶持大学生创业。有条件的高校要结合学科专业和科研项目的特点，积极促进教师和学生的科研成果、科技发明、专利等转化为创业项目。针对大学生创业，提出了具体的政策措施。

① 南京大学生创业细则公布可优先申请公租房[N]. 扬子晚报，2012-10-22.

## 三、设立大学生创新创业基金

1999 年经国务院批准并颁发了《科学技术部、财政部关于科技型中小企业技术创新基金的暂行规定》，在科技部设立了科技型中小企业技术创新基金，专门用于扶持和引导科技型中小企业技术创新活动。根据中小企业和项目的不同特点，创新基金分别以贷款贴息、无偿资助、资本金投入等不同的方式给予支持：2007 年，科技型中小企业技术创新基金无偿资助大学生创业项目 23 个，资金 920 万元；2008 年支持项目 30 个，资金 1 200 万元。[①] 同时，创新基金推动了许多地方政府、社会团体、民间组织设立大学生科技创业基金。2005 年帮助西部地区吸引和聚集人才的“中国大学生西部创业基金”在北京宣告成立。2009 年 3 月，上海大学生科技创业基金启动，主要用于资助高校毕业生以科技成果或专利发明创办的企业，兼顾创意类和科技类咨询企业。

创建于 2010 年 3 月 1 日的大学生就业创业基金，是由民政部主管的国家 3A 级公募基金——中国社会福利基金会发起设立的一个全新的“资助＋运作型”公益基金。大学生就业创业基金，是由全国工商联、教育部、团中央、统战部、人力资源和社会保障部、民政部共同主办的“中国大学生创业大讲堂”公益行动的执行机构之一。通过从社会募集资金，在高校举办“大学生创业大讲堂”公益系列活动，对大学生进行就业创业培训，实施就业创业扶持工程，广泛传播创业文化，打造大学生就业创业支撑平台，实现“组建导师团队、传授创业经验、整合就业资源、资助创业项目、宣传创业文化、打造公益平台”的宗旨。

2009 年 12 月 1 日，由共青团中央发起的中国青年创业就业基金会正式成立。中国青年创业就业基金会是一个全国性公募基金会，中国青年创业就业基金会由 23 家海内外著名企业作为原始基金发起人，每家捐赠 1 000 万元人民币，基金会的原始基金额达到 2.3 亿元人民币，基金会的宗旨是通过资金扶持、技能培训、信息服务、政策协调和社会倡导帮助青年创业就业，促进青年发展。

上海市大学生科技创业基金是公益性的创业“天使基金”，也是培育大学生自主创新创业企业的“种子基金”。“天使基金”下设两种创业资助计划：“创业雏鹰计划”、“创业雄鹰计划”。分别以债权与股权两种方式，对青年创业者提供资金上的帮助，并提供相应的后续支持与服务。“创业雏鹰计划”是指基金会通过委托银行向创业企业发放小额信用贷款的资助方式。贷款期限为两年，本金的一半按月等额还款，另一半贷款期满后还款。对创业者及单个创业项目的资助额度不超过人民币 10 万元。“创业雄鹰计划”是指由基金会与申请人等共同出资设立创业企业，

① 王文娟. 大学生科技创业进入理性期[J]. 中国科技财富，2009(17).

并由待持机构持有创业企业股份的资助模式。“创业雄鹰计划”所资助项目需具有技术含量,或一定的商业模式创新。资助额度不超过 30 万元。创业团队自筹资金需高于基金资助金额。资助期(3 年)内,基金所占公司的股权不参与分红,在资助期满后,将按照原价退出绝大部分股权。

2011 年 9 月 5 日,华图教育大学生创业基金设立。华图教育大学生创业基金是以“关心、扶助大学生自主创业”为宗旨,由华图教育集团发起设立、在教育部全国高等学校学生信息咨询与就业指导中心监督之下共同运作的专项公益基金。华图教育将先期投入 1 000 万元人民币,专门用于大学生创业平台建设和项目支持。①

2012 年 6 月 20 日,吉利大学 3 000 万元的创业基金设立,该基金由北京吉利大学、铭泰集团、北京吉利大学校友会共同出资创建,基金投资对象以北京吉利大学学生为主,面向全国各高校的在校生。基金对创业项目实行风险评审,评审委员会的专家对通过并注入资金的项目进行“一对一”指导,并最终将项目孵化成企业。这是我国目前投资额度最大的大学生创业基金,也是我国首家“学校型”创业基金,开创了我国高校办基金的先河。②

## 四、实施大学生创业引领计划

2010 年 5 月,人社部发布《关于实施大学生创业引领计划的通知》(人社部发〔2010〕31 号)。提出要坚持政府促进、社会支持、市场导向、自主创业的基本原则,发挥政府部门、公共服务机构和高等学校的职能作用,调动社会各方面力量,采取一系列鼓励、引导和扶持措施,强化创业意识,提升创业能力,改善创业环境,健全创业服务,引导和带领一大批大学生通过创业实现就业。其工作目标是:在 2010—2012 年间,引领 45 万名大学生实现创业。其中,2010 年不少于 10 万人,2011 年不少于 15 万人,2012 年不少于 20 万人。有创业愿望并具备一定条件的大学生都能得到创业培训,准备创业的大学生都能得到创业指导服务,初步建立起市场导向的大学生创业机制。主要任务是:按规定认定创业培训(实训)机构,选评一批创业培训师和讲师,开展大学生创业培训(实训)。对大学生创业给予注册资金优惠、小额担保贷款、税费减免等政策扶持。建立大学生创业项目库,举办创业项目展示和推介引导活动,为大学生创业提供指导服务。组织一批有社会责任感的企业家和专业人士成立大学生创业导师团、专家志愿团等,建立完善大学生创业导师制度。积极会同有关部门,充分整合政府、企业、高校、社会团体等多方资源,为

① 刘勇.华图教育大学生创业公益基金在京成立[EB/OL]. http://www.htexam.com/a/htjs/2011/0906/109510.html.

② 吉利大学 3 000 万创业基金设立[EB/OL]. http://cy.ncss.org.cn/cyjc/270562.shtml.

大学生创业提供孵化服务。

### 五、各地积极扶持大学生自主创业的政策

辽宁在全省高校中建立创业教育示范校 30 所，由省财政投入创业教育专项资金。同时启动"万名大学生创业培训计划"，对实施大学生创业技能培训的机构予以补贴，并为创业者无偿提供产权和使用权归政府所有的房产、土地。福建开展大学生"十百千万"创业助力计划，在全省建立 10 个毕业生创业培训基地，扶持 100 个毕业生创业项目，为 1 000 名有创业意向的毕业生提供系统的创业辅导，组织 10 000 名毕业生参加创业培训，并设立大学生自主创业担保基金，为异地创业的毕业生申请贷款提供担保服务。上海设立"大学生创业投资接力基金"，首期投入 5 000 万元，该项基金将像"接力棒"一样对优秀大学生创业企业进行扶持，帮助企业快速成长。浙江省政府投入 1 亿元设立大学生科技创新基金，已审核批准大学生创新创业、科技推广等项目 1 192 个，受惠大学生近 5 000 人。杭州市财政拨款设立创业资助资金，大学生创业项目申请无偿资助的金额，从原来的最高 10 万提高到 20 万元，且首期拨付比例从 20%提高到 70%；进入大学生创业园的企业，还将享受所在城区政府提供的两年 50 平方米以内的免费住房，在大学生创业园之外租房创业的，也将得到纳税地财政给予的为期两年的房租补贴。西安市政府下发文件，符合条件的大学生创业申请贷款，额度最高可达 50 万。青岛市财政拨专项资金 1 000 万元，设立"青岛市高校毕业生创业扶持资金"，各区(市)政府根据实际情况设立不低于 100 万元的高校毕业生创业扶持资金；还将拨付 500 万元，逐步构建市、区(市)、高校多位一体的创业孵化体系。各地积极扶持大学生创业政策的制定有落实有效促进了各地大学生创业活动的开展。

## 第三节　引导社会及大学生机会型创业扶持政策不断健全

为优化创业环境，扶持更多创业者进行科技型创业，促进机会型创业比例提高，我国在扶持中小企业发展，鼓励高新技术发展方面出台了一系列优惠政策，这些政策的出台和实施，对大学生机会型创业起到了重要的引导作用。

### 一、促进中小企业发展的政策

科技部、财政部关于印发了《科技型中小企业技术创新基金项目管理暂行办法》的通知，目的是为进一步规范和加强科技型中小企业技术创新基金的管理，支持科技型中小企业的技术创新，提高自主创新能力。创新基金以贷款贴息、无偿资

助和资本金投入的方式支持科技型中小企业的技术创新活动。

为贯彻《中共中央、国务院关于加强技术创新，发展高科技，实现产业化的决定》中“要培育有利于高新技术产业发展的资本市场，逐步建立风险投资机制”的精神，指导、规范风险投资活动，推动风险投资事业的健康发展，促进创业投资企业发展，规范其投资运作，鼓励其投资中小企业特别是中小高新技术企业，2005 年 11 月国家发改委、科技部、财政部等十部委审议通过并下发了《创业投资企业管理暂行办法》(国家发展和改革委员会令第 39 号)，进一步完善创业风险投资的法律保障体系，依法对创业风险投资企业进行备案管理，促进创业风险投资企业规范健康发展。办法明确了创业投资，是指向创业企业进行股权投资，以期所投资创业企业发育成熟或相对成熟后主要通过股权转让获得资本增值收益的投资方式。指出凡遵照本办法规定完成备案程序的创业投资企业，应当接受创业投资企业管理部门的监管，投资运作符合有关规定的可享受政策扶持。创业投资企业可以以有限责任公司、股份有限公司或法律规定的其他企业组织形式设立。创业投资企业实收资本不低于 3 000 万元人民币，或者首期实收资本不低于 1 000 万元人民币且全体投资者承诺在注册后的 5 年内补足不低于 3 000 万元人民币实收资本，创业投资企业可以以全额资产对外投资。其中，对企业的投资，仅限于未上市企业。创业投资企业对单个企业的投资不得超过创业投资企业总资产的 20%。创业投资企业可以事先确定有限的存续期限，但是最短不得短于 7 年。国家与地方政府可以设立创业投资引导基金，通过参股和提供融资担保等方式扶持创业投资企业的设立与发展。创业投资企业可以通过股权上市转让、股权协议转让、被投资企业回购等途径，实现投资退出。

2007 年颁布的《中华人民共和国企业所得税法》对创业投资、税收提供优惠政策，对符合条件的创业投资的中小高新技术企业投资额 70%抵扣应纳税所得额，符合条件的技术转让所得，可以免征、减征企业所得税。

## 二、促进高新技术企业发展

2007 年 7 月，国家财政部、科技部下发《科技型中小企业创业投资引导基金管理暂行办法》。提出设立科技型中小企业创业投资引导基金(以下简称引导基金)专项用于引导创业投资机构向初创期科技型中小企业投资。引导基金的资金来源为中央财政科技型中小企业技术创新基金、从所支持的创业投资机构回收的资金和社会捐赠的资金。引导基金实施项目选择市场化、资金使用公共化、提供服务专业化的原则运作。引导基金的引导方式为阶段参股、跟进投资、风险补助和投资保障。引导基金的支持对象为：在中华人民共和国境内从事创业投资的创业投资企业、创业投资管理企业、具有投资功能的中小企业服务机构(以下统称创业投资机构)，及初创期科技型中小企业。其中，初创期科技型中小企业，是指主要从事高新技术产品研究、开发、生产和服务，成立期限在5年以内的非上市公司。引导基金的参股比例最高不超过创业投资企业实收资本(或出资额)的25%，且不能成为第一大股东。风险补助是指引导基金对已投资于初创期科技型中小企业的创业投资机构予以一定的补助。创业投资机构在完成投资后，可以申请风险补助。引导基金按照最高不超过创业投资机构实际投资额的5%给予风险补助，补助金额最高不超过500万元人民币。风险补助资金用于弥补创业投资的损失。投资保障是指创业投资机构将正在进行高新技术研发、有投资潜力的初创期科技型中小企业确定为"辅导企业"后，引导基金对"辅导企业"给予资助。引导基金可以根据情况，给予"辅导企业"最高不超过200万元人民币的投资后资助。资助资金主要用于补助"辅导企业"高新技术产品产业化的费用支出。

2008年4月14日，科技部、财政部和国家税务总局联合颁布了《高新技术企业认定管理办法》，并颁布了《国家重点支持的高新技术领域》目录，对电子信息技术、生物与新医药技术、新材料技术、高技术服务业等八大类技术领域的创业活动进行税收方面的优惠，引导大学生从事高新技术的机会型创业。

2008年12月，国家税务总局关于印发《企业研究开发费用税前扣除管理办法(试行)》的通知》(国税发[2008]116号)，企业从事《国家重点支持的高新技术领域》和国家发展改革委员会等部门公布的《当前优先发展的高技术产业化重点领域指南(2007年度)》规定项目的研究开发活动，其在一个纳税年度中实际发生的新产品设计费、新工艺规程制定费以及与研发活动直接相关的技术图书资料费、资料翻译费；从事研发活动直接消耗的材料、燃料和动力费用；在职直接从事研发活动人员的工资、薪金、奖金、津贴、补贴；专门用于研发活动的仪器、设备的折旧费或租赁费；专门用于研发活动的软件、专利权、非专利技术等无形资产的摊销费用；专门用于中间试验和产品试制的模具、工艺装备开发及制造费；勘探开发技术的现场试验费；研发成果的论证、评审、验收费用等，允许在计算应纳税所得额时按照规定实行扣除。

2008年2月，财政部、国家税务总局《关于企业所得税若干优惠政策的通知》(财税〔2008〕001号)根据《中华人民共和国企业所得税法》的规定，鼓励软件产业和集成电路产业发展的优惠，鼓励证券投资基金发展的优惠，其他有关行业、企业的优惠，外国投资者从外商投资企业取得利润的优惠。

## 三、创业型城市和创业项目库的建设

为了促进就业，促进经济发展与扩大就业相协调，促进社会和谐稳定，2007年8月，我国颁发了《中华人民共和国就业促进法》，2007年10月党的十七大提出了

“实施扩大就业的发展战略，促进以创业带动就业”的总体部署，2008 年 9 月《国务院办公厅转发人力资源社会保障部等部门关于促进以创业带动就业工作指导意见的通知》（国办发〔2008〕111 号），人力资源和社会保障部决定组织工作基础较好、条件相对成熟的城市开展创业型城市创建工作，广州、长沙、杭州等全国 27 个省区的 85 个城市先后被确定为首批国家级创建创业型城市。创建城市要求做到“三个率先”，即率先突破、率先建树、率先见效，为全国趟出一条成功之路来。很多地方完善创业服务体系，推动全民创业，支持个人、初期创业组织和劳动密集型企业创业；重点扶持高校毕业生、失业人员、返乡农民工、军队退转军人以及其他特殊群体人员创业，使更多的劳动者成为创业者，创造更多就业岗位。创业型城市通过加大税收优惠、市场准入、资金补贴、场地安排、费用减免等政策，不断优化创业环境。

成果转化与机会型创业相结合进入制度化建设阶段。没有任何技术壁垒的创业很容易被人模仿，获取超额利润的周期很短。所以，拥有自主知识产权的产品或服务是大学生从事机会型创业的关键。我国每年产生成千上万的科技成果，但是，从整体上来讲，我国科技成果的转化率仅有 6%～8%，而发达国家达在 50%左右，我国高校科技成果转化也不容乐观，我国高校虽然每年取得的科技成果在 6 000 项至8 000 项之间，但真正实现成果转化与产业化的还不到十分之一。[①] 通过大学生创业来激活“睡眠项目”，不仅有利于高校技术成果的转化，也有利于解决大学生机会型创业选不到成熟项目的难题，更大大降低了创业风险。由于种种原因大学中科技成果并非都适合创业，需要学校对科技成果进行评估、筛选和整理，挑选出适合学生创业的科技成果，建立大学生创业的项目库。鉴于目前一些地区特别是首批国家级创建创业型城市已经建立或正在着手建立创业项目库，人力资源和社会保障部于 2009 年 10 月发布了《关于加强创业项目库建设有关问题的通知》（人社厅发〔2009〕110 号），为落实《国务院办公厅转发人力资源社会保障部等部门关于促进以创业带动就业工作指导意见的通知》（国办发〔2008〕111 号）关于“建立创业项目资源库，形成有效采集和定期发布制度”的工作要求，中国就业促进会创业专业委员会（以下简称创业专业委员会）依托中国就业网站（原中国劳动力市场网站）搭建起全国创业项目索引信息服务平台。这项措施有助于实现各地创业项目库联网查询，进而实现全国创业项目信息共享。创业项目库是各级人力资源社会保障部门公共就业服务系统为城乡劳动者提供创业项目信息服务的重要平台，对于完善本系统的公共服务具有重要作用。当然，即使有了好的创业项目，在创业实践中，也不一定能一帆风顺，夭折的创业故事并不乏见。同时，创业项目的使用应通过知识产权转让或技术入股等，所以，对创业项目进行可行性及效益评估，对

① 吕诺. 三大“瓶颈”梗阻：我国高校科技成果转化率不到 10%[N]. 中国青年报，2005-01-12.

其进行创新性或市场潜力分析，以及明确项目使用中双方的权利义务，并提供导师跟踪服务和创业指导显得尤为重要。

政府部门的创业项目库建设，以准备创业的城乡劳动者为主要服务对象，以展示真实、完整的创业项目为主要内容，以能够方便、快捷地联网并实现分类检索查询创业项目为功能定位，充分利用本系统现有网络平台（人力资源社会保障网、公共就业服务网）和已采集的创业项目信息，更好地发挥服务作用。创业项目库建设，要与创业项目的开发、评估、发布和指导等环节紧密结合。创业项目开发，要坚持社会征集与自主开发相结合。针对自主创业者一般从事微小型创业项目的情况，项目投资额度以不超过 50 万元为宜。要建立专家队伍，做好创业项目的评估、筛选和整理工作。有条件的地区可针对创业项目征集、评估和发布等环节制定相关规定。各地区也可通过购买服务的方式，委托有资质、有实力的社会机构（如创业者协会等）从事创业项目的征集、评估、发布工作。入库的创业项目，要组织专家按照项目审查标准进行严格筛选。要在创业项目库联网基础上，逐步建立创业项目查询和咨询系统，提供创业项目选择方法等服务，负责解答项目使用者提出的有关问题，完善创业指导服务工作。创业项目库建设，以直辖市和首批国家级创建城市为主，并实现网上展示和查询等功能；有条件的省可以建立省级项目库，并搭建全省范围内的网上链接平台。政府部门项目库建设对大学生创业项目的选择提供了更大的空间，也为高校创业项目库建设提供了借鉴。

根据 2009 年 3 月中国证券监督管理委员会《首次公开发行股票并在创业板上市管理办法（征求意见稿）》的规定，创业板上市的发行条件包括：发行人应当是依法设立且持续经营三年以上的股份有限公司。有限责任公司按原账面净资产值折股整体变更为股份有限公司的，持续经营时间可以从有限责任公司成立之日起计算。最近两年连续盈利，最近两年净利润累计不少于 1 000 万元，且持续增长；或者最近一年盈利，且净利润不少于 500 万元，最近一年营业收入不少于 5 000 万元，最近两年营业收入增长率均不低于 30%。发行前净资产不少于 2 000 万元；最近一期末不存在未弥补亏损；发行后股本总额不少于 3 000 万元。为大学生机会型创业风险投资退出通过上市使明确了目标。

## 第四节　完善大学生机会型创业政策的设想

我国国家和地方各级政府虽然出台了一系列政策，促进了创业环境的优化，设立了大学生创业基金，通过贴息体贴款，进行税收优惠，完善风险投资等，解决启动资金的问题，降低运营成本，坚定高校创业者的信心，但是应该看到，我国目前还缺乏系统科学的创业教育理念和体系；创业课程多是引进自国外的教育体系，未针对中国文化、学校特色进行系统的研究和修订；很多大学生创业教育还未列入大学生必修课程，创业课程的内容以知识传授为主，实践环节薄弱。与发达国家相对完备的创业教育、创业服务机制相比，我国的创业服务体系和机构还不健全，我国支持大学生创业的法律、法规体系还很不完善。为引导大学生机会型创业，提出如下设想。

大学生从事机会型创业，其中相当一部分不属于科技项目，根据文件规定，从事个体创业，可以获得每年 8 千元的税收优惠，而个体户性质的创业往往是生存型创业，但对机会型创业，就应有更大的支持力度，目前仅有创业园孵化器的优惠，即房租等方面的优惠，而没有对机会型创业者税收优惠，这显然不利于更多大学生从事机会型创业。当然机会型创业性质的判别是一个问题，但可以从其创业的项目来分析，其科技含量往往可以反映出其创业的性质。不妨制定机会型创业的认定办法，通过对项目的知识产权、基于知识产权的产值、就业岗位等来判别，但无论如何应有一个支持机会型创业的政策。而且，机会型创业较生存型创业有更大的风险、更高的门槛、更多的税收贡献等，所以，在颁布大学生生存型创业优惠政策的同时，建议政府有关部门尽快出台含有鼓励大学生机会型创业的优惠和扶持政策，让更多的学生利用所学专业从事机会型创业。大学生机会型创业对带动就业、扩大出口、增加税收等具有重要意义，建议对大学生机会型创业实行三年免征的税收政策，并研究制定促进产学研结合的税收政策，完善促进高新技术企业发展的税收政策。推进对高新技术企业实行增值税转型改革，继续完善鼓励高新技术产品出口的税收政策，完善高新技术企业计税工资所得税前扣除政策。

我国高校有很多科技成果沉睡着，没有转化的压力，当然很多科技成果属于基础研究，但作为应用研究的科研成果，其技术的成熟度还不够，还需要高校就此课题继续进行研究，而大学生利用不成熟的科研成果创业是难以进行的，这就要求高校制定相应的规章制度，引导可以用于转化为现实产品的科技成果向着更为成熟的方向深入研究。目前，我国高校重视纵向科研项目，不注重横向科研项目，攀比国家自然科学基金、国家“863”、国家“973”项目的数量、科研经费的多少等，但在项目的转化方面并没有提到应有的高度。虽然人力资源和社会保障部于 2009 年 10 月发布了《关于加强创业项目库建设有关问题的通知》(人社厅发〔2009〕110 号)，对创业型城市创业项目库的建设提出要求，但对高校创业没有提出创业项目库建设的要求，建议相关部门对高校创业项目库建设进行规范并提出指导性意见，促进高校提高科技成果的成熟度，这对完善高校创业服务体系，提高创业的成功率和科技成果的转化率会有很大帮助。

在创业资助方面，近年来我国对创新资助的规定有科技部、财政部关于印发《科技型中小企业技术创新基金项目管理暂行办法》的通知，其资助是针对创新而不是创业，虽然一些地方政府或高校设立了大学生创业基金，但在国家层面并没有设立创业基金。其实，创业所需资金各不不同，项目技术成熟度不一，其市场成熟度也不同，所以，创业应作为一个系统工程通过项目评审，建议国家设立创业基金，类似于创新基金项目，通过建立健全创业项目申请和评审机制，使高校涌现出更多的创业项目，通过申请和使用创业基金，培育出更多的大学生机会型创业的企业。创业是一个复杂的过程，对于创业项目关键在种子期与导入期，因此，创业项目评审的关键应看其能否顺利渡过种子期和导入期，如果把一个创业项目视作一个个体户给予 10 万的资助，难以实现通过项目培养大学生创业能力和创业活动的初衷。建议相关部门建立科学合理的创业项目评审制度。

另外，建议制定大学生创业法。目前我国支持大学生创业的法律、法规体系还很不完善，这些优惠政策力度还不够、限定条件多、可操作性也不强。建议国家尽快制定《创业法》或《大学生创业法》，对大学生创业给予宏观的指导，相应地出台一系列涉及工商、税务、卫生、科技、劳动、人事、教育鼓励大学生创业的法律、法规，落实和完善《中小企业促进法》，在法律和制度上为大学生创业提供保障，构建大学生创业的政策支持体系。完善风险投资管理办法。风险投资是大学生创业融资的重要渠道，目前，我国风险投资机制还很不发达，缺乏针对大学生创业的风险投资基金，建议鼓励有关部门和地方政府设立创业风险投资引导基金，引导社会资金流向创业风险投资企业，引导创业风险投资企业投资处于种子期和起步期的创业企业。在法律法规和有关监管规定许可的前提下，支持保险公司投资创业风险投资企业。

# 第八章 大学生机会型创业的服务体系

建立大学生创业服务体系是提高大学生创业率和创业成功率的重要举措。大学生创业是一个复杂的过程，需要有创业意识、创业精神和创业能力，需要在创业过程中不断探索，果断决策，化险为夷。为使更多大学生进行机会型创业，更多的学生在创业中取得成功，必须围绕创业的全过程建立起系统性的服务体系。经过多年的发展，我国创业服务体系正逐步建立和完善，涉及大学生自身素养的培养、创业导师的培养、创业项目的选择以及创业项目的孵化等。根据大学生的创业实际，有针对性地建立服务系统尤其重要。

## 第一节 对大学生创业的调查

了解和掌握大学生对创业的认识、需求，对有效开展创业教育，构建大学生创业服务体系具有重要意义，笔者在对大学生创业的问卷调查基础上，通过对创业调查结果进行分析，提出普通高校建立大学生创业服务体系的措施。

### 一、大学生创业的问卷调查

为了解学生的创业意识，更好地开展创业教育，2001 年 12 月和 2011 年 10 月，笔者对某工科院校近 200 名大学生和一综合性大学的部分学生进行了问卷调查。2001 年的调查主要涉及学生对学校开展创业活动的要求、创业的目的、创业时机、创业人员组成等几个方面。结果显示，81％的学生认为学校应支持大学生的创业活动，仅 1.8％的学生认为学校不应支持大学生的创业活动；有 92％的学生认为大学应开展创业教育，0.6％的学生认为大学生不需要开展创业教育；88％的学生认为大学生创业的目的在于施展自己所长，检验自己的能力，1.8％的学生认为大学生创业就是打工挣钱；关于大学生创业的最佳时期，50.3％的学生认为大学期间只要产品及条件成熟即可，44.9％的学生认为是大学三、四年级，4.2％的学生认为是工作以后；创业成功的标志，77.5％的学生认为是企业能正常运营并取得利润，4.1％的学生认为是取得风险投资基金，6.5％的学生认为成立了自己的公司；关于开展创业教育的目的，48%的认为是使学生树立创业意识，39.8%的学生认为是使大学生具有创业的基本技能，12.2%的认为是鼓励大学生积极创业；对大学生创业成功率的估计，77.5%的学生认为成功率不高，22.5%的认为成功率极低；对大学生创业失败的看法，66.3%的学生认为是正常的，32.0%的学生认为大学生创业的条件尚未成熟；关于大学生创业的组成人员，80.5%的学生认为是二至三人，5.3%的学生认为一人即可，14.2%的学生认为三人以上的集体创业。

为了解学生家长和社会对大学生创业的认识，中国经济景气监测中心在2000年曾对北京、上海、广州三大城市900余位城市居民进行问卷调查，调查主要涉及创业对大学生的利弊两方面。结果显示，40.8%的人认为，学生创业的最大好处在于提高学生的能力，31.6%的人认为在于增长学生经验，19%的人认为可以推动学生学以致用。对于学生创业的弊端，46.4%的人认为参与创业的学生眼高手低，21.8%的人认为学生们盲目乐观，有67.5%的人担忧学生们虽然掌握了一定的书本知识，但终究缺乏必要的实践能力和经营管理经验，另外，还有28.9%的人担心创业影响学生们的学业。调查中，有70.3%的人对参与创业的学生持赞赏态度，36.5%的人认为对大学生创业应持顺其自然的态度①。

2011年我们再次对大学生创业进行了调查，主要采用分层抽样问卷调查法，样本主要选取本科全日制在校大学生(含独立学院)，调查采用随机抽样方式，在调查过程中，实际发放问卷397份，回收有效问卷397份，有效问卷回收率为100%。调查对象中，一年级100人，二年级97人，三年级99人，四年级97人，五年级4人，比例分别为25.1%、24.4%、24.9%、24.4%、1%，其中男生209人，女生188人，比例分别为52.7%和47.3%。

通过调查分析存在的问题：一是大多数学生对创业认识不足。通过调查，15%左右的学生对创业比较感兴趣，其他学生认为创业是属于校园精英的专利，创业是很难成功的。调查的学生中75%左右的人对创业没有正确的认识，更多地认为创业就是做买卖。二是学校创业教育体系不健全。95%左右的学生认为学校几乎没有利用科技成果进行创业的教育。另外，创业选修课程针对性不强，实施效果欠佳。没有针对不同年级进行的分层次的课程体系安排，也没有结合不同专业的创业教学内容变化。三是学生创业准备不足。学生一般都是自己掌握了所在专业的某些技能后，觉得可以创业了然后就去创业，并没有完全将整个创业过程考虑清楚。学生大多选择自己的同学尤其是同年级同班的人合伙创业。50%的人打算毕业后3～5年开始创业。60%的人不清楚国家的创业政策。绝大多数人都希望国家能出台更多扶持大学生创业的政策。

① 曹茜.过半数居民认为：学生创业眼高手低[N].中国青年报，2000-11-27.

通过以上调查还可以看出，大学生对创业的理解与社会对大学生创业的认识在很多方面具有一致性。尽管绝大多数学生知道大学生创业的成功率不高，并认为大学生创业的失败应属于正常，但还是认为学校应支持大学生创业，大学应开展创业教育，开展创业教育的目的是为了使大学生具有创业的基本技能、树立创业意识，这一点与大多数社会市民对参与创业的学生持赞赏的态度基本一致。41.4%的学生认为创业最缺的是资金，33.7%的学生认为是缺乏创业的知识，22.6%的学生认为缺少自己开发的新产品。可见，学生对创业知识、创业资金及相关政策的渴望，这与社会调查中的大多数人担心学生们虽然掌握了一定的书本知识，但缺乏必要的实践能力和经营管理经验结果一致。绝大部分学生对创业的基本理解是施展自己的才华，检验自己的能力，与社会上市民的调查结果认为学生创业的最大好处在于提高学生的能力是一致的。

## 二、对创业调查结果的分析

创业调查反映出大学生对创业的认识和需求，这对有针对性地开展创业教育、优化创业环境、出台创业扶持政策、建立创业服务平台等具有现实意义。

### 1. 创业需要一个宽松的环境

创业的环境指社会、学校、家长对大学生创业所营造的环境。绝大部分学生要求学校开展创业教育，支持大学生的创业活动。开展创业活动最缺的是资金等，这是学生对创业环境的要求。如果，大学生创业缺乏相应的政策体系，那么学生的创业之路将难以迈出第一步。例如，我国风险投资体制正在逐步建立，天使投资人和风险投资商的工作是发掘那些有潜在商业价值的创业计划，组织团队将其完善并付诸实施，大学生有很多好的想法，但在资金和管理上还要扶一把。另一方面，天使投资人和风险投资商最看重的并不是项目和经验，而是创业者的热情和韧性。国际风险投资界有句话：二流的人才做一流的项目，不会有一流的结果。所以，为营造一个宽松的环境，国家要建立相应的政策，社会要提供良好的创业环境，学校应开展创业教育，培养学生的创业意识、创业能力和创业精神。如组织学生开展创业计划大赛，设立创业中心供学生"孵化"等。

### 2. 大学生创业的心理日趋成熟

绝大多数学生认为大学开展创业教育的目的是使大学生具有创业的基本技能和树立创业意识，只有少数学生认为创业教育的目的是鼓励大学生积极创业，由此可以看出大学生对创业教育的认识与理解主要是为了掌握创业的基本技能，树立创业意识，而不是立即去创业。一旦条件成熟，即使大学还没有毕业，也应抓住机会及时创业。自 1998 年第一届大学生创业计划竞赛在我国开展以来，最初几次创业活动表现出大学生创业的激情和勇敢精神，同时也暴露出浮躁、过于自信和脆弱、不成熟的心理。目前很多高校开展了创业教育，举办了形式多样的创业活动。所有这些，使在校大学生的创业心理日趋成熟。表现在：很多大学生看到创业的成功率很低，因为创业需付出艰苦的劳动，冒较大的风险，认识到这一点，就会少一份浮躁，多一份积累。看到大学生创业的失败是正常的，对创业中的挫折和失败有足够的心理准备，不至于使大学生在创业中一旦失败就感到茫然，甚至沮丧消沉。

3. 大学生创业需要学校的支持

从大学生对学校的要求看，大多数学生一方面希望学校开展创业教育，另一方面要求学校应支持大学生的创业活动。因为他们看到创业对他们来说是一种学习，是一种向社会实践学习，更是一种机会，机会成本意识增强，珍惜机会，想通过创业来施展自身的才华，检验自己的能力。由于大学生的创业成功率很低，一些高校认为学校应把工作重心放在教学上，学生要珍惜大学的美好时光，集中精力学习，而不应该去创业。因此，一些大学，如湖北大学科技创业风险基金管理公司作出规定，在校大学生将不再是大学生创业风险基金的投资对象，把投资对象限定为具有一定科研工作能力的大学毕业生。① 一些人认为大学生休学创业易使学生流于盲目冲动②，大学生创业是知识、能力和素质的有机结合，光有扎实的基础知识和动手能力还不够，还得有将产品推向市场的勇气和魄力、必要的商业运作经验、管理能力和人际关系等综合素质。因此，对申请休学创业学生的审核应遵循从严从紧的原则。学校在开展创新和创业教育的同时，对学生的创业行为如何看待，将直接影响学生的创业活动，决定创业教育的效果。

4. 大学生创业要有团队

通过这次调查也可发现，绝大多数学生认为创业要有二至三个核心人物，认识到创业需要各方面人才的搭配组合。如工科学生在财务、文案等方面存在不足，而创业成立一个公司，能正常运行，要参与市场竞争应是全方位的，公司的智力资源应能有效地应对外来压力。学生创业成功不仅仅在于产品，更重要的是创办企业的人员，一个人的知识面是有限的，在创办初期，所有的策划需要几个人取长补短、相互激励，创业需要各方面人才的搭配组合。

5. 对创办企业的认识在加深

从本次调查的结果看，绝大多数学生认为创业成功的标志是企业能正常运营并取得利润，只有少数学生认为是成立公司和取得风险投资。过去曾有一些大学生创业成立公司后保留一个名称，实际工作都由一些社会公司一手操办，这不能算完整意义上的大学生创业。实际上决定创业能否取得最终成功的关键是创业者能

---

① 刘畅，袁梦德. 大学生创业的遭遇及反思（上）——创业公司为什么“停摆”[N]. 中国青年报，2000-08-14.

② 陈霈雯. 大学生创业背后的思考[J]. 佛山科学技术学校学报(社会科学版)，2000.

否有效进行商业运作和管理。可见，大学生对创业不仅仅强调过程，即创业计划书的撰写、公司的创办、资金的取得，更主要的是使创办的企业能正常运行并取得利润，能被市场所接受，经受住市场的考验，取得发展，这才是创业的成功。

6. 理工科大学生创业主要靠科技成果

大学生创业的优势是知识，是能成功推向市场，具有市场潜力，并能被消费者所接受的新产品。只有具有市场潜力，技术含量高的产品才能取得创业成功的第一步。绝大多数学生把拥有好的产品及条件成熟作为创业的最佳时期，可以看出，工科院校的学生更注重新产品的开发，注重自身创新能力的提高，认识到创新成果对自身创业的关键性作用。他们渴望学校开展创新教育、创业教育，掌握发明创造的基本原理、基本技法，学会创造性思维的基本理论。

通过调查我们发现，有少部分学生对创业缺乏正确的认识，主要表现在：一是对创业存在很大的盲目性，认为创业就是创办公司，甚至认为创业就是上学期间打工挣钱，误将勤工助学等同于创业。二是相当多的学生认为创业最缺的是资金，似乎有了资金就能创业，这实际上把创业理解为投资办企业，而忽视了大学生创业最具竞争力的是知识，依托的是有高新技术的产品或全新的服务；将大学生的创业与中等职业学校的创业等同起来。这与普通工科院校缺少创新教育，学生的创造能力、创新意识不强有关。三是有少数学生认为如果时间宽裕，大学应开展创业教育，置创业教育于可有可无的地位，没有认识到创业教育对自身发展的重要性。

所以，目前我国大学生创业还存在大学生对创业认识不足，缺乏创业知识和心理素质；高校对创业存在攀比和一阵风的倾向，缺乏科学的创业评价体系；国家还需制订相应的创业优惠政策。

## 第二节　开展创业教育服务大学生创业

大学生创业知识的掌握，创业能力的培养和创业精神的形成等，都需要高校有效开展创业教育，创业教育是高校培养创业人才，服务大学生创业的基础。

### 一、开展创业教育是大学生理性创业的前提

创业教育是开展和提高大学生创业基本素质、培养具有开创型个性和创业精神的教育，创业教育包括创业意识、创业精神、创业品质、创业能力培养等方面。创业包括社会价值和个人价值两个层面。社会价值的创业满足了发展生产力的需要，通过为社会提供新的产品或服务而为社会增添财富和工作岗位，个人价值的创业不但使个人求职谋生，得到精神、物质财富的回报，也为其创新、创造施展才华提供了广阔天地。

创业教育首先是一个理念问题，它将使教育观念和教育思想发生转变。一方面，它将要求高校在人才培养目标上发生变化，使高校教育目标不再是使学生成为知识的继承者，而更应该是使学生成为知识和财富的创造者。另一方面，正因为创业教育首先是一个理念问题，所以开展创业教育并不是简单或片面地开设几门课程，它将贯穿于教育活动的全过程，而教学方法、教学内容等改革则是创业教育这个理念的具体体现。在教学方法上采用启发式、体验式教学，培养学生的发散性思维。为取得创业的成功，创业者必须不断学习，不断创新，树立终身学习思想，将学历教育与学力教育有机结合，实行学分制，弹性学制，允许学生休学创业；在课程设置和教学内容上，应拓宽学生知识面，构建符合创业者要求的知识结构；加强实验，实习环节，包括社会调查实践等工作，增加设计型、综合型、开放型的实验基地，培养学生的动手能力。

所以，创业教育的实施，可有效改变创业的“临时抱佛脚”现象。消除我国大学生创业中所表现出的浮躁、盲目、脆弱、草率等心态。创业教育，只有把创业人才的培养纳入教育活动，才能在教育活动的评价体系中构建创业教育评价体系并完善创业活动的评价体系。

创新是创业的基础和孵化器。开展创新教育，使学生掌握创造性思维科学，熟练掌握创造原理和技法。创新教育开发学生的创造潜能，有利于创造成果的形成，有利于提高受教育者的创造能力，也有利于学生将发明创造及时申请专利，并将之推向市场，使创造、创新和创业融为一体。很多学校通过创新教育取得了宝贵的经验。大连理工大学为了有效实施创新教育，创建了大学生创新教育实践基地，使学生在创新，动手实践工作态度，与他人合作，自学和管理能力等方面与非基地的学生相比，都呈现出明显的优势。①

加强创业教育的系统研究，丰富创业教育理论。大学生创业是时代发展的产物，也是高校教育社会服务功能的体现。知识经济社会中高校从社会经济的边缘进入中心地位，很重要的标志是开展大学生的创业教育。创业教育是学生学会生存，学会发展，学会协作，学会学习的教育。但人们对创新与创业的关系，创业与经济发展，产业结构调整，创业的风险预测，创业的政策与环境等研究还十分肤浅。为使创新创业教育步入科学发展的轨道，必须加强创业教育的系统研究。

## 二、加强实践教学，培养创新创业能力

较强的实践能力是创新创业者必备的基本素质。大学生创业成为“知本家”，关键是靠自己的知识优势，仅有书本知识，缺乏实践能力，就不会有创新，不能去创

① 李嘉曾，吴守一. 创造教育的本质与类型探讨[J]. 煤炭高等教育，1995(4).

新。科技创新成果来源于理论与实践的结合。通过实践不仅巩固了所学的知识，而且也锻炼了运用知识分析、解决问题的能力，培养了创新思维、创新能力，激发创新的激情，同时也提高了学生的交际能力、学习能力、创新创业能力。对此，很多高校做了有益的尝试，取得了很多宝贵的经验。

如国防科技大学注重学生的早期科学研究训练。学生的毕业设计绝大部分来源于教学研究和科研课题，学校设立了“创新基金”，实施“本科生科技创新计划”。开放部分公共和科研实验室，面向全体本科生设计了一些“科技训练项目”，吸引本科生参加。学生也可以自主设计并申报“创新研究项目”，经学校组织专家评审通过后，给予相应的经费支持和条件保障①。清华大学的学生课外科技活动一直蓬勃开展，如数学建模竞赛、计算机知识技能大奖赛、结构设计大奖赛、机械创新设计大奖赛、电子创新设计大奖赛等系列创新设计竞赛，以及每年以“挑战杯”命名的科技活动都吸引着大批学生参加。对创新设计大赛中取得的优秀成果，可以列入大学生研究训练计划（SRT 计划），完成 SRT 计划的学生可以获得相应的学分和成绩。SRT 计划的实施，使本科生有机会及早参与科研训练，及早了解工业界，了解社会实际，同时也提高了自身创业的能力，调动学生创造、创新、创业激情。

创新环境是一种宽松、民主、自由、开放、进取的环境。体现在教学管理上变硬性管理为弹性管理，充分利用学分制的优势，建立更加完善的选课制、主辅修制、导师制等，控制必修课的比例，增加选课制，扩大学生学习的自主权和主动权。创业是一种个性非常明显的活动，只有充分调动学生的自主性和主动性才能使创业人才健康成长。为此，高校应开展各种校园创新活动，形成一种浓郁的创新氛围，激发学生的创造激情。创新基地的建设，为学生的创新提供了硬件支撑。知识创新和技术创新很重要的一个前提是理念创新和运作机制创新，这二者在当代大学生创业活动中得到综合体现。创新环境的优化利于创业人才脱颖而出。

## 第三节　大学生机会型创业导师队伍建设

创业是一种要付出资金和心血的冒险实践，创业面临着同行对手的竞争、行业进入门槛的突破和资源不足的考验。面对复杂多变的市场，创业者需要丰富的处理各种复杂问题的经验，无论在机会识别、机会开发、项目选择、项目开发，还是在资源整合和进入市场的过程中，都会碰到各种复杂问题，面对大学生创业先天不足，由经验丰富、实践能力强、乐于付出的创业导师指导、引导和帮助是助推大学生成功创业的重要保障。通过知名企业家、资深投资人、行业专家等，以其丰富的知

① 谭曙明，阳仁宇. 实施创新教育　培养创新人才[J]. 高等工程教育研究，2000(4).

识和经验来辅导、带动创业者，是帮助更多创业者成功创业的重要举措。

## 一、创业导师的特质

在英语中，“导师”一词是“tutor”，即“学院或大学里特别是仅教一个学生或极少数学生的教师”。① 按《汉语词典》的解释，“导师是学习或科研的指导教师”。可见，导师的导是指导、辅导、引导，导师具有老师的基本特征，“师者，所以传道授业解惑也”。但导师一般比老师在更广范围、更高层面、更深内容、更具针对性地传道授业解惑。导师以自身的知识、经验、能力和智慧为人们传授难以通过自学而得的知识和经验，引导人们不重蹈前人的覆辙，破解前进途中的难题，走向成功。

为帮助社会创业者创业，提高其创业的成功率，2007 年 12 月科技部火炬中心、全国工商联经济部、全国学联办公室和中国技术创业协会联合发起了“中国火炬创业导师行动”。该行动明确了创业导师的主要工作有五个方面：一是以一对一、一对二方式对创业者进行创业辅导；二是对孵化器创业联络员或咨询师等实行培训；三是对孵化器决策层进行辅导培训；四是对聚集的共性创业智慧和经验进行整理和传播；五是对科技创业环境建设和政府政策导向提出建议和意见。由创业导师的工作职责可以看出，创业导师是社会创业服务体系中的中坚力量，他们不仅要对创业者进行一对一、一对二辅导，帮助创业者一步一步走向成功，同时也需对孵化器中的创业联络员或咨询师等实行培训，对决策层进行咨询辅导；不仅要整理和传播创业共性的经验，还要对科技创业环境建设和政府政策导向提出建议。

创业导师充当的多种角色对其能力、素质、经历等提出很高的要求。在火炬创业导师行动框架设计中，创业导师遴选对象为“一是成功的技术创业企业家，二是创业风险投资和金融方面的专家，三是市场营销管理方面的专家，四是科技管理领域与大学、科研院所具有丰富实践工作经验的专家和研究者”。② 据悉，由陈天桥、张亚勤、李国杰、施正荣等 39 名知名企业家和专家成为首批火炬创业导师，深受创业者们的欢迎。

综上所述，创业导师与创业老师的区别在于：创业老师是创业知识的传播者，主要职责是培养学生的创业知识、创业能力和创业精神，创业导师是引导创业者走向成功的引路人，是在大学生创业过程中的指导者；创业老师着重于创业前的教育，创业导师着力于创业中的帮助；创业老师一般是一对多地班级教学，创业导师是一对一、一对二地辅导；创业老师一般由管理学、投资学、会计学、市场营销等专业教师组成，通过课堂教学，班级授课，培养学生创业方面的理论知识，而创业导师

① 德·朗特里. 西方教育词典[M]. 陈建平，等译. 上海：上海译文出版社，1988:363.

② 陈建辉. 中国火炬创业导师行动启动[N]. 经济日报，2007-12-26.

由成功企业家和具有丰富创业实践的专家担任，他们是成功的创业者，以他们的知识、成功的经验以及失败的教训通过单个指导、会诊指导、授课指导、陪伴指导、咨询指导等形式指导和帮助大学生提高创业实践能力，积累企业管理经验，减少学校教育与社会现实之间的差距，让创业企业尽量少走弯路，尽量少浪费时间。

## 二、创业导师是引导大学生成功进行机会型创业的关键

虽然从事机会型创业是大学生创业的理想选择，但与生存型创业相比，机会型创业需要有更高的起点、更丰富的资源，对创业者有更高的素质要求等，尤其是经验缺乏是影响大学生机会型创业能否成功的重要因素。大学生虽然学习了不少书本知识，但未曾涉足市场，缺乏开拓市场和分析市场的能力；对自身创业所属行业缺乏深度审视，对竞争同行和目标客户的消费能力缺乏理性了解；对于潜在的各种风险、创业过程中可能出现的问题和各种不可控因素，难以辩证、冷静、全面、客观地分析和看待；没有在实际工作中操作，缺少灵活处理生产实际中各种问题的能力，不能根据市场变化及时调整市场战略，很容易被市场无情地淘汰。因此，创业导师的帮扶是促使大学生新创企业扬长避短、顺利起步的关键。

### 1. 创业导师是帮助大学生正确选择项目的重要参谋

项目是大学生创业的基础、前提和首要条件。可现实中，大学生在校期间很少有成熟的具有市场前景好的科技成果，很多大学生想创业却无项目，而高校教师每年都会承担很多的科研项目，产生大量科技成果，但科技成果转化率低一直是困扰高校科研工作可持续发展的难题，很多科技成果被束之高阁。由大学生创业来激活“睡眠项目”，是提高科技成果转化率的有效途径，而现实中大学生利用高校科技成果进行创业的成功率并不理想。因此，从大量的科研项目中选择项目成熟度高、市场前景好、投入所需资源门槛低的项目，成为促进大学科技成果转化，提高大学生机会型创业成功率的重要工作。

创业导师经历了艰辛创业而走向成功，具有在市场中驰骋打拼的丰富经验；他们熟悉国家的产业政策，能准确把握市场需求及市场发展趋势，了解行业发展特点及行业产业链发展情况，精通市场开发的过程，对创业项目是否具有市场前景，能否有效转化等具有较强的评判能力。大学生利用高校科技成果进行创业，必须对科技成果的技术可靠性、成熟度和市场前景等有正确的评价，将科技成果折价作股，将创业活动建立在高的技术壁垒之上。而大学生对项目的综合判断能力很低，创业导师可以凭借其创业经验，对科技成果进行评价、筛选和整理，并根据学生的专业特长及个性特点，挑选出适合学生创业的科研项目。

### 2. 创业导师是帮助大学生成功进行项目培育的中坚力量

创业是一项实践性很强的活动，特别是利用高校科技成果进行机会型创业，更

是一个极具挑战的创业活动。在选定创业项目后，一些好的项目还需试产，试产的目的是在生产出样品的基础上，对其性能进一步完善，结构进一步优化等。大学生创业所利用的高校科技成果往往存在技术不成熟，或重复效果较差，工艺不成熟等不足。创业项目的培育是对科研成果进行进一步的研究和开发，将科研成果转化为性能完善、质量可靠、重复性好的产品、材料或装置。对项目的培育活动往往在孵化器中进行。目前，很多高校已建起大学生创业园或科技企业孵化器，科技企业孵化器设立的宗旨和目的就是使科技创业者在特定的地点和环境下，培育创业项目。创业导师是科技企业孵化中的一支中坚力量，通过创业导师的指导和帮助，创业团队在对产品性能与市场实际需求作前瞻性分析的基础上，不断完善产品的性能和工艺，使产品的性能更适应市场需要、更优于同行竞争对手，巩固和放大竞争优势，提高认识社会和适应社会的技能，使其拥有的科技成果能够更好更快地转化为商品，也使大学生由技术人员逐步成为科技企业家。

大学生利用高校科技成果进行机会型创业，项目的培育过程也是一个探索的行为，需要研发资金、研发场地、研发设备和研发人员，需要得到政府、学校和社会各界的支持。创业导师一方面可以帮助大学生整合资源，顺利进行项目的培育，另一方面可以利用中央和地方的政策帮助大学生获取更多的政策优惠和更多的资源，扶持大学生完成项目的培育。

3. 创业导师是帮助大学生将创业成果成功推向市场的关键人物

高校科技成果转化的突破口是根据科技成果找到目标市场，提供给目标客户，实现产品的潜在价值，这种转化由高校教师进行显然有点力不从心。当产品进入市场的导入期，为赢得客户，占领市场，必然会引起竞争对手关注，竞争对手为保住原有的市场份额，保持市场销量，守住生存空间，必然对新入市的企业进行比拼，拼价格、比渠道、比促销等，因此，导入期又是引发竞争对手，开展市场竞争的拼搏期。为把新产品推向市场并使消费者接受，产品导入市场应根据新产品的特点和不同消费者的心理需要，以及消费者接受新产品的一般规律，有效运用市场营销组合，通过分析并激发客户的需求，将产品的性能有效传递给目标客户。创业导师往往是行业的专家，对行业发展有深刻的理解，并有广泛的人脉资源，他们会把自身的市场资源提供给学生，帮助学生进行波特五力分析，采取有效的竞争策略，形成市场竞争的优势，将产品推向市场。

可见，产品进入市场会面临产品有效推向市场和竞争对手打压的双重风险，创业导师会对学生在市场开拓、社会关系等方面给予帮助，有效弥补大学生市场开拓中的经验不足，帮助学生进行竞争分析，放大竞争优势，因此，大学生创业无论市场竞争，还是市场的开发，创业导师的帮助和指导都是重要的支撑。

4. 创业导师是大学生创业天使投资重要组成部分

天使投资资金和天使投资者的经验是初创企业不可多得的资源。大学生机会型创业最缺的就是大批有经验、有资金、能够在大学生创业初期阶段扶他们一把的“天使投资人”,来有效启动创业项目。创业导师作为成功的企业家或风险投资者,拥有较为充足的财力和丰富的理财经验,有能力进行天使投资。同时,创业导师了解创业项目,了解创业项目的市场前景,对大学生创业进行天使投资具有独特的优势。创业导师充当天使投资者还可以使创业导师的利益与创业者利益有机结合,对促进高校科技成果转化,引导大学生机会型创业,促进产业升级和经济转型将起到激励和促进作用。

## 第四节　大学生机会型创业项目库的建设

创业项目库是展示创业项目的窗口,是创业者了解和选择创业项目的信息平台,是帮助创业者启动创业活动的起搏器。为创业者提供更多创业机会和创业选择,帮助创业者了解市场,规避风险,提高创业成功率,建设创业项目库,搭建创业者和创业项目的对接平台,成为建设创业型城市的重要工作。自 2009 年我国创业型城市建设以来,社会创业项目库建设取得很大进展。高校在建设大学生创业服务体系过程中,加强了大学生的创业教育,建立起大学生创业园,设立起大学生创业基金等,但大学生创业项目库建设基本处于启蒙甚至还是空白阶段。大学作为地方经济发展的引擎、创业人才培养的摇篮。为引领地方经济的发展,提高大学科技成果的转化率,促进大学生机会型创业,建立大学生机会型创业项目库是一项重要工作。

### 一、创业项目库的特征

项目是大学生创业的基础、前提和首要条件。大学生创业行为的启动、创业热情的激发等,没有项目将无从着手。尤其是对于创业起点高、造就岗位多、市场空间大的机会型创业,项目成为机会识别、集聚资源、机会开发和创业成功的基石。好的项目是成功的一半,为创业者征集并汇集更多的具有市场前景的创业项目,构建创业项目信息服务平台——创业项目库,将众多项目有效提供给创业者选择,对引导和帮助更多的大学生创业具有重要意义。为形成有效的创业项目推介和开发机制,更好地建设创业型城市,2009 年 10 月人力资源和社会保障部下发了《关于加强创业项目库建设有关问题的通知》,明确提出创业项目库是各级人力资源社会保障部门为城乡劳动者提供创业项目信息服务的重要窗口,对于完善公共就业服务系统具有重要作用。借鉴社会创业项目库建设经验,对大学创业项目库建设具有重要意义。从社会现行项目库的结构、要素和功能来看,创业项目库呈现以下特点:

创业项目库是一个由创业项目组成的数据库。创业项目库的主要功能是向创业者提供众多的可以用来创业的项目，犹如能够开花结果的种子库。一般创业型城市对创业项目都会提出明确要求，如 2010 年《黑龙江省创业项目库建设方案》提出，“项目要符合国家政策和投资方向，符合国家产业政策、节能减排等政策，符合产业发展规划和布局，有较大的市场需求，具有投资少、见效快、风险小、收益稳定等特点，优先鼓励新兴产业项目、专利技术项目进入项目库”。因此，创业项目库的项目应是具有市场前景、技术成熟、生产工艺成熟，能给创业者带来经济效益的项目。我国创业型城市已建立的社会创业项目库中的项目主要涉及自主经营、连锁加盟、品牌代理、投资合作、专利技术转让合作、项目开发、创新产品开发等七个方面，这些项目一般符合国家产业政策，具有可行性和一定的商业价值和市场前景，并以投资少（投资额度不超过 50 万）、规模小、适合本土投资及创业人员选择创业的中小型创业项目为主。

创业项目库是一个创业信息收集与发布系统。创业项目库中的项目来源于对社会的广泛征集。社会劳动部门为建立项目库，通过多种渠道开展了项目征集工作，要求项目持有人填写创业项目申请表、营业执照、行业许可证、专利证书及相关资料等，以保证项目的真实性和以项目进行创业的可行性。社会之所以存在大量可用于创业的具有市场前景的项目，主要由于很多企业在发展过程中为扩大规模，采用连锁发展战略，希望吸引更多的企业连锁加盟；一些从事外贸的企业，为取得和完成外贸订单，进一步拓展外贸业务，希望发展更多的生产型企业；一些生产型企业在发展中，希望产业链得到更大的延伸，需要发展更多原材料或零配件的生产供应企业和产品的销售企业；一些研究成果，发明者申请专利后，没有精力从事专利产品的生产和销售活动，希望有创业者或企业接受成果进行转化等。所以，通过创业信息的收集，就可以集聚社会更多有待开发的产品、更多具有市场前景的项目，发布并提供给广大有志于创业的创业者，供创业者自由选择，使创业者及时了解到、选择到自己所需的创业项目。

创业项目库是一个创业信息提供与交易的平台。创业项目库一般由项目检索表和项目详表构成，其中项目检索表由项目编号、项目名称、发布时间、联系人姓名、联系电话等构成；项目详表由项目编号、项目名称、所属行业、投资额度、发布时间、项目提供方信息、项目简介、经营模式等构成。通过创业项目库就可得到创业项目提供者的信息，如：对连锁加盟的项目涉及加盟条件、加盟费用等，创业者可透过创业项目库所提供的联系人信息，直接洽谈创业事宜；对专利技术，创业者可通过联系人姓名、联系电话，了解专利实施情况，转让费用等。可见，创业项目库起到创业项目合作与交易平台的作用，这种交易平台不仅促进了创业项目的推广，也帮助了创业者的创业。由于创业项目提供者在收取项目许可或转让费，把项目提供给创业者时，往往与创业者的利益捆在一起，利益的相关性促使项目提供者给创业者提供必要的帮助，如：连锁发展的企业对加盟单位会进行全方位的指导，帮助加盟者创业，企业会指导原材料供应商或产品销售者创业；发明者会帮助创业者进行产品转化等，这在一定意义上降低了创业者创业的风险。

## 二、大学创业项目库建设势在必行

高校每年都会承担很多科研项目，产生大量科技成果，其中不乏市场前景好，适合大学生创业的项目；大学生在学校里学到了很多理论知识，用知识和智力换资本是大学生进行创业的优势。因此，选择项目，培育项目，为大学生提供大量适合创业的项目，建立集聚、展示、转化的创业项目信息服务平台，成为引导大学生机会型创业，促进大学科技成果转化，提高大学生机会型创业成功率的关键。

建立大学生创业项目库是大学生顺利进行机会型创业的需要。大学生在学校里经过四年左右时间的学习，由于大一、大二基本是基础课和专业基础课，大三才开始学习专业课，通过所学专业进行发明创造，这对于大部分同学而言是不太现实的。由于从事发明创造需要从构思到酝酿，从做实验到做模型，从性能优化到申请专利等一系列过程，因此大学生在校期间很少有成熟的具有市场潜力的科技成果，很多大学生想创业无项目。面对就业的压力，面对有利的创业形势，不少大学生选择了创业，而创业的项目大多是看着别人做什么自己就做什么，或开杂货店、书店、小饰品店等，或进行家电维修、电脑网络服务等，大多从事的是技术含量低，与所学专业关系不密切的创业活动，其根本在于没有更好的可以发挥专业特长的创业项目。

大学创业项目库将大量闲置的可以转化的科研成果汇集在一起，将科研成果的法律状态、实施情况、所需投入资金多少及转让费用等信息提供给学生，让学生通过对项目库所提供的大量的科技成果，根据自己所学专业和兴趣爱好来选择这些项目，筛选出适合自己的科技成果进行创业，不仅是实现高校科技成果与大学机会型创业有机结合，帮助和引导大学生机会型创业的需要，也是促进高校科技成果转化的需要。

建立大学生创业项目库是提高大学生机会型创业成功率的需要。没有任何技术（专利、软件著作权、商标）壁垒的创业很容易被人模仿，获取超额利润很难，也很容易被竞争对手击败。成功的机会型创业者拥有技术创造力，他们创造或拥有一个个新产品、新工艺、新服务，开拓了一个个新的市场。大学生在利用高校科研成果进行机会型创业的过程中，由于大学科研成果并不是都适合转向市场，也不是所有科技成果都适合大学生创业，因此，对创业项目进行产品性能、生产工艺等技术成熟度，服务的可行性及效益，以及对其市场潜力的评价分析显得尤为重要。

高校大学生创业项目库中的项目并不是高校所有的科技成果，而是在现有的科技成果中经过评估、筛选和整理，遴选出一批适合学生创业的科研项目，供大学生根据自己的专业特长、个性特点等选择适合自己的创业项目。同时，由于大学生利用大学科技成果进行创业与学校有着密切的联系，大学生创业的成功意味着学校科技成果成功转向市场，意味着大学生创业初始的投入取得理想的回报，也意味着发明者和学校可以通过成果的转化取得收益。所以，大学生在创业中会得到专利或科技成果的研究人员会全力支持和指导，会得到学校更多更好的服务，所有这一切无疑将大大提高学生创业的成功率。

## 第五节　大学生创业孵化器建设

为提高创业成功率，促进科技成果转化，降低创业成本和创业风险，帮助在孵企业把握市场，并形成一定的市场竞争力；使中小科技企业加速成长，尽快产业化、规模化，将资金、技术、人才、信息、管理、市场等各种资源加以整合和集成，形成资源的优化配置，大学生创业的孵化器显示出独特的功能。为促进科技成果转化，培育更多科技型企业，我国科技企业孵化器也得到快速发展，成为大学生创业服务体系的重要组成部分。

### 一、孵化器的内涵

20 世纪 50 年代伴随着新技术产业革命的兴起，孵化器在美国发展起来。1959 年，美国乔·曼库在纽约成立了第一家孵化器。我国孵化器在借鉴发达国家实践经验基础始建于 1987 年，以武汉东湖创业中心为起点。80 年代中后期，孵化器在美国得到快速发展，并涌现出大量的孵化项目。与此同时，中国、巴西和尼日利亚等发展中国家也开始建立孵化器，为在孵企业提供创业培训、种子资金和启动资金等。复旦大学的李志能认为①，孵化器是美国新创企业发展的重要推动器。美国孵化器的发展划分为四个阶段②，并呈现出四种不同的孵化器运作模式，即企业组织创立的阶段(20 世纪 50 年代—80 年代前期)；从单个孵化器转向孵化系统(20 世纪 90 年代中后期)；孵化器的企业化运作(20 世纪 90 年代前期)；创业孵化集团的出现(20 世纪 90 年代后期)。

美国著名的孵化器专家罗斯顿·拉卡卡认为，孵化器是一种为培育新生企业

---

① 李志能，张洁，郁义鸿．美国孵化器的发展沿革[J]．上海经济研究，2000(7)．

② 钱平凡，李志能．孵化器运作的国际经验与我国孵化器产业的发展对策[J]．管理世界，2000(6)．

而设计的受控制的工作环境。[①] 我国科技部《关于进一步提高科技企业孵化器运行质量的若干意见》(国科发火字〔2003〕96 号)指出,孵化器是培育和扶植高新技术中小企业的服务机构,通过为新创办的科技型中小企业提供物理空间和基础设施,提供一系列的服务支持,降低创业者的创业风险和创业成本,提高创业成功率,促进科技成果转化,帮助和支持科技型中小企业成长与发展,培养成功的企业和企业家。

建立孵化器的主要目的在于:为创业初期的科技型中小企业提供必要的资源和服务,降低创业成本,提高创业成功率。孵化器的主要功能在于:市场定位功能,帮助在孵企业把握市场,并形成一定的市场竞争力;成果转化功能,在研究开发与产业之间起"接力"作用,以促进科技成果的转化和应用;产业培育功能,使中小科技企业加速成长,尽快产业化、规模化;要素集成功能,将资金、技术、人才、信息、管理、市场等各种资源加以整合和集成,形成资源的优化配置;更新价值观的功能,努力形成创新创业文化氛围,促使人们的创业与就业观念、市场观念、风险意识、合作协作精神的转变和形成。

我国的科技企业孵化器自 1987 年创办以来,取得了快速发展。在高新技术创业服务中心的基础上,涌现了专业孵化器、大学科技园、留学人员创业园、软件创业园、国企创业孵化器、国际企业孵化器等多种类型,初步营造起良好的科技创业环境,整合了科技产业化资源,融合了科教与经济发展体系。

到 2010 年末,全国科技企业孵化器已达 900 余家(其中国家级 346 家),孵化面积为 3 000 余万平方米,在孵企业超过 5 万余家,创业团队超过 100 万人,其中大专以上学历超过 90%,毕业企业 47 286 家,其中毕业当年超过 1 000 万元企业达 30%以上,毕业后上市企业超过 80 家。孵化器企业平均 90%以上申请了知识产权,超过 60%的申请获得批准,其中发明和软件类超过 40%。孵化器培育出一大批高成长性的科技型企业,带动了我国科技成果转化。依托孵化器设立了大学生科技创业见习基地 149 个,集聚了 2 300 多家大学生创业企业和 14 850 多人的创业团队,强化了孵化器与大学和科研院所的战略合作。

国家大学科技园(以下简称科技园)是以具有较强科研实力的大学为依托,将大学的综合智力资源优势与其他社会优势资源相组合,为高等学校科技成果转化、高新技术企业孵化、创新创业人才培养、产学研结合提供支撑的平台和服务机构。国家大学科技园已经成为转化高新技术成果、孵化高新技术企业、培育战略性新兴产业和高校师生创业的重要基地。到"十一五"末已累计认定国家大学科技园 86 家,涵盖了 24 个省、自治区和直辖市的 134 所高校。2010 年底,国家大学科技园现

---

① 罗斯顿·拉卡卡. 经济发展中的企业孵化器[M]. 天津:天津科技翻译出版公司,1997.

有可自主支配面积 814.5 万平方米，入驻在孵企业 6 617 家，累计毕业企业 4 364 家。2010 年，累计转化科技成果 4 606 项，在孵企业申请专利 5 603 项，其中发明专利 2 333 项。国家大学科技园制定激励措施，吸引高水平人才入园兴办企业。建立了高校学生科技创业实习基地，支持学生来园创业实践，形成了校区园区互动的人才培养模式，提高了高校人才培养质量。国家大学科技园形成了一校一园、多校一园、校府共建等模式，有效整合了各类创新资源，促进科技园的快速成长。

可见，孵化器不只是一个温室、一个空间，而是将资金、技术、人才、信息、管理、市场等各种资源结合在一起，通过提供场地、技术、中介等公共条件，为小企业从零开始创业提供发展环境，其产业模式是不断把科技资源和经济资源有机组织和经营，降低创业风险，提高初创企业的成功率，促使科技成果商品化，科技企业的市场化，成为培育中小型科技企业的摇篮。中国科技企业孵化器(也称高新技术创业服务中心)作为连接知识创新源头和高新技术产业的桥梁，作为培育自主创新企业和企业家的平台，已成为提高科技自主创新能力的关键环节、创新成果产业化的重要载体、现代高新技术服务业的重要内容和国家科技创新体系的重要组成部分。

## 二、入驻孵化器的条件与程序

我国孵化器的任务是为中小高科技企业服务，以促进科技成果转化、培养高新技术企业和企业家为宗旨。目的不是为了营利，而是提高科技型中小创业企业的成活率，为社会提供就业机会并创造财富，因而具有明显的公益性和非营利性。①所以，国家孵化器是一种公益性的科技企业服务机构。正如《中国科技企业孵化器“十一五”发展规划纲要》提出的，虽然孵化器实行企业化管理或经营，但其性质并不是一般生产性企业或物业管理公司。无论社会公益性、非营利性或营利性孵化器都不是依靠自身产生直接的经济效益，而是通过培育高质量科技企业，通过企业上市融资，通过优质的有偿服务来实现其经济和社会效益的。各级科委和高新区要根据孵化器的性质正确进行引导、考核和评估工作，以孵化功能的完善、服务水平的提高、创业成功率、在孵企业的成长速度、毕业企业的质量和水平、科技资源的聚集与转化、创业资本的吸引与使用、在孵和毕业企业对孵化器的评价以及孵化器对当地科技产业化发展、传统产业改造和产业结构调整、创造就业机会等方面的贡献来衡量孵化器发展的优劣。科技部将研究制定科技企业孵化器考核指标体系，

① 乐文.摇摆的天平——中国高新区内孵化器的制度特征、单位特性及其变革[J].科技创业，2002(14).

以引导全国孵化器的健康发展。各孵化器都有明确的主导主业和入驻要求。

广州联炬国家高新技术创业服务中心的主导产业定位：构建以“发展高科技，实现产业化”为宗旨，以国家“863”计划相对集中产业化为特色，以汽车、生物医药和健康产业为主导，兼顾航空航天技术、新材料、电子信息和环保技术等高新技术产品的研发与产业化，集科技企业孵化器、国家863计划项目产业化服务平台、高新技术企业总部基地为一体的综合性孵化器。其入驻条件只要符合项目导向即可，其他入驻条件相似：①入驻单位应是依法取得法人资格、从事科技产品的开发和研究的科技型企业，产品项目具有自主知识产权。②进入中心创业的自然人，应是具有自主知识产权的各类科技成果或具有开发优势和自我发展能力的科技人员，进驻后应依法办理企业工商注册登记。③企业从事领域应属于国家颁布的高新技术范畴，符合广州市和白云区发展高新技术产业政策。④项目科技含量较高，创新性较强，项目技术先进。⑤项目技术较成熟，具备产品化、产业化的条件和潜在的市场需求。⑥企业负责人应是科技人员，且熟悉本企业的业务，具有实施转化本项目技术的能力和后续开发能力。⑦有一支专业素质较高、结构合理的创业团队。⑧有与业务范围和业务量相当的科技人员，具备必要的科研设施和条件，有实施孵化项目所需要的资金。⑨无环境污染，市场发展潜力大，预期的经济与社会效益明显。深圳高新区生物孵化器的行业导向：在国内外生物医药工程具有技术创新和发展前景的小型高科技企业，是产品进行研发、试制、成果转化、产业化的理想场所，入驻孵化的企业将根据专业特点、品种、类别安置到特定的功能区域，以保证其研发、生产相对独立，不受干扰，不交叉污染。进入基地的项目选择：生物医学诊断、生物制药、疫苗、新兴生物材料、遗传育种、发酵工业化、酶制剂、生物农药、转基因动植物、农业生物技术、中药现代化、新型药物筛选、新的药物制剂及剂型、生物环保、生物可降解材料、基因组计划、生物信息资源、生物信息与基因芯片、大分子与小分子药物设计等。

大学科技园入驻的条件。如南通大学科技园入园条件为：入驻时已成立公司的，应当产权清晰，能够自主经营、自负盈亏，且公司成立时间不得超过2年；入驻前没有取得法人资格的，应具备《公司法》等法律法规规定的相应条件。以从事高新技术产品的研究与开发为主业，有较强的技术开发队伍和条件，有实施孵化项目的技术能力和后续开发能力。有开办企业所需要的基本资金，除大学生创业外，注册资本不低于10万元。有自我发展能力和良好的发展前景，经营的产品满足市场需要并具有较强的市场竞争力。有一支素质较高、结构合理，对技术、市场、经营、管理有驾驭能力和开拓创新精神的创业团队。无环境污染或无污染物排放。

入驻程序：到招商外联部递交入园申请、相关申请材料等办理项目审批；招商外联部对项目评估、审批；与招商外联部签订房屋租赁合同、入孵协议、物业协议等；到财务管理部缴纳相关费用；到招商外联部办理工商、税务注册或变更登记手续；填写装修申请表、递交装修图纸；招商外联部、物业管理部对装修图纸审批；与装修公司签订装修公约、办理装修许可等。

费用缴纳：在入驻时，需一次性缴纳相关费用，包括：预交半年房租作为房租保证金；缴纳半年物业管理费，先缴后用；预交装修保证金及施工保证金；装修时，入驻企业须缴纳垃圾清运费。

## 第六节　大学生机会型创业中无形资产的评估

无形资产是企业的重要资源，特别是科技含量高、市场前景好的高新技术无形资产，成为企业获取超额收益，取得竞争优势的关键。高校科技成果是高校教师科研劳动的成果，是知识产权属于高校的无形资产，大学生利用高校科技成果创业，必然涉及无形资产价值的评估、转让和作价入股。尽管2008年11月中国资产评估协会发布了《资产评估准则——无形资产》(以下简称《无形资产评估准则》)并于2009年7月1日实施，但该项准则主要是针对企业间的重组、联营、兼并、拍卖、股份制改造、中外合资以及国内外技术贸易等活动，并用于专利权、商标权、著作权、专有技术、销售网络、客户关系、特许经营权、合同权益等无形资产而制订，对大学生创业初期无形资产评估还缺少针对性。正确理解和科学评价大学科研成果无形资产转让价格、转让形式，对促进大学生健康有效利用科技成果进行创业具有重要的现实意义。

### 一、无形资产是大学生机会型创业形成竞争优势的基础

大学生机会型创业没有管理经验，资源相对贫乏，缺少市场策划和营销经验，面临同行竞争，如何不被市场所淘汰，求得生存和发展，怎样才能形成竞争优势，筑起与同行竞争的壁垒，关键是手中要有具有竞争实力的专利、软件等核心技术，这些技术成果是一种无形的知识产权，是一种无形资产。我国《无形资产评估准则》所称无形资产，是指特定主体所拥有或者控制的，不具有实物形态，能持续发挥作用且能带来经济利益的资源，包括专利权、商标权、著作权、专有技术、销售网络、客户关系、特许经营权、合同权益和商誉等。2011年我国《企业会计准则》规定：无形资产，是指企业拥有或者控制的没有实物形态的可辨认的非货币性资产。无形资产主要包括专利权、非专利技术、商标权、著作权、土地使用权、特许权等。我国《企业所得税法实施条例》也指出：无形资产，是企业为生产产品、提供劳务、出租或者经营管理而持有的、没有实物形态的非货币性长期资产，包括专利权、商标权、著作

权、土地使用权、非专利技术、商誉等。而大学生利用高校科技成果进行创业的无形资产，即本研究所指的无形资产是不具有物质实体而以某种特殊权利或技术、知识等形态存在的资产，主要是专利、软件著作权、著作权等以知识、技术形态存在的资产。

无形资产是一种受国家法律保护的具有独占性质的财产权，例如专利权，我国《专利法》第十一、十二条规定，专利权被授予后，除本法另有规定的以外，任何单位或者个人未经专利权人许可，都不得实施其专利，即不得为生产经营目的制造、使用、销售、许诺销售、进口其专利产品，或者使用其专利方法以及使用、销售、许诺销售、进口依照该专利方法直接获得的产品。任何单位或者个人实施他人专利，应当与专利权人订立书面实施许可合同，向专利权人支付专利使用费。被许可人无权允许合同规定以外的任何单位或者个人实施该专利。专利的独占权、许可实施权、转让权、标记权和请求保护权，保证了专利这种无形资产的竞争优势。

高校是国家创新体系的重要组成部分，是基础研究的主力军和高技术产业化的生力军。特别是国家“985”、“211”高校，已经成为我国高水平科技成果的重要源泉。根据有关部门统计，国家“973 计划”项目的一半以上、“863 计划”项目的三分之一以上是由高校承担的。① 2007 年全国高校申请专利 32 680 件，占国内职务申请的 11.8%；2008 年，高校主持完成的自然科学奖占总数的 47%，技术发明奖占总数的 81%，科技进步奖占总数的 37.9%。② 高校每年承担大量的科研项目，这些项目在申报国家自然科技基金项目、国家“863”、“973”前进行过翔实的调研和论证，经过多年的研究，在项目结项时往往通过有关权威部门的检测鉴定，得到同行专家的肯定，有很多技术成果达到国际、国内领先水平，许多技术成果有着广阔的市场前景。这些成果所形成的无形资产，无疑是大学生创业可依赖的宝贵资源。大学生有着较高的知识和技术优势，当今社会最有前途的事业是开办高科技企业；沉浸在高校浓郁的学术氛围下，与学术界有着密切关系，很容易获得好的项目，“用知识换资本”是大学生进行机会型创业理想选择，用高校科技成果形成的无形资产是大学生机会型创业形成竞争优势的基础。

## 二、无形资产评估是大学生机会型创业成功的重要一环

大学生利用高校科技成果创业，其无形资产作为大学生新注册企业资产中的重要组成部分，在初始资产构成中无形资产的价值必须得到明确。笔者在历年指导大学生创业比赛和 2010 年担任昆山杯全国大学生创业比赛评委时发现在不少

① 顾秉林. 利用高校产业税收创立科技成果产业化支持基金[N]. 人民政协报，2009-06-03.

② 武贵龙. 抓住机遇 发挥高校科技重要作用为促进经济社会发展做出新贡献[J]. 中国高校科技与产业化，2009(9).

科技和服务类创业计划中无形资产的估值随意性很大，有的创业计划书无形资产达千万元，更多的无形资产为数十万元。从创业企业的长远看，高估无形资产对企业的发展是一个隐患。因为，根据我国 2011 年《企业会计准则》规定：企业无形资产应摊销。企业摊销无形资产，应当自无形资产可供使用时起，至不再作为无形资产确认时止。无形资产摊销方法，应当反映与该项无形资产有关的经济利益的预期实现方式。同时规定，使用寿命有限的无形资产，其应摊销金额应当在使用寿命内系统合理摊销。由于无形资产在不短于一定年限摊销完毕计入管理费用，并最终影响经营利润，无形资产越大，每年摊销的费用越高，为企业未来的经营带来很大压力。[①] 同时，无形资产占总资产的比例越高，每股收益将减少越多，对当年利润的影响越大，实际偿债能力降低。对于企业可持续发展来说，这必将加大企业的财务风险，甚至会影响到企业的正常运作。无形资产过高还会导致销售收入与资产总额或净资产不成比例，造成某些财务比率失调，不利于企业在发展过程中吸引风险投资商，不利于从银行获取必要的贷款，也不利于创业者将企业做大做强。

无形资产应占公司注册资本的多少？法律没有明确规定。2005 年 10 月 27 日第十届全国人民代表大会常务委员会第十八次会议修订了《公司法》，取消了原《公司法》第二十四条规定的以工业产权、非专利技术作价出资的金额不得超过有限责任公司注册资本 20％的规定。现行《公司法》第二十七条明确了股东可以用货币出资，也可用实物、知识产权、土地使用权等可以用货币估价并可以依法转让的非货币财产作价出资。技术出资方可以用发明、实用新型、外观设计专利权，计算机软件著作权，非专利技术成果的使用权，以及法律、法规认可的其他技术成果财产权等作价入股。对作为出资的非货币财产应当评估作价，核实财产，不得高估或者低估作价。全体股东的货币出资金额不得低于有限责任公司注册资本的 30％。从货币出资金额不得低于有限责任公司注册资本的 30％，可以推断出无形资产占有限责任公司注册资本不得超过 70％。可见，《公司法》的修订使无形资产占注册资本的比例由原来的注册资本 20％以内，变为 70％以内，出现更大的弹性，同时，也明确要求对无形资产应进行评估。

关于高新技术成果的作价，国家科委和国家工商行政管理局 1997 年发布的《关于以高新技术成果出资入股若干问题规定》规定：高新技术成果作价出资的金额最高可达注册资本的 35％。1999 年国务院办公厅批准的《关于促进科技成果转化的若干规定》规定，以高新技术成果向有限公司或非公司制企业出资入股的，高新技术成果的作价金额可达到公司或企业注册资本的 35％，另有约定的除外。可见，关于技术入股，技术在整个注册资本中的比例，一般不超过 35％，但如果出资

① 余彤. 浅谈创业投资中的无形资产评估问题[J]. 网络与信息，2006(3).

人在企业章程中约定，全体股东认可，其占比可高达现行《公司法》非货币资产的上限，达到占公司注册资本的70%。当然，有不少地方法规对该比例作了规定，如《常州市以高新技术成果出资入股的暂行规定》(试行)第五条规定：出资者以高新技术成果出资入股，经市科技主管部门认定的，作价金额在企业注册资本中的比例，可以超过20%，但不得超过35%；经省科技主管部门认定的可达60%，但需经全体股东认可。

大学生利用高校科技成果进行创业，一般是在对科技成果的技术可靠性、成熟度、研发成本和预期收益等进行评估的基础上，将科技成果折价作股。大学生创业的成功不仅意味着作为无形资产所有权相关的高校和发明者取得收益，也意味着学校科技成果成功转向市场，意味着大学生创业初始的投入取得理想的回报。可见，大学生利用高校科技成果进行机会型创业，应是高校科技成果转化的重要途径，成为高校利用科技成果促进产业结构升级，服务学生、服务社会、服务地方，谋求发展的重要工作。而目前大学生在利用高校科技成果创业中，无形资产评估几乎是空白，往往造成对无形资产估价过高，占股比例过高等问题，这将极大影响大学生创业的成功率。为使大学科技成果的转化与大学生机会型创业有机结合，引导并促进更多大学生成功走上创业之路，创业者应必须对高校科技成果的无形资产价值进行评估，以便大学生创业时科学判断与选择。同时，无形资产评估也有利于获得风险投资，如果拿着权威无形资产评估机构对其技术无形资产出具的评估报告找投资机构，往往也会得到事半功倍的效果。

## 三、大学生机会型创业中无形资产评估应考虑的几个因素

评估包括定量与定性评估，评估中最基本的一步就是准备一个蓝图，构建评估指标体系，明确各指标体系的相互关系，对评估对象进行价值判断。大学生利用科技成果进行机会型创业是基于现有科技成果进行产品化、产业化和市场化的过程，所以，无形资产的评估应遵循有利于降低大学生创业风险、有利于成果转化、有利于学校服务社会的前提，建立相应的评估指标体系。我国《无形资产评估准则》提出无形资产评估可采用分析收益法、市场法和成本法三种资产评估基本方法中的一种或者多种资产评估方法，而对于大学生利用科技成果创业涉及成果的产品化和工艺设计等，还需要对科技成果的成熟度进行评价。因此，其无形资产评估的指标应主要包括以下几个：

一是研发的成本。取得无形资产的费用是评价某项资产价值的重要依据。一个完整的科学研究过程，一般要经历选择课题、方案构思、实验研究和课题验证等基本阶段。对各个阶段，又可以划分为若干环节和步骤，使创造者沿着发现问题、分析问题和解决问题的路径，朝着发明构思、实验探索、目标实现等一步步前进，并

最终取得成功。研发成本包括研发经费、研发时间、研发人力和物力消耗量等，具体包括直接成本，如原材料费、专用设备费、信息资料费、咨询鉴定费、科研人员工资、差旅费等；间接成本，如管理费、折旧费和摊销费等。大学科技成果凝聚着科研人员辛勤的劳动，往往需要很多的科研资金投入，耗费大量的时间，经过多次反复试验，花费较贵的检测费用。一般科研人力、物力、财力、时间等耗费较大所取得的专利，特别是系列性的发明专利，其成果转化所需的费用应高于一般的科技成果。

二是类似资产的交易价，也称之为市场途径。这种方法把与被评估资产具有替代性且已经成交的资产交易价格及其市场资料作为参照基础，在此基础上调整评估对象与参照资产之间的差异并量化，在参照资产市场售价的基础上得到被评估资产的价值。① 根据市场替代原理，同一市场中效用相同或相似的资产，由于竞争和客户需求的相似性，必然使其价格趋于一致，消费者愿意支付的商品价格和投资者愿意投资的价值一般不会高于市场上具有相同或相似效用的替代品的现行市场价格，因此可采用类似无形资产的交易价对无形资产进行评估。大学科技成果无形资产可以用类似无形资产的许可方式和转让价格作参照，对无形资产进行折价。

三是预期的收益。投资者在购置或投资一项资产时，他所支付的货币数额不会高于这项资产未来能给他带来的回报，即预期收益。收益法正是利用投资回报与投资额之间关系，采用预期收益折现的各种技术手段，主要通过收益额、折现率和收益时限等来判断被评估资产的评估价值。产品进入市场的过程中，目标市场的确定、市场的细分、市场容量的预测及市场的准确定位，市场价格的确定、渠道的建设、推销的策略等，都是基于产品和市场的特点进行营销模式的探索，是产品成功推向市场取得正现金流的关键。在高校科技成果价值评估中，如果一项科技成果其市场容量大，进入市场渠道较为便利，容易被市场所接受，专利技术特征鲜明，竞争对手难以模仿，市场风险小，投资回收期较短，内含报酬率高，净现值远大于零，有很高的利润预期，这项科技成果转化所需费用应较高。

四是产品的成熟度。科技成果，特别是专利不一定是成熟的技术，有些专利技术仅仅是一个创意、一张草图；有些专利设计粗糙，样机制作低劣；许多专利技术离产业化还有很大距离，还需要把各种技术结合起来，然后才能生产出有竞争力的产品。创业项目不同于一般的科技成果，它不仅要求产品已制备成样品，实现了一定的功能，更要求产品的性能指标优于市场同类产品，能更好地满足客户的需要，它是一个性能更完善的产品。由于对于不成熟的产品还需要培育，将科研成果培育成质量可靠、性能完善的产品，还需要较大的投入和承担较大的风险，因此，技术产

① 沈志蓉. 浅析无形资产评估途径与方法[J]. 价格月刊，2005(12).

品的成熟度是影响其价值的重要指标。

五是生产工艺的成熟度。为使产品有效投放市场，实现产品向商品转化，必须批量化生产，实现样品生产向批量生产的转变，需要设计相应的生产工艺和生产线，为大规模生产和销售做好准备，而这一切都需要进一步研发，因此，生产工艺的成熟度也是评判无形资产价值很重要的因素。

由于无形资产具有不完整性、虚拟性和弱对应性等成本特性，能带来超额收益或追加收益的收益特性，以及无形资产市场条件的限制，在资产评估的各种基本途径中，收益途径较成本途径和市场途径更为合理、适用，这也使收益现值法成为目前无形资产评估中的首选方法。[①] 对大学生利用高校科技成果进行创业中的无形资产的评估，考虑到其无形资产的特殊性，我们认为应以对产品和工艺成熟度为评估的首要指标或权重系数最大，因为，产品和工艺不成熟会增加创业风险，当然在考虑技术成熟度时还应考虑发明的类别和技术的法律状态，即是否授权，如果没有授权还应参考发明专利的查新报告确定其授权的可能性和技术的成熟度，其次是预期的收益，然后是研发的成本和市场途径。

## 第七节　大学生创业评价体系的构建

自第一届全国大学生创业计划竞赛在我国开展以来，很多高校开展创业教育，举办了形式多样的创业活动，设立了数千万人民币以上的风险投资基金，大学生创业的外部环境正日趋成熟，但创业的高风险、低成功率给大学生创业蒙上了阴影，为提高创业成功率，切实有效地创业教育，尽快建立大学生评价体系成为亟待研究的课题。

### 一、大学生创业及其评价体系

狭义的大学生创业即大学生自谋职业，依靠所学知识、所拥有的知识产权，将知识产品推向市场，开办企业，开创事业的活动。

大学生创业一般包括以下几个要素：一是选用或拥有知识产品或新的服务方案；二是有一定的资金，有能将知识产品或服务推向市场的启动资金；三是创办一个合法的企业，作为一个市场主体以合法的身份参与市场竞争；四是有一个具备市场竞争能力的团队使企业能正常运营。知识结构合理，能相互团结协作，勇于开拓和创新的团体，是取得创业成功的保证。

大学生创业的主体为大学生，包括在校大学生和即将离校的应届毕业生，未完

① 张彤，张世英. 无形资产评估有关问题的探讨[J]. 管理工程学报，2002(2).

成学业的大学生，为抓住最佳的创业时机，全身心投入创立事业中去，一般需通过休学，因此创业首先需要学校的理解和支持。学校成为大学生创业的摇篮，学校在大学生创业中承担着培养学生的创业意识、创业精神、创业技法等方面的教育，同时还充当着大学生创业的组织者和指导者等。大学生机会型创业靠的是知识产品，如果缺乏资金，不能将其转化为商品，创业就不可能启动，资金来源的主要渠道是风险投资者。风险投资者在不参与经营与管理的条件下，要获取高额的投资利润，必须对知识产品的市场前景和创业者及企业群体的综合素质等进行评价。因此，风险投资者成为大学生创业的重要的评价者，大学生创业离不开政府部门的支持，政府为大学生创业提供法律保障，制订各种优惠政策，引导学生的创业行为。

根据评价技术的有关理论，评价是在对一定客体行为方式进行客观描述的基础上进一步对其作出价值评判的一种技术活动。所以，大学生创业评价是在对大学生创业活动中的创业行为的价值评判活动。

评价的客体为大学生创业活动，评价的主体是大学生创业活动的评价者。大学生创业的评价体系实际上是由学生、学校和投资者及政府有关部门参加，对大学生创业各环节，特别是创业者自身的素质，创业群体（团队）的整体水平和创业者所选用或拥有的知识产品或服务的科技含量、市场前景、技术的可靠性等进行评判的体系，目的是为了提高大学生创业的成功率，减轻创业的风险，减少创业的损失。

## 二、大学生创业评价体系的建立是大学生创业健康稳步发展的需要

我国大学生创业成功率很低，其原因在于很多创业活动是凭感觉，尚未上升到理性的高度。从我国最初举办的第一、二届大学生创业计划竞赛来看，第一届提交创业计划书 114 份，第二届 462 份，短短一年时间参赛人数和学校成倍增长，充分体现了当代大学生强烈的创新意识和对创业的渴望和信心。作为创业主体的大学生虽然有一定的创造能力，但一旦进入实际操作，必须承受来自市场竞争的压力，而他们中的大多数人对市场竞争的残酷性所知甚少，对市场运作一整套的规律比较生疏，对创业的艰巨性和长期性认识不足，一味追求短期效益。只有对大学生创业主体加以正确评价，并把它作为创业教育质量评价体系，才能培养出更多的较成熟的创业者，使适合创业的人去创业。

大学生创业还面临群体的素质问题。创业团队中除核心成员——创业者外，还需有技术人员、管理人员和市场营销人员和财务人员等，技术不成熟，生产不合格的产品，进入不了市场；管理经验不足，团队可能会分化，生产不能正常进行；不懂经营，不可能打开市场销路。合理的团队结构，是创业成功的充分条件，所以，在大学生创业中必须对创业团队进行评价。大学生创业评价内容主要包括：创业者自身的素质，团体的构成是否合理，是否有共同的愿景，是否有团队精神，是否有凝

聚力和抗挫折能力等。

大学生机会型创业的着重点应该在科技层面，但仅靠一个设想是不能创业的。事实上，大学生创业如果不依靠自身的科技优势，在市场竞争中一开始就会处于不利的地位。但一些看似很好的产品，在推向市场的过程中，由于种种原因不一定能被市场所接受。因此，需对科研项目的技术可行性进行科学论证，并对科技含量高的项目市场前景进行调研；一项技术，其科技含量有多高是否成熟，能否转化为商品，能否打入市场，进入市场能否形成规模等，进行评价；对真正有市场前景的，时间性要求特别强的项目，在全力支持创业的同时，对投放时间和区域进行调研、评价。

大学生创业的评价主体是风险投资者、政府及学校。2000 年 1 月，教育部提出，大学生、研究生可以休学，保留学籍创办高新技术企业。许多高校随后建立了创业基金，如“上海交大创业基金”总额就达 115 亿元，复旦大学、同济大学等都设立了上千万元甚至上亿元的创业投资基金；一些地方也设立了大学生创业基金，如湖北省设立大学生科技创业风险基金管理公司，武汉市计委、经委和东湖开发区三家共同出资成立武汉世博投资公司，专门为大学生设立创业风险金；一些企业也纷纷加入风险投资者行列，对真正有市场前景、有成熟管理经验的大学生公司进行投资。

风险投资商的工作就是发掘那些有潜在商业价值的创业者、创业产品，组织团队将其完善并付诸实施，风险投资商以资金投资为主，一般不参与经营，目的是为了取得投资利润。成功的创业会给投资者带来上百倍甚至上千倍的投资回报利润。当然，创业失败，可能使风险投资商血本无归。因此，风险投资商成为大学生创业评价的主体之一。

高校逐步成为独立的办学主体，其招生和就业已步入市场，招生大战已硝烟四起，就业率的高低不仅成为衡量学校教学水平、办学质量的一个方面，而且随着就业率越来越被公众关注，也将成为生源吸引力的重要砝码。随着机构改革，应届毕业生进国企，进国家机关越来越难，毕业后找一份安稳工作的观念受到强烈的冲击。面对近年来每年 700 多万大学生毕业走向人才市场，如何提高大学生的就业率，很重要的一条就是鼓励大学生自谋职业，走创业之路。创业不仅使大学生充分施展自己的才华，更重要的是能为社会提供更多的就业岗位。创业教育对于提高学校的竞争实力，不仅在于提高高校毕业生的就业率，更重要的是提高创业的成功率，形成更多的榜样与示范，带动更多学生创业，增强高校对科技、经济发展的辐射作用。高校开展创业教育在教学内容、教学手段、人才培养目标等方面都要面向社会经济发展，占领高新技术高地，深入开展教学和研究活动，提高办学水平。可见，学校是学生创业评价体系的构建主体。

现在，大学生在校园创业，已成为各国校园文化和科技产业化的一个重要组成部分，一些学校如美国 MIT、中国的清华和上海交通大学等，采取了许多措施，努力营造一个创业的环境。台湾的创业团队组建后，会得到无偿的培训和种子基金，经过一段时间的磨炼后，经过认证再给予有偿的“天使基金”，这样既能培养创业素质，又避免资源浪费①。上海交通大学组织学生创业计划大赛，设立创业中心供学生“孵化”。高校既充当大学生创业的孕育者、风险投资者，同时又充当大学生创业的评价者，并对大学生创业进行形成性评价和终结性评价，成为大学生创业评价体系的构建者。只有这样，才能尽可能让大学生中适合创业者去创业，并培养出更多适合创业的人才，使大学生创造出更多的创新产品，并选择最佳的创业时机和创业区域去创业，指导学生组建结构合理的创业团队，提高创业的成功率。

## 三、大学生创业评价体系的构建

构建大学生创业评价体系，不仅能对提高大学生的创业成功率提供理论指导，同时对高校有效开展创业教育也具有重要意义。为科学合理地构建大学生创业评价体系必须遵守一定的原则。

1. 主体性原则

创业活动的主体是学生，成功的创业者应有很强的个性，为有效开展创业教育，学校应坚持落实学生的主体地位，尊重学生，信任学生，树立一切为学生，为了学生一切的思想，让学生的个性充分得到发展。

坚持这一原则，老师就要讲民主，变讲坛为学坛与讲坛相结合，变只传播知识为既传播知识又培养学生的创新创业能力相结合，让学生从沉重的被动学习负担中解放出来，有较充足的想象与创新创业时间。坚持这一原则，应该尊重学生的个性发展，历史上凡是有作为的大企业家、发明家等，都具有他们自身独特的个性魅力。企业必须参与市场竞争，只有人无我有，人有我新，人新我优，才能使企业有特色，才能充满竞争活力。只有与众不同的具有市场前景的新产品，才是迈向创业之路，取得成功的第一步；只有充分发挥学生自身与众不同的个性，才能不断创新，因为创新就是创造出与众不同的产品或服务，因此高校应该增强教育的服务功能，强化因材施教和个性化教育。从某种意义上讲，学生是花钱到学校购买学校教育服务的被服务对象，学校应该通过改进教学手段、教学方法，及时更新教学内容，为学生提供优质服务，只有这样才能使学生变购买学历为购买学力、购买知识和能力。坚持这一原则，才能使大学生创业贯穿于大学教育的整个过程，而不是仅局限于创

① 郭泉真. 让理性之光照耀创业之路——关于我国大学生创业的思考[N]. 人民日报，2000-11-03.

业竞赛活动和大学生毕业前的就业指导过程;才能早发现,早培养创业苗子。

2. 实践性原则

即坚持实践第一,教、学、做相结合。坚持这一原则,就要走出课本,走出课堂,走出学校,贴近生活,贴近自然,贴近生产,贴近高科技,贴近市场,结合现实,结合实际教、学、做。较强的动手能力是创业者必备的基本素质之一。让学生尽早地跟随教师介入产学研活动,使学生的创业能力得到提高,同时也可以使教师在创业活动中积累经验,更好地教育学生,并起到潜移默化的表率作用。通过课外科技和社会调查实践等活动让学生尽早地参与创业活动的初步阶段,增加创业的感性认识,提高认识社会、判断是非的能力,避免因大学生与外界打交道没有足够的经验,为赢得客户信任而把关键问题和盘托出,却忘了保护知识产权。只有坚持这一原则,才能使学生在创业时保持冷静的头脑,扎实的技术应当从实验室开始研究出产品,而不是仅仅靠一个设想。学校在创业实践教学中评价学生的创业能力,可保证创业评价体系的完整性、科学性。

3. 技术先进性原则

大学生机会型创业应定位在科技层面。大学生机会型创业如果没有一定的技术背景,一开始就会处于竞争的不利地位。一些大学生科技型创业没能成功,相当一部分是由于创业的技术产品不成熟,不具竞争性。大学生创业的目的除自谋职业外,更重要的一点是要利用其知识优势,将知识成果尽快转化为产品。发展我国高新技术产业,引导产业结构的调整,增强综合国力是时代赋予的历史使命。只有坚持这一原则,高校在把学生引入科研活动的同时,还应着眼于高科技领域,在市场调研的基础上,对具有市场潜力的高新技术产品进行研究和开发,在变化多样的市场中寻找新的生长点。

4. 创新原则

根据美籍奥地利经济学家熊彼特的理论,创新指新的生产函数的建立,即企业家实行对生产要素的新的组合。经济学创新理论指出人们之所以要进行这些方面的创新,乃是出于经济原因,即强烈的利润动机和潜在的利润前景的驱使,国民经济的发展需要依靠作为其基本生产单位的企业的不断创新和发展来实现。创新成为经济发展的原动力。

大学生创业创办企业,离不开创新,企业创新包括技术创新、管理创新和经营创新。其中技术创新是指企业应用创新知识和新技术、新工艺,采用新的生产方式和经营管理模式,提高产品质量,开发生产新的产品,提供新的服务,占据市场并实现市场价值。因此,技术创新的关键不是研究与开发,而是研究与开发成果的商品化;技术创新的实质是为企业生产经营系统引入新的技术要素,以获得更多的利润。

5. 团体的整体性原则

大学生创业一开始除了年轻和拥有知识，他们几乎一无所有。创业所依靠的核心人物往往知识面有限，实践经验缺乏，弥补这一先天不足的方法就是组成团队。团队成员中有懂技术的，有会管理的，也有善于市场营销的，这样的团队结构才能合理。同时，群体的心理素质要对失败有充分的心理准备，受到挫折时不能一蹶不振，更不能盲目自信，大学生创业成功与否不仅仅取决于产品，更重要的是团队，这一原则是对创业整体素质的评价。

大学生创业评价体系构建实际上就是在遵循上述原则的基础上，对创业活动的结果及创业教育过程的创业主体、创业团体、创业知识产品及其创业活动等进行评价和分析，使创业活动能健康发展。

为保证大学生创业能健康成长，减少创业损失，提高创业的成功率，构建大学生创业评价体系是提高创业成功率的保障。大学生创业评价体系是高校为培养创业人才，对创业人才的知识、能力和素质在培养过程中评价，在评价中完善和提高的动态理论体系。评价体系是一种形成性评价，同时评价体系还必须对创业技术成果的技术指标、市场前景进行评价，对创业团队的整体结构、创新能力等进行评价。大学生创业为获取风险投资者的资金投入还须接受风险投资者的评价。所以，创业评价又是一种终结性评价。评价的对象是创业者、创业团体和创业核心技术，评价主体为学校和风险投资者。大学生创业评价体系是一项系统工程，是大学生创业上升到理性阶段必须构建的理论体系。

# 第九章 大学生机会型创业模式

大学生创业是一个复杂而多变的过程，都是根据具体的创业项目而展开的，并形成各自不同的路径和方式，即不同的创业模式。不同的创业模式具有相应的创业过程特征和风险特征，显示出其内在的规律。同时，科学创业模式的选择和创新，也是创业形成核心竞争力，取得创业成功的关键。

## 第一节　大学生创业的商业模式与创业模式

创业活动是一个在某个产业链延伸或价值链中形成增值的一个过程，围绕利润形成的关键要素进行设计并展开。为满足市场或客户的需求，为客户提供增值服务，创业者提供优于竞争对手的产品或服务，并有效地进行要素的组合，由此形成产生利润的商业模式和满足客户需求的创业模式。

### 一、创业中的商业模式

创业面临的关键问题是如何盈利、如何挣钱。现代管理学之父彼得·德鲁克认为，“当今企业之间的竞争，不是产品之间的竞争，而是商业模式之间的竞争”。时代华纳前首席执行官迈克尔·邓恩认为，“在经营企业过程当中，商业模式比高技术更重要，因为前者是企业能够立足的先决条件”。商业模式成为现代社会商家经常谈论的话题，商业模式又称盈利模式，理解和把握商业模式实质就是掌握盈利模式，就是理解如何赚钱。任何一个创业过程都是一种构建商业模式的过程，独特的具有竞争力的商业模式成为创业者追求的目标。

何为商业模式？美国著名投资商罗伯森曾告诉亚信公司创始人田溯宁，商业模式就是一块钱在你的公司里转了一圈，最后变成了一块一，增加的这部分就是商业模式所带来的增值部分。西南一著名财经杂志认为：商业模式是企业创造价值的内在逻辑。商业模式就是赚钱的模式或赚钱的途径或方式，就是一种赚钱的商业逻辑，是持续赚钱的系统组合。商业模式就是公司通过什么途径或方式来赚钱。

任何一项创业活动都源于市场需求，需求即价值，同样，商业模式形成于客户的需求,没有客户、没有客户的需求就没有商业价值,商业模式存在于客户的需求和满足客户的需求实现客户价值之中,商业模式是为了满足客户需求或实现客户价值的。由于客户的需求是多样的而且是多变的,因此企业满足客户的需求总是有限的,只能有限实现客户的价值,但商业模式可以最大限度满足客户需求,企业通过有效整合内部和外部的各要素,通过各要素的有机组合形成一个完整的、高效的、具有独特竞争力的运行系统,最大限度实现客户价值并满足客户需要。所以,商业模式是客户价值实现与创造的逻辑。李振勇认为,商业模式是为实现客户价值最大化,把能使企业运行的内外各要素整合起来,形成一个完整的高效率的具有独特核心竞争力的运行系统,并通过最优实现形式满足客户需求,实现客户价值,同时使系统达成持续赢利目标的整体解决方案。① 例如,工厂靠生产加工赚钱,销售靠进销差价赚钱,服务靠体力或智力赚钱等。

任何一个创业,都必须明确满足谁的需要,如何满足他的需要,如何为他提供性价比高的增值服务,如何赚钱等,如果创业不挣钱,就没办法让企业继续生存下去。现实中很多大学生在做创业计划,却不谈如何赚钱,这样的创业计划显然是残缺不全的。事实上,商业模式已经成为创业的一个核心问题,因为商业模式是原有产业链或价值链的分拆并重组,在商业模式中才能体现创业在整个产业链中是不是可有可无,在价值链中有没有为客户提供增值服务等。在产业链中可有可无,没有给客户提供增值服务的创业是不可能成功的。

一个完整的商业模式体系一般包括:定位、业务系统、关键资源能力、盈利模式、自由现金流结构和企业价值六个方面。其中,定位是企业应该做什么,定位要回答企业深入行业价值链的哪些环节,为怎样的客户服务,提供什么样的产品和服务,进入什么样的市场等。业务系统是指企业达成定位所需的业务环节、合作伙伴及利益关系。业务系统要回答业务如何做进来,如何让企业利益相关者行动起来,商品背后的商品是什么。关键资源能力要解决的问题是,如何建立一种控制性能力,让顾客必须从你这里购买?我们要把关键资源投注在哪里?如何与别人进行资源整合?盈利模式指如何获得收入、分配成本、赚取利润。盈利模式主要解决,如何找到更多人为产品或服务付钱?如何找到更多人为自己付成本?如何收入场费、停车费、过路费?自由现金流结构包括以下问题,我们需要多少钱,我们已经有多少钱,我们还需要多少钱,我们要用哪些方法拿到钱,拿到钱之后要用来做什么,做了之后能够赚到多少钱,赚到钱之后要如何分钱等。企业价值就是企业的投资价值和商业前景,是评判商业模式优劣的标准。商业模式的这六个要素互相作用、互相影响。商业模式的六个构成要素,只要有一个要素不同,就形成不同的商业模

① 李振勇.商业模式[M].北京:新华出版社,2004.

式,其互相之间的关系如图 9-1 所示。

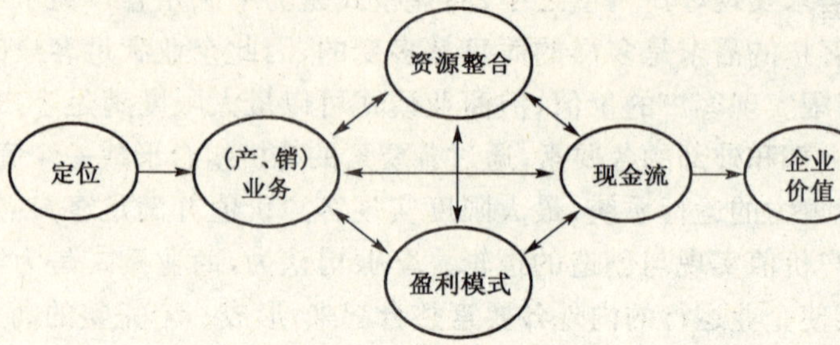


图 9-1 商业模式架构图

商业模式主要从业务系统来分类,因为业务系统是商业模式中实际运行的业务环节,包括了运行中的合作伙伴及利益关系。一般商业模式分为以下几类:

1. 从空间上,有虚拟空间的商业模式和实体空间的商业模式之分。

虚拟空间如谷歌、百度、淘宝网等;实体空间如联想、国美等。

2. 从企业资本的构成性质可分为四类。

第一,产业资本商业模式,如各种电器、服装等以生产加工为主的企业;第二,商业资本商业模式,如时代超市、农工商超市、沃尔玛等商业零售为主的企业;第三,金融资本商业模式,如银行、投资公司等;第四,产业资本、商业资本相结合的商业模式,如苏宁、国美等。

3. 从经营标的物划分,有以经营产品为主的商业模式,有以经营服务为主的商业模式,也有以资本经营为主的商业模式等。

4. 从企业生存的依赖度,可分为融资模式为主的商业模式,管理模式为主的商业模式,营销为主的商业模式,生产加工为主的商业模式等。

成功商业模式的特点:

一是成功的商业模式必定能为客户提供独特的价值。其独特性表现在它怎样赢得顾客,向客户提供额外的价值、更低的价格或更多的利益。

二是成功的商业模式必须令人难以模仿。如戴尔公司作为直销的标杆,人们很难模仿戴尔的模式,因为其背后有一整套完整的、极难复制的资源和生产流程。

三是商业模式必须是一个整体系统的概念,是由诸多因素发挥资源整合效应实现的。

四是商业模式的组成部分之间必须有内在联系,并形成一个良性的循环。

五是有与成功商业模式相匹配的运营能力,支持着商业模式的持续进行。

成功商业模式设计包括:找到未被满足的需求,确定价值主张,建立盈利模式,整合价值链,整合并形成核心竞争力,确定正确的实现形式。“商业模式设计”的重点围绕“顾客价值”，以最佳路径、最快速度，实现“企业价值”的增长。

设计商业模式，首先需要分析顾客需求，为产品寻找容易呈现价值的顾客群，它是利润之源。一般顾客群可分为主要顾客群、辅助顾客群和潜在顾客群。顾客群要有清晰的界定，同时，顾客群要有足够的规模，否则，其业务规模必然受到局限。对顾客群的需求和偏好必须有比较深的认识和了解。其实，“顾客”与“用户”是不同的，两者虽都属于消费者，但“顾客”指的是“光顾的客户”，一般指的是直接付费的消费者，而“用户”是指产品的使用者。顾客与用户有时是同一个人，有时不是。考虑到两者的内在联系，在商业模式设计中我们的产品或服务应满足“顾客”与“用户”两者的需要，我们都称之为客户。其次是完善满足客户需要的产品或服务，它是企业的利润点，决定了为顾客创造的价值。利润点必须是顾客价值最大化与企业价值最大化的结合，也就是为目标顾客创造最大价值，为企业创造最大价值。再次是构建商业模式内部价值链，形成有力的利润杠杆。企业内部运作价值链决定了产品或服务能为企业带来价值的多少。主要包括：企业内部组织与机制、技术与装备、生产运作、资本运作、供应与物流、人力资源等，要最大限度降低成本，为客户提供增值服务。第四是拓宽利润渠道，建立商业模式外部运作价值链。也就是要拓宽向顾客供应产品和传递产品信息的渠道，这是商业模式得以正常运作必不可少的外部价值链。产品或服务的价值传递是企业把产品和服务传递给目标客户的分销和传播活动，使目标客户方便地购买和了解公司的产品或服务，降低渠道成本，提高资金周转速度。第五是建立有效保护利润的屏障，为防止竞争者掠夺企业的目标客户，确保客户和利润不流失。比较有效的利润屏障主要有品牌、版权、专利等，以及建立行业标准、领导地位、控制价值链和良好的客户关系等。

上述谈了商业模式的六个构成要素，而风险投资家 Elizabeth Edwards 在一本名为 *Startup* 的书中给出了设计商业模式的建议，提出十个商业模式的要素：一是价值主题。你满足了什么需求或解决了什么问题？二是目标市场。你面向的用户是谁？如何通过营销和销售产品来吸引这一用户群体？三是销售营销。你将如何覆盖用户？请明确定义销售渠道和营销方式。四是生产。你如何制造产品和服务？五是发布。你如何发布产品和服务？六是营收模式。你如何赚钱？你的价格和营收流如何覆盖所有成本，并能获得不错的回报？七是成本结构。你的成本是哪些？包括直接成本、营销成本、经常性成本和支持成本。八是市场竞争。你有多少竞争对手？没有竞争对手或许意味着没有市场，而超过 10 家竞争对手则意味着市场已饱和。九是独特卖点。你如何使产品或服务差异化？投资者需要一个可持续的竞争优势。十是市场规模、增长率和份额。你的市场总规模是多大？是在增长还是在萎缩？你能从中获得多少份额？风险投资家青睐能实现两位数增长率的市场。与六个构成要素相比，十个商业模式的要素更强调企业产品或服务优势、卖点和竞争优势，市场竞争情况和市场前景等。

常见的商业模式有：

1. 店铺模式

店铺模式包括实体门店和虚拟门店两种。实体门店模式是传统而鲜活、实实在在的一种通过开一个实体门店，店内陈列着销售的产品，顾客在门店购买他们所需要的产品或服务，可自由挑选并真实体验产品质量、品质或感受服务的一种营销业务模式。其特征是在具有潜在消费者群的地方开设店铺并展示其产品或服务。随着网络技术的发展，互联网创造了全新的店铺商业模式，通过虚拟店铺可以以最小的代价，接触到更多的消费者。

2. "饵与钩"模式

"饵与钩"模式，也称为"剃刀与刀片"模式，或是"搭售"模式，主要是针对有消耗品的产品或服务，将产品与消耗品配合销售。这种模式基本产品的出售价格极低，通常处于亏损状态，其消耗品或是服务的价格则十分昂贵。比如说，打印机(饵)和墨盒(钩)，手机(饵)和通话时间(钩)等。

3. 其他模式

直供商业模式。在全国各地成立销售性公司，企业不拥有直接的店铺，直接控制市场终端，利润比较丰厚的一些行业，如白酒行业。仓储式商业模式。企业拥有自己的销售平台，通过自己的销售平台完成市场配货功能。专卖式商业模式。专卖店加盟，与仓储式商业模式以价格策略为商业模式核心不同，专卖商业模式是以形象与高端为核心。总代理制商业模式。总代理制商业模式可以在一定程度上占有一部分资金。联销体商业模式。制造商与经销商分别出资，成立联销体机构，可以控制经销商市场风险，也可以保证有一个很好的销售平台。还有复合式商业模式，就是由多种商业模式的整合。

为满足政府和事业单位的项目融资，实现投资收益，一般有以下三种投资模式：

BOO模式，Building-Owning-Operation的缩写，即"建设—拥有—经营"。商家根据政府赋予的特许权，建设并经营某项产业项目，但并不将项目移交给政府部门。其优势在于，政府部门不花钱并在发展中处于领先地位，而商家可以从项目承建和维护中得到相应的回报。

BOT模式，Build-Operate-Transfer的缩写，即"建设—经营—转让"。由政府向商家颁布特许，商家在一定时期内建设并管理和经营其相应的产品与服务，商家按约定将该设施移交给政府部门。

TOT模式，Transfer-Operate-Transfer的缩写，即"移交—经营—移交"。政府部门或国有企业将建设好的项目的一定期限的产权或经营权，有偿转让给投资人，由其进行运营管理，在双方合约期满之后，投资人再将该项目交还政府部门或原企业的一种融资方式。

## 二、大学生创业的模式

模式，是将解决某类问题的方法总结归纳到理论高度，即解决某一类问题的方法论。创业模式是创业者为顺利创业，实现自身的创业理想，对各种创业要素合理搭配的形式，包括创业的行业选择、创业的方式确定、创业的组织形式等。全面而准确地判断自身的优势和不足，选择适合自身的创业模式，可以避开创业中很多的不利因素。所以，选择合适的创业模式，是创业成功的关键。

创业模式因人而异，是创业者根据自身条件作出的选择。对每位创业者而言，一个真正好的模式，应该是自己有能力操作，而且能把自己可以掌控的现有的资源有效整合进去形成独特的竞争优势。对创业者来说，一个适合的创业模式，不一定要投资一大笔资金，也未必需要一间好的办公场所或店面，只要能综合各种资源，发挥自身的优势资源，取得利润就行。

创业模式有多种，每种创业模式都有自身的优势与不足，都有资源或条件要求，特别是核心要求。例如，大学生利用自身的专业知识和技术优势进行机会型创业，因为拥有专利技术具有创业的竞争优势，可以凭借自身的技术优势获得学校创业基金、政府创业基金、天使投资人的投资，融资风险相对较小。但也有劣势，主要表现在当今社会技术发展速度很快，技术更新也很快，因此，技术的领先往往是暂时的，不可能靠一项领先的技术就永远领先下去，如果没有后续的研发能力，领先的技术也会很快落后。另一方面，技术具有模仿性，在信息社会一项新技术的出现，很快就会被模仿并在市场销售，或被竞争对手掌握，并研发出更具有竞争力的产品。所以，在理解创业模式时，将自身的优势发挥到最大，并形成持续的优势最为重要。

任何一个创业都是从项目开始，因此创业首先找好项目，明确所从事的行业，然后再计划采用怎样的创业模式最适合自己。大学生有自身的知识优势，充满激情，富有开拓精神，创业模式很多。结合大学生创业的特点，大学生创业的模式主要有：

一是技术产品创业模式。以自身发明创造的技术成果或利用学校现有的发明创造成果进行创业的一种模式，这种模式的特点是靠技术优势创业，将现有的技术成果市场化。这种创业不仅有利于科技成果的转化，也可以充分发挥学校的技术优势，学生可以在学校科技成果中挑选适合自身或自己感兴趣的成果，只是在创业过程中将技术作为股份而不需要学生出资金来购买技术，大大降低了创业风险。另一方面，挑选高新技术项目创业可以获得国家各方面的优惠。技术创业模式的关键是技术成果的技术成熟度和市场成熟度问题，再具有市场的技术如果不成熟也是难以市场化的。因为，一项技术由不成熟到成熟还有很长的路要走，还要攻克不少技术方面的问题，技术成熟度不高的项目一般不能创业。其次是市场成熟度。开拓一个新市场要综合考虑多方因素，如人们的生活水平、消费习惯等，一个产品性能再优越人们消费不起也是难以市场化的。技术创业模式的优势和劣势上文已做阐述，需要指出的是，技术创业模式对工科类学生是非常有价值的。

二是网络服务创业模式。网络创业是一种基于互联网的创业活动，是利用电子商务进行创业。二十一世纪是网络的世纪，借助互联网在网上开店相对比较容易。而且淘宝、拍拍网等，提供了完善的平台为你提供服务；在网上开店不需要租门店，省去了很多费用，降低了成本，降低了风险。如果选择代销，即不用进货，代理销售厂家和批发商的产品，如果卖出去后，他们负责发货，这样就可以省去进货的成本。而且，网店不受市口的限制。开网店的投入相对较低，最简单的只要一台电脑，将销售产品拍照上传到网店即可，而且可以零库存，开店成本小。但缺点是网店多如牛毛，网店竞争大，网店要销售得好不容易，没有信誉的网店很难卖出商品，因为网店买家和卖家交易时不见面，客户怕上当买到假货。基于网络进行创业是大学生创业的重要选择。从目前大学生创业情况看，很多大学生从事电子商务，开网店，尽管通过网络能销售多少预先并不知道，但其投资小、风险小、门槛低，这是吸引大学生从事网络销售的重要原因。还有学生从事其他的网络服务工作。如南通大学杏林学院2009级市场营销专业（物流管理方向）学生茆小峰，2011年7月成立上人游网络科技有限公司，主要从事电子商务服务、网络推广和网站建设，2012年6月，公司取得百度公司旗下自主知识产权的教育咨询培训行业平台网站——厚学网的南通地区经营权。

三是加盟连锁或连锁加盟。大学生创业缺的是经验，缺的是管理，而加盟连锁可以弥补大学生创业中的一些不足，提高创业的成功率。只要你交一笔加盟费，加盟总部会把你的进销存管理各环节都规范化，用他设计的品牌，而这种品牌往往具有一定的知名度、美誉度和社会认可度，可以省去产品研发、品牌打造、经营管理体制和市场推广模式的探索和成本，并予以培训辅导，创业者需要做的就是下工夫学习总部的经验和模式，脚踏实地做好执行，这样只要一开张，就可以轻松运营，省去了很多摸索的时间和弯路。加盟创业的模式主要有两种，一种是产品专卖加盟，如太平鸟女装、金利来皮具等；二是技术专卖加盟，如肯德基、麦当劳、85度C咖啡蛋糕烘焙专卖店等；三是管理连锁，如7天连锁酒店、汉庭连锁酒店、格林豪泰连锁酒店、各种超市等。加盟连锁是直接购买现有品牌、产品或服务的一种创业模式，其优点是降低了投资风险，提高了创业成功率。其缺点主要在于加盟店要交一笔加盟费，不允许有自己的创意，货源补充渠道受限，未经总部同意不得转让，合同终了从事同类行业受一定限制等。

四是创意产业创业。创意创业是基于知识产权的一种创业，从广义上讲基于知识产权的产品类创业也属于创意创业，但这里所指的创意创业是除产品创业外的创意创业，主要指从事教育培训、平面设计、软件开发等创意型产业的创业活动，其特点是没有厂房、没有污染，而是从事创意产业的创业活动，其投资小，风险小。创意创业可充分发挥创业者的智慧，如从事装潢设计、广告设计、建筑设计等，进行各种软件开发、服务外包，这是创意产业创业的优点，其不足在于创意产业竞争激烈，因为技术发展速度快，更新速度快，使从事创意产业创业素质的要求越来越高。由于创意产业的特殊优势，从事创意业产业成为很多大学生创业的选择。

例如，南通大学计算机学院计算机专业 2007 级陈惊雷，积极参加各类比赛，在 2009 年 1 月举行的“中国电信天翼杯”南通市大学生电脑技能大赛网页设计比赛中获一等奖，于 2009 年利用专业特长注册成立南通惊雷网络科技有限公司，主营项目为标准建站、淘里淘外、阿里阿外。公司为各个层次的用户提供网站建设、软件定制、企业解决方案制作等专业服务。公司现为万网梦工厂江苏地区指定服务中心之一。又如南通大学计算机科学与技术学院计算机科学与技术（师范）专业 2008 级杜娟，利用所学知识于 2011 年 7 月注册成立南通通视广告传媒有限公司，主营广告发布代理、策划、创意设计、公关传播、演艺策划、品牌推广、影视制作等服务。

五是业务代表或产品代理。大学生创业缺少管理经验和对市场的认识，为积累经验，可先选择一个产品，作为公司的业务代表，根据公司的要求，了解这个产品，开拓市场，销售产品，并熟悉这个行业，拥有这个市场。条件成熟后直接拿产品做代理，注册一个个人独资公司，做好客户管理，做好销售，取得利润，这也是一种模式。

## 第二节　大学生休学创业与毕业后创业

从大学生是否完成学业的角度可把大学生创业分成休学创业和毕业后创业。正确认识两种创业的优点和不利因素，对有效地开展创业教育、指导大学生创业活动具有重要的意义。

大学生创业是时代赋予当代青年大学生的重要历史使命，也是高等教育三大职能的丰富和发展。目前，很多高校大力开展创新和创业教育，但在实际操作过程中对休学创业和毕业后创业应如何评价，是否要区别对待等还存在一些模糊认识。为使大学生创业教育步入健康的发展轨道，对上述两种创业的利弊试做如下讨论。

## 一、两种创业的内涵

大学生休学创业是指大学生在完成学业前，保留学籍，抓住最佳的创业时机去开创事业，待创业一段时间后，在规定的休学限期内再回到学校完成学业。休学创业不同于辍学创业，辍学创业往往在创业前需要到学校办理退学手续，休学创业的特点，一是保留学籍；二是创业后在一定限期内必须回到学校完成学业；三是创业一段时间后需要离开所创的企业，或只能利用业余时间所创的企业。

大学生毕业后创业是指应届大学生毕业以后，运用所学的知识自己投资办企业，为社会创造一定的就业岗位。如大学生毕业后创办科技型企业的特点，一是毕业后自行创业，而不是到某单位任职就业；二是在大学期间已经取得了科研成果，毕业后将把科研成果推向市场；三是通过创业为他人提供就业机会。

## 二、两种创业的比较分析

1. 休学创业的优点

北京工商大学教授刘秀生从学生、学校、社会三个方面历陈了大学生休学创业的好处：进行创造性的实践，能增强学生的自身实践能力，学生的创业活动使学生的教学与社会实践结合得更紧密了，使教学更加灵活、效率更高、更能适应社会需求、效果更好；学生的这种边学习边实践不仅加强了学生个人与社会的联系，而且在学习阶段就给社会创造了财富，为社会增添了新的活力。可见大学生休学创业的优点在于：一是能充分调动学生学习的积极性、主动性。创业需要的知识包罗万象，除学好基础课和专业课以外，还要学习与创业和创新有关的知识，如创业策划、市场营销、知识产权等。二是能充分调动学生利用所学知识进行科学研究的积极性。三是能促使大学生更多地利用学校各种教育资源。课题的研究需要教师指导，需要在实验室中进行，创业资金的取得需要学校的帮助等。丰富的教育资源是大学生创业取得成功的坚强后盾。

2. 大学生休学创业的不利因素

一个企业的成功需要一个漫长的资金积累、管理经验积累、人员素质提高的过程，往往需要 10 年、20 年或更长的时间。王选为此付出了 18 年的艰辛，比尔·盖茨苦熬了 17 年才有今天的成就。创业需要较长时间全身心的投入，而休学创业的时间往往只有 1～2 年的时间。

创业需要掌握一定的专业基础知识和基本技能，而大学讲授知识一般是先传授基础知识再传授专业知识，如果大一大二去休学创业必然会因为专业基础知识缺乏而使创业难以取得成功；大三大四的学生正处于学习专业理论课的阶段，实际操作虽有接触但经验很少，再说，一个科研课题从提出到研究开发成功往往需要较长的时间，所以，休学创业者在取得学历前能拿出科研成果应是寥若晨星。

休学创业意味着更多的风险，这不仅要求在校生要刻苦学习“分内”知识，而且要学习创业所必备的其他知识，从事必要的科研和社会调查活动。休学创业意味着付出更多的时间、金钱与精力，意味着家庭要承受更重的负担，而这种风险投资的结果是难以预料的。再者，如果事业小成，休学是否会变成辍学？如果创业失败而重回校园，又如何顶得住外来压力呢？

大学生休学创业成功率比毕业创业成功率低。因为休学创业者所学专业知识和实际能力等往往不如大学毕业生，因此成功率很低。

3. 大学毕业生创业的优点

大学毕业生已完成学业，无论创业成功与否已无完成学业的风险；对创业已有较充分的知识积累和心理准备，掌握了一定的理论知识和实际操作技能。特别是通过大学开展的创新创业教育，学生对创业前必须做哪些准备工作、如何创业已不太盲目，甚至通过大学期间的模拟创业活动，学生已掌握了创业的基本操作技能，对创业的艰辛和风险已有了一定的心理准备。创业教育使在校学生尽快介入了科研活动，对于一个毕业后想创业的学生来说，他会充分利用这一有利条件，深入社会生活、生产实际进行调查，提出极具市场潜力的课题，充分利用学校的教育资源进行研究，取得成果后可通过参加大学生创业大赛等活动来扩大影响，以便取得风险投资者的资助，为创业铺平道路。大学毕业生创业还会取得更多的政策支持。高校设立的大学生创业基金也会对大学生的创业予以支持；随着社会对大学毕业生创业活动的关注，对大学毕业生创业的优惠政策也将进一步完善。

4. 大学毕业生创业的不利因素

创业需要投入大量的人力、物力和财力，而且还要冒很大风险，创业不如找一份工作来得轻松、自在。如上海交大 2000 年有 1 053 名应届毕业生，但只有 20 名选择了创业。可见，很多毕业生宁愿待业也不去冒险投资创业。大学刚刚毕业的学生与已经工作了几年的师兄师姐相比，缺乏对市场的了解，缺乏企业管理技术和市场运作技巧，缺乏处理人际关系的经验，因此大学生刚毕业即去创业，面对多维的社会、复杂的管理、缥缈的市场，显得较稚嫩。他们除了年轻和拥有一定的知识外几乎一无所有，单翼的飞翔是困难的。

## 第三节　科技型创业是大学生机会型创业的主流

科技型创业企业作为中小企业中最具活力，以及未来高新技术大企业的基础企业，受到各级政府的重点扶持。世界各国的经验表明：一国经济成长不能仅依靠少数大企业，更要倚重数量庞大、机制灵活、创新活跃的中小企业，特别是科技型中小企业。科技型企业不仅能够提供大量的就业岗位和税收，更成为技术创新的源头和技术成果转化的直接载体。①

## 一、科技型创业的界定

科技型创业即创业者进行科技型企业的创业活动，属于机会型创业，理解了科技型企业的内涵，也就可以领略科技型创业本质。何为科技型企业？改革开放以来，邓小平提出科学技术是第一生产力，随着“科教兴国”战略的实施，扶持科技企业成为我国各级政府的重要工作。为引导更多企业向科技型企业发展，政府制订了一系列标准对科技企业进行认定，通过认定的科技企业享受政府不同程度的优惠政策或待遇。透过政府的认定条件也可以看出科技型企业的内涵。1999 年科技部和财政部联合发布《科技型中小企业技术创新基金的暂行规定》（以下简称《暂行规定》），《暂行规定》中明确了科技型中小企业的基本要求，即主要从事高新技术产品的研究、开发、生产和服务业务，申请支持的项目必须在其企业法人营业执照规定的主营范围内；具有大专以上学历的科技人员占职工总数的比例不低于30%，直接从事研究开发的科技人员占职工总数的比例不低于 10%，每年用于高新技术产品研究开发的经费不低于销售额的 3%。一些省（直辖市）也制定了科技企业的认定标准，如 2006 年出台的《江苏省民营科技企业认定暂行办法》规定，民营科技企业必须符合下列条件：符合国家产业政策和技术政策及其发展方向，主要从事技术开发、技术转让、技术咨询、技术服务以及新产品研究、开发、生产、经营业务，从业人员中科技人员占 20%以上，拥有专利或者专有技术。

有学者认为②，科技型创业企业是指那些由科技人员创办或以科技人员为主体合办的，研制、开发、生产和销售具有高技术含量与高附加值产品的创业企业。但从《暂行规定》和有关省对科技型企业的认证文件中可以看出：科技型创业企业指的是主要从事高新技术产品或符合国家产业政策和技术政策及其发展方向的研制、开发、生产和服务，研发投入达到一定水平，科技人员占职工总数应达到一定比例的创业企业。我们认为科技型创业所依托的技术不一定是高新技术，所以，科技型创业企业从事高新技术产品生产不能作为是否为科技型企业的必要条件，科技型创业企业区别于传统企业的本质特征在于，科技创新是科技型创业企业的生存基础。

在目前全球化和信息化背景下，技术更新和替代的速度前所未有，技术资源和技术创新能力成为企业竞争力的重要源泉和企业发展的强劲动力。由大学生创办

---

① 房汉廷. 科技型中小企业发展的问题与机遇期[J]. 中国创业投资与高科技，2004(12).

② 姚晓芳，张宏. 科技型创业企业资源需求曲线的案例分析[J]. 科技进步与对策，2008(11).

科技型企业一直是我国对大学生创业的重要导向，1998年12月24日，在国务院批转教育部的《面向21世纪教育振兴行动计划》中，提出了要“加强对教师和学生的创业教育，鼓励他们自主创办高新技术企业”。2000年1月，在全国高校技术创新大会上，教育部公布了新的政策，允许大学生、研究生保留学籍创办高新技术企业。可见，鼓励大学生发挥所学知识和专业优势创办科技型企业，不仅是给大学生给予的厚望，也是高等教育创业人才培养的重要目标。

## 二、科技型创业成为大学生机会型创业主流

大学生在就业与创业的选择中，利用高校科技资源和环境条件，充分发挥自身优势，捕捉、识别、筛选并抓住市场机会，作为事业的选择，主动地从事创业活动，即为机会型创业。大学生从事机会型创业，不仅对促进经济转型、产业升级、增加税收有意义，而且对创造更多就业岗位、促进社会和谐稳定都具有重要意义。

大学科技成果的转化与大学生创业有机结合是大学生创办科技型企业的重要形式。大学生在学校里学到了很多理论性知识，有着较高层次的专业优势，而目前最有前途的事业就是创办高科技企业。一些风险投资家也往往因为看中了大学生所掌握的先进技术，而愿意对其创业计划进行资助。但在现实中，大学生在校期间却很少有成熟的具有市场潜力的科技成果，即使有成果大多也是简单的研发，其科技含量不高。2009年，教育部高校学生司在沪完成国内首次大学生创业问题的调查研究。数据显示，高校毕业生从事的创业项目中，社会服务业占34.63%，制造业占13.27%，金融、保险业12.94%，真正参与高科技创业的，占创业人数的17.11%。①高校有着丰富的科技成果，很多成果长期处于闲置状态，由创业学生来激活“睡眠项目”，无疑是科技成果转化的重要途径，也是引导更多大学生机会型创业的重要举措。特别是大学生选择专利项目进行科技型创业，既有一定的技术含量，又可以受到国家法律的保护，更大大降低了创业风险。

大学科技成果转化与大学生创业的结合是实现科技成果潜在价值的有效途径。高校科技成果转化的突破口是根据科技成果找到市场，实现产品的潜在价值，而创业旨在根据市场机会，创造出新颖的产品、服务，实现其潜在价值。大学生利用现有科技成果进行创业，是在对现有成果进行市场机会评价的基础上，来发现和捕捉其未来的市场机会，确定目标客户，分析市场容量，找到竞争对手，确定营销策略，预测市场占有率，确定资金需求和融资渠道等，并通过创业所需硬件和软件投入，将产品或服务提供给客户，在科技产品和需求方(消费者)之间架起一座桥梁，实现科技成果的市场价值。

---

① 徐敏.大学生75.22%想创业　1.94%真创业[N].解放日报，2009-08-05.

"挑战杯"全国大学生创业计划大赛是近几年风靡全国高校的重要赛事。全国大学生创业计划竞赛是大学生把科技成果或现代服务与创业活动有机结合的实战性模拟演习,成为培养大学生创新能力、团队精神的有效手段,具有很强的导向性和示范性。通过学校、各省(直辖市)创业团队比赛活动的层层筛选和选拔,最终进入全国比赛,两年一届这种创业比赛活动,极大提高了大学生创业的能力和素质,对大学生创业精神的培养、创业信心的树立、创业能力的提升等都具有重要意义。

为鼓励大学生机会型创业创办科技型企业,加快扶持科技型中小企业的发展,我国已初步形成了涉及融资、开业、税收、创业培训、创业指导等方面的扶持政策体系。首先,专项基金引导。1999 年国家设立了科技型中小企业技术创新基金,通过无偿资助和贴息贷款的形式扶持科技型初创期企业。其次,税收政策优惠。2007 年颁布的《中华人民共和国企业所得税法》对创业投资、税收提供优惠政策,对符合条件的创业投资的中小高新技术企业投资额 70%抵扣应纳税所得额,符合条件的技术转让所得,可以免征、减征企业所得税。第三,风险投资引导。2008 年 10 月,发改委、财政部、商务部联合发布《关于创业投资引导基金规范设立与运作的指导意见》,指出引导基金应按照"政府引导、市场运作,科学决策、防范风险"的原则进行投资运作,对中小企业特别是中小高新技术企业进行投资,促进科技型企业的发展与风险投资的有机结合。第四,强化大学生科技型创业的实践。2009 年 7 月科技部发布了《关于大学生科技创业见习基地试点工作的实施方案》,提出要大力建设大学生科技创业见习基地,从创业培训、创业见习、创业模拟到实办企业四个阶段推动大学生创业就业,旨在依托国家科技创业孵化体系,通过提供创业环境与硬件保障、创业培训与辅导、专业技术公共平台和投融资服务、市场拓展服务,以及国家科技型中小企业技术创新基金扶植等特殊优势,引导集聚社会资源,培育大学生的创业意识和能力。大学生进行科技型创业,创办科技型企业不仅是大学生发挥专业和知识优势的必然选择,也是高校促进科技成果转化,发挥服务社会功能的重要使命。

## 第四节 基于创意产业的大学生机会型创业

以创新为中心的产业成为当今社会经济增长的源泉之一,基于知识产权的创意产业,以高于各国同期 GDP 的增速,正成为经济发展的突出亮点。在以知识为基础的知识经济社会,智力资源成为一个国家、一个企业取得竞争优势的核心资源,专利法、商标法、著作权法等知识产权法成为知识经济健康发展的保障,受法律保护的知识产品形成产业化发展,显示出创意产业正成为经济发展的新动力。创意产业巨大的经济增长潜力和增长速度,促使世界各国政府提出相关激励措施扶持创意产业的发展，以进一步提升国家综合竞争力。创意产业是所有产业中增长最快、最具活力的产业，创意产业为大学生机会型创业提供了广阔的发展空间，大学生也成为我国创意产业发展最具活力的生力军。

## 一、创意产业的内涵与发展特点

英国创意产业专责小组在 1998 年出台的《英国创意产业路径文件》中最先提出创意产业(Creative Industry)定义，“源于个人创造力与技能及才华，通过知识产权的生成和取用，具有创造财富并增加就业潜力的产业。”并根据该定义，界定了休闲游戏软件、电视与广播、出版、表演艺术、音乐、电影与录音带、时尚设计、工艺、广告、建筑、时装设计、软件、古董等 13 个行业为创意产业。① 国际文化经济学家约翰·霍金斯在《创意经济》一书中把创意产业界定为：“其产品都在知识产权法保护范围内的经济部门。知识产权有四大类：专利、版权、商标和设计，知识产权法的每一形式都有庞大的工业与之相应，加在一起这四种工业就组成了创造性产业和创造性经济。”②

可见，创意产业是基于知识产权，发展动力来源于个人的创造力、技能，商业价值来源于对知识产权的开发，并能造就业机会的产业。

从创意产业的内涵可以看出，创意产业具有很强的渗透性，可以渗透到各个产业，如渗透到传统产业，为传统产业注入策划、文化、设计等创意元素，而处于产业价值链的高端，并通过其强大的辐射作用，拓展包括传统产业在内的各产业的内容，推动产业结构的升级。创意产业的核心生产要素是智力、知识、技术等非物质性创造力要素，是基于自主知识产权的低消耗、高附加价值的产业。创意通常是个人的灵感体现，需要利用数字化、可视化、信息化等技术手段进行创新性整合，使创意物化并获得价值，其生产方式是脑力、体力与信息化的结合，体现出文化、技术和经济相互交融并集成创新的特点。广告设计、软件设计、文化传媒等创意企业往往是知识密集型企业，并呈现出小型化、个体化、灵活化的特点，显示出强大的发展潜力。

创意产业在各发达国家得到迅速的发展，已成为发达国家的支柱产业和经济增长的新引擎。“美国的创意产业从 1996 年开始，创意产业已经超过航空、重化工及汽车等传统领域，成为最大的出口产业，2005 年增加值达到 13 881.3 亿美元，占 GDP 比重为 11.12%，在其国内产业构中仅次于军事工业；2005 年英国创意产业增加值为 608 亿英镑，占 GDP 比重为 7.3%，是仅次于金融服务业的第二大产业。

---

① Florida，Richard. The Rise of the Creative Class[M]. New York：Basic Book，2002：93-95.

② Howkins J. The Creative Economy：How People Make Money From Ideas[M]. Allen Lane：The Penguin Press，2001：13.

截至2005年底，日本与动漫有关的市场规模已超过2万亿日元，动漫产业成为日本第三大产业，广义的动漫产业占世界市场的62%。”①当代世界软实力的竞争日趋激烈，创意产业的发展日益成为各国之间竞争的重要方面。

“我国创意产业正处于兴起阶段，市场潜力非常大，发展迅速，每年保持15%以上的增长速度，远超过GDP和第三产业的增速。”②创意产业以市场的需求为导向，挖掘并激发市场需求，是源于个人创造力的创造性活动，具有很强的渗透力和广泛的融合性，伴随着大量的创业行为，形成其强大的生产力，形成更多中小型企业，创造大批的就业岗位。2007年我国首次发布全国创意产业的基本情况，指出近年来我国创意产业取得快速发展，年销售收入不断攀升。“从2004年的平均2 410.69万元，增加到2005年的4 221.18万元，2006年又进一步提高到5 242.29万元。2006年被称为中国‘创意经济元年’，在2006年之前的这三年间，中国国内创意企业销售额大幅增加，我国创意产业迎来大发展的黄金时代。”③创意产业作为一个最具有活力和高附加值的新兴产业，正逐渐成为新的经济增长极，列入重点发展的支柱产业。“十二五”期间，北京文化创意产业的目标是，增速高于全市总体经济增长速度，占全市地区生产总值的比重力争达到15%，上海“十二五”产业发展规划提出创意产业将成为上海市“十二五”中新的支柱产业。

创意产业发展对带动就业具有重要意义。数据显示，“创意产业增加值占全国GDP的比重，每提高1个百分点，就可以多提供453.3万人就业，成为我国推动社会就业的巨大动力。2005年，英国创意产业提供了200多万个就业机会；在美国的产业结构中，创意产业占GDP的20%以上，为美国国内提供了1 700多万个就业岗位。”④

综上所述，创意产业是一个充满活力并具有巨大发展潜力的新兴产业，成为世界经济发展的新领域，也必将成为我国经济转型和产业结构升级新的增长点。创意产业是知识密集型的产业，发展创意产业需要大量有知识、有创新精神的人才，这就要求高校不断改革人才培养模式，培养更多有创意、能创造、敢创业的创意创业人才。

## 二、创意产业发展与大学生机会型创业相互促进的机理

创意产业是基于知识创新和知识优势而参与市场竞争的产业，创意产业成为

① 马春. 国外创意产业发展现状及对我国的启示[J]. 科技管理研究，2010(2).

② 华正伟. 创意产业：大学生就业的理想空间[N]. 光明日报，2010-12-29.

③ 方圆. 我国创意产业迎来黄金时代[N]. 中国新闻出版报，2007-11-15.

④ 华正伟. 创意产业：大学生就业的理想空间[N]. 光明日报，2010-12-29.

知识经济社会最具活力的产业之一。大学生思维活跃，勇于冒险，大学生通过创意进行创意创业呈现出其独特的优势。

1. 创意产业为大学生创业提供了广阔的发展空间

创意产业是知识创造型的产业，其创业者和从业人员应具有较高的学历，创业所需资本主要是创意产品，而且经营方式灵活，企业规模以中小企业为主。创意产业的这些特点更利于大学生发挥优势进行创意创业。

首先，创意产业的从业人员呈现白领化、年轻化的结构特征。创意产业是以脑力劳动为主的智力型产业，其竞争实力和竞争优势越来越依赖于大量精力充沛、思维活跃、富有创新精神、高学历的从业人员。对劳动力需求的高级化进程，导致创意产业的岗位结构呈现出白领化趋势，成为适合并对大学生创业极具吸引力的领域。

其次，创意产业作为知识密集型的产业，它的主要资本是知识资本。大学生在学校里学到很多理论知识，综合素质较高，"用知识换资本"成为大学生进行机会型创业的理想选择。没有太多资源的创业者，只要有好的、具有市场前景的创意产品，就可以启动创业。大学生有激情，富有创意，但缺少经验和资金，而创意产业对资金的需求有较大的弹性，有利于大学生扬长避短进行创业。

再次，创意产业体现新经济的创新性、高附加值性、强融合性、渗透性和持久盈利性特点，日益呈现出融入服务业、制造业甚至包括初级制造业等其他产业。从大学生创业的实际来看，从事资金投入少，智力投入大的智力型创业可以极大降低创业风险，如装潢设计、广告设计、服装设计、软件开发等，这些不涉及复杂的生产管理、纷杂的市场投入和高额的初期投入，创业者无论学工科、学艺术，还是学理科、学文科等，都可以找到适合自己的创业领域。

2. 大学生机会型创业是发展我国创意产业的主力

大学生年轻，对未来充满希望，有着美好的憧憬，对自己认准的事会有激情去体验，敢想、敢尝试，具有"初生牛犊不怕虎"的精神。这些都是一个创意创业者应该具备的素质。大学生无论在校期间，还是步入社会，都与学校结下了不解之缘，大学成为他们创业可以充分依赖的资源。近几年来，我国大力倡导全民创业，鼓励大学生创业，相继制定了涉及创业培训、资金扶持、创业孵化、税收减免等一系列优惠政策，为大学生创业创造了良好的环境，成为大学生创意创业显著的比较优势。

近年来我国每年有 600 多万甚至 700 多万的大学毕业生走向社会，在给社会带来巨大就业压力的同时，也给社会带来大量的创业大军。大学生进行机会型创业具有自身的知识和技术优势、学校的资源优势、国家和地方的政策优势等。整合资源，弥补不足，放大优势，正确引导，才能使大学生在机会型创业过程中发挥优势，提高机会型创业率和创业成功率。特别是 2010 年 5 月人力资源和社会保障部下发的《关于实施大学生创业引领计划的通知(人社部发〔2010〕31 号)》，提出的工作目标是：2010—2012 年，三年引领 45 万名大学生实现创业，并提出了一系列配套措施。有创业愿望并具备一定条件的大学生都得到创业培训，准备创业的大学生都得到创业指导服务。在政策导向、舆论导向和市场导向的推动下，每年数十万大学生实现创业，创业中最具吸引力的应是创意产业，大学生应当成为我国创意产业最具活力的生力军。

近年来我国很多高校在发展大学生创意产业时做了有益的探索，为大学生创意创业积累了宝贵经验，并显示出大学生创意创业的强大生命力。2009 年 12 月首个"大学生创意产业创业中心"落户洪山，洪山区与华中师范大学共建"大学生创意产业创业中心"揭牌。为方便大学生创业，洪山区连续出台了减免税费、设立专项扶持资金、畅通融资渠道等 22 项优惠政策，大学生一定时间内可免交场地租金，办理工商、税务、法律等相关手续等也是一路绿灯。首批入驻运营的大学生创业项目有 10 个，涉及教育培训、平面设计、软件开发等创意型产业。① 中国美院充分利用各类机会培养学生的创意创业能力，并通过大项目的历练和实战切实提高学生的工作能力，2010 年，杭州凤凰创意国际、大学生创业园内已有 21 家美院学生开办的企业，上城区馒头山大学生创业创意园内有 8 家美院学生开办的企业。② 为使大学生创意设计作品推向市场、转化为服务社会的产品推向社会、促进交流、提升创意价值，2011 年杭州文化创意产业博览会组委会办公室和杭州经济技术开发区管委会主办，青年时报、杭州和达创意设计园和杭州酷思文化创意园承办了"2011 在杭高校大学生创意设计展"。在这次设计展中，不仅有建筑、服装、概念汽车、各种与生活有关的产品，还有一个专门放映动画的观影区，每一件展出的作品都带有他们丰富的创意或想法，有效地促进了创意设计与市场实践的结合。③ 还有不少高校大力开展创意设计和创意竞赛活动，营造创意、创新、创造和创业的氛围，激发大学生的创意激情，提高了大学生的创意创业实践能力。

## 三、引导大学生机会型创业创意产业的设想

作为投资小、风险小、智力型的创业活动，创意产业为大学生创业提供了广阔的空间。同时，为使大学生抓住机遇，发挥专长进行创意创业，政府、社会和高校还应加强人才培养模式的创新，营造有利于大学生创意创业的环境，鼓励更多的大学生创意创业。

一是注重开展大学生创意竞赛活动。开展大学生创意竞赛是营造创意氛围，

---

① 刘元聪，陈璐. 首个"大学生创意产业创业中心"落户洪山[N]. 武汉晚报，2009-12-22.

② 陈樱之，项盈盈，金晓依. 中国美院"2010 年毕业展"引爆创意产业春天[N]. 浙江日报，2010-06-09.

③ 邱伊伦. 打造大学生创意创业平台[N]. 青年时报，2011-06-16.

促进大学生创意创业的重要途径。高校应结合学生的所学专业，鼓励和引导学生进行创意设计，将创意设计与专业学习结合起来；开展创意比赛，或专项的服装设计创意比赛、建筑设计创意比赛、玩具设计创意大赛、网络虚拟形象创意大赛等，强化大学生的创意意识，激发创意激情。各类创意比赛活动的开展，一方面可激发大学生灵感，捕捉创意，形成具有商业价值的创意作品，另一方面也为大学生创意创业打下基础。

二是营造有利于大学生创意创业的环境。创意创业受到创业者个体创意的价值观念的影响，更受环境的影响。营造一个激发创意思维，鼓励创业精神，创意与市场互动的环境，建设创意创业园，对提高创意创业的成功率具有重要意义。虽然很多高校注重大学生创业的软硬环境建设，但是，大学很少有针对专业建立的创意创业园区，缺少专门针对创意创业的鼓励政策，这些都制约着大学生开展创意创业活动。因此，建议高校在建立大学生创业服务体系过程中，结合专业特点，建立大学创意创业园，为大学生创意创业提供更多的帮助和扶持。

三是积极筹措创意创业资金。大学生开展创意创业是一项可行可为、前景广阔的事业，但是如果没有资金，创意创业也难以启动。大学生创意创业初期信用尚未建立，难以从银行获得贷款，目前我国风险投资体系不是很完善，大学生的创意创业很难获得风险投资。所以，建议政府和高校设立大学生创意创业基金，为大学生创意创业提供资金支持。通过对大学生创意创业的扶持，促进更多大学生从事创意创业，使创意创业成为地方经济和国家经济实现创新驱动发展的“直接驱动力”。

# 第十章 大学生机会型创业风险管理

创业意味着冒险，因为创业活动首先必须付出人力、物力和财力，而这种付出能否得到回报具有很大的不确定性。创业过程中的每一步能否实现预期目标，其影响因素具有复杂性、可变性和不定性，因此，创业过程中只有面对风险并不断化解风险才能成功。科学认识创业中的各种风险，有效应对各种风险，成为创业走向成功的关键。

## 第一节　创业中的风险

创业可以成就人生梦想，创业可以体现人生价值，创业可以拥有属于自己的事业。很多人想创业，但又有很多人在创业面前停下了脚步，原因何在？因为，创业有风险，创业可能会失败，可能会使创业者血本无归，甚至倾家荡产。面对创业对人生、对社会的巨大意义，因为有风险而停止创业无疑因噎废食，只有认识风险，管理风险，化解和驾驭风险，才是在风险中创业，在风浪中前行的明智选择。创业中有各种风险，不同的风险有不同的应对策略，化解风险首先必须理性认识创业中的风险。而且，风险对整个创业成败的影响、创业经济损害程度的影响以及初创企业社会声誉的影响等都有大小的度量，只有充分认识风险及造成风险的原因，才能有效化解风险。

### 一、关于风险

何为风险（downside risk）？A. H. Mowbray（1995）称风险就是不确定性；J. S. Rosenbloom（1972）将风险定义为损失的不确定性；朱淑珍①在总结各种风险描述的基础上，把风险定义为在一定条件下和一定时期内，由于各种结果发生的不确定性而导致行为主体遭受损失的大小以及这种损失发生可能性的大小。王明涛

① 朱淑珍. 金融创新与金融风险——发展中的两难[M]. 复旦大学出版社，2002：20-23.

认为[①]：风险是指在决策过程中，由于各种不确定性因素的作用，决策方案在一定时间内出现不利结果的可能性以及可能损失的程度。它包括损失的概率、可能损失的数量以及损失的易变性三方面内容，其中可能损失的程度处于最重要的位置。叶青、易丹辉（2000）认为[②]，风险的内涵在于它是在一定时间内，有风险因素、风险事故和风险结果递进联系而呈现的可能性。

可见，目前学界对风险的内涵还没有统一的定义，风险在不同的领域有不同的理解。因为在不同的领域人们期望的结果是不一样的，在企业可以是利润或收益的损失，在人生可能是身体的伤害，有的可以用损失表示，而有的则只能用损害表示等，但不管怎样，风险都是一种损失、损害、危害或人们担心结果发生的不确定性或可能性。风险有损失、损害、危害程度大小之分，也有发生的可能性大小之分，是各种风险因素及其相互作用的结果，如果把风险看成是实际结果与预期结果的一种偏离，则由于实际结果与预期结果间有两种偏离，一种是正偏离，一种是负偏离，只有当实际发生的结果与预期产生的结果发生负偏离时，才会出现风险。

例如，大学生在创业中由于资金不足，经验不足，管理不善，造成创业失败例子有很多，造成经济方面的损失，也有不少学生不仅创业失败而且还影响了学业，造成课程不及格甚至不能毕业。如，南通职业大学计算机网络专业学生张某，家里很多亲戚都在做生意，在高中时张某就经常到他们那里去帮忙，对他以后创业就有一定的思想引导。在大学期间他曾在校外联部做过短暂的工作。大学期间他与南通大学的两个朋友合作开了一家网店，但由于在网店上投入了大量的时间和精力，没有时间去上课，以致多门课程不及格，2011 年毕业时未拿到毕业证书。又如，南通职业大学 2009 级计算机网络专业学生孙某，他的父亲十几年前做生意失败，沉沦了多年，使他从早小萌发创业的想法，大一期间，他尝试卖宠物貂，赚了不少钱，后来开淘宝网站，做游戏方面的道具、代练、外挂等，大学期间的学费、生活费都是自己解决的。他由于将大部分时间用于网站经营上，大二结束后学分少至学校留级标准，只能留到下一级去学习。

风险按其性质分为纯粹风险和投机风险，纯粹风险指的是只会造成损失，不会带来收益的风险，而投机风险是指风险与机会、收益并存；风险按其来源可分为自然风险和人为风险；按风险事件的主体承受能力可分为可承受风险和不可承受风险；按风险的对象可分为财产险、人身险和责任险；等等。实际上，在创业过程中，只要有不确定的因素存在，预期的结果就有不确定性，就可能出现预期结果的负偏离，就存在风险。

---

① 王明涛. 证券投资风险计量、预测与控制[M]. 上海财经大学出版社，2003：1.

② 叶青，易丹辉. 中国证券市场风险分析基本框架的研究[J]. 金融研究，2000，240(6).

大学生创业，无论是在学期间创业还是毕业创业，实践证明，大学生创业的风险不是纯粹风险，而是投机风险。大学生创业中的不确定因素很多，特别是机会型创业中的不确定因素较生存型创业中的不确定因素多得多，如技术(产品)、市场(竞争)、融资、管理，还包括法律、人力资源、政治、经济、文化等。而且，作为初创企业在发展过程中会经历种子期、导入期、成长期、成熟期和蜕变期等，不同的发展阶段会遇到不同的不确定因素，呈现出不同的风险特征。

认清和把握各种风险的目的是进行风险的控制和管理。袁宗慰认为“风险管理是指在对风险的不确定性及可能性等因素进行考察、预测、收集、分析的基础上制定出包括识别风险、衡量风险、积极管理风险、有效处置风险及妥善处理风险所致损失等一整套系统而科学的管理方法”。[①] 李中斌认为，风险管理是研究风险发生规律和风险技术的一门新兴管理学科，各经济单位通过风险识别、风险估测、风险评价，并在此基础上优化组合各种风险管理技术，对风险实施有效的控制和妥善处理风险所致的后果，期望达到以最小的成本获得最大安全保障的目标。[②]

风险管理一般包括风险分析和风险控制两部分，其中风险分析包括风险辨识、估计和评价三部分；风险控制包括风险监督和风险响应。风险分析的方法很多，包括定性分析和定量分析，期望净现值法、组合投资理论、效用理论、层次分析法、多目标决策法等，风险控制则是在风险分析的基础上，针对不同的风险，采用有效的控制方法，主要有风险回避、风险转移、风险降低和风险保留等措施。

创业风险作为大学生在企业创业过程中存在的风险，是指由于创业环境的不确定性、创业机会与创业企业的复杂性，创业者、创业团队与创业投资者的能力与实力的有限性而导致创业活动偏离预期目标的可能性。

实际上，创业风险是在创业过程中可能发生的损失。创业风险有一般风险的共性，同时也有自身的特殊性，创业风险的基本特征为：

一是客观的潜在性。创业风险是客观存在的，但它一般又以隐蔽的形式存在于创业的全过程中。

二是触发的随机性。当条件超过了一定的限度，本来以隐蔽形式存在的创业风险就会触发释放，从而演化为实实在在的损失。

三是得失的两重性。创业风险既可能给创业者造成不同程度的利益损失，也可能为创业者带来不同程度的风险利益。一般来说，风险利益与风险的大小成正比。

---

① 袁宗慰. 保险学[M]. 台北：台湾经济合作月刊社，1981.

② 李中斌. 风险管理解读[M]. 北京：石油工业出版社，2000.

四是可控可变性。通过各种主客观因素可以认识，可以预测和控制，因此，创业风险可以通过采取有效措施，将风险释放的几率和强度降低，将风险覆盖范围收缩。

## 二、创业风险的种类

要创建一个新的企业，必然要面临市场的检验、同行的竞争和资金的来源等一系列不确定因素，因此，创业过程中伴随着风险。在项目或组织内确定风险产生的原因，可以全面、系统地识别潜在风险，合并类似风险的规避措施。

根据不同的标准可以对风险进行不同的分类。从风险因素的来源看，风险可以划分为外部风险和内部风险。根据风险来源的主客观性，创业风险可分为主观创业风险和客观创业风险。主观创业风险，是由于创业者的认知与心理等主观方面的因素导致创业失败的可能性。客观创业风险，是由于各种客观因素导致创业失败的可能性，如政策的变化、市场的变动、竞争对手的出现、创业资金缺乏等。根据风险的防范性可分为可抗拒风险和不可抗拒风险。其中，可抗拒风险是指在创业过程中潜伏的，可以通过科学决策避免的风险，主要是创业者决策、管理、操作等过程中所蕴含的风险，大多是人为的。不可抗拒风险是指由于自然灾害、意外事故等所构成的风险。需要指出的是，不可抗拒不等于不可以防范，如创业者在创业设计中为其留有足够的空间、风险出现后采取有力措施尽量减少或消除损失等，都是防范不可抗拒性风险的良策。根据风险产生的后果，创业风险可分为局部性风险和全局性风险。局部性风险是由某个因素的独立作用，或者是由几个因素的相互作用所引发的，仅在创业过程的局部发生影响。全局性风险是指关系到创业行为的全局，对整个创业活动产生大的影响的风险。全局风险的产生，可能是局部性风险转化而来的，也可能是由于各主客观不利因素的综合作用所引发。根据风险对所投入资金的影响程度划分，风险可分为安全性风险、收益性风险和流动性风险。创业投资包括专业投资者与创业者的投资。安全性风险，是指从创业投资的安全性角度来看，不仅预期实际收益有损失的可能，而且考虑投资方财产的安全存在危险。收益性风险，是指在创业投资的投资方的资本有保证的前提下，预期实际收益有损失的可能性。流动性风险，是指在投资方的资本以及预期实际收益不会受损失的前提下，资金有可能不按期转移或支付，产生资金运营的停滞，使投资方蒙受损失的可能性。

从创业风险内容的表现形式看，风险往往表现为市场风险、投资风险、财务风险、管理风险、技术风险、法律风险等。

1. 技术风险

指在技术投入、开发、应用过程中，由于种种因素的不确定性而导致创业失败的可能性。技术开发所投入的资金、人力、物力沉淀在技术成果中，其投入能否成功开发出预期性能的成果，存在着很大的不确定性；开发出来的成果，能否规模化生产出来，其流水线的设计，生产工艺的开发等，存在着很大不确定性；生产出来的产品，需要有效地推向市场，产品能否被市场接受，存在着很大的不确定性等。一般技术开发在产品阶段、生产阶段、市场阶段的投入是增加的，投入的递增意味着风险的增大。由于积累投入的递增，因而失败的时间越后，开发者面临的风险越大。因此，技术风险存在于技术成果转化的全过程中。

2. 市场风险

由于市场情况的不确定性导致创业者或创业企业损失的可能性。市场风险主要是由于新产品市场的潜在性引起的。一个全新的产品推向市场，顾客对新产品的认识和接受有一个过程，难以及时了解其性能，因而对市场容量难以准确地估计出来；新产品的推出时间与顾客需求激发时间有一个时滞过程，这一时滞往往会导致企业投入资金难以收回。新产品进入市场常常面临激烈的市场竞争，如果开发或生产新产品的成本过高将影响其竞争力；新创企业缺乏强大的销售系统，在竞争中能否占领市场，能占领多大份额，也是难以有效确定的。

3. 管理风险

指因创业企业管理不善产生的风险。企业在市场经营过程中，其产、供、销、财务、人事等有效运行是一个系统化的管理。由于某些因素如需求变化、售价变化、投入成本变化、固定成本比重的变动等，企业没有有效联动地应对，而使企业受到损失的风险。

4. 团队风险

公司刚刚起步，由于管理人员的经验不足，可能会造成公司战略上的一些失误。或者随着创业团队的壮大，不同的专业背景、学历水平的成员加入，很有可能在决策中，意见不统一而造成决策过程冗长，或成员考研、出国等而离开团队，影响公司的运营效率。

例如，欣颐健康顾问有限责任公司是一家属于国家政策鼓励的现代服务型公司，作为一家专业的健康顾问公司，公司主要针对不同的生命个体和群体进行系统的全生命周期的健康管理。公司的主营业务有健康档案、体检服务、健康生活方式管理、健康咨询、就医服务等系列健康业务。公司结合国内外最新健康管理研究理论和最新的服务模式，依托南通大学附属医院的医疗资源，为顾客进行个性化、人性化的健康管理提供了条件，不但能帮助客户提高健康意识、指导健康生活，而且对于疾病的预防、预警和干预具有重要现实意义。该创业活动存在哪些风险？

欣颐健康顾问有限责任公司为顾客提供健康管理服务，在国内健康管理服务市场缺少探索，同时该公司处于初创阶段，在运营中只有针对在公司管理、经营过程中可能的风险因素，采取预防或消除措施，做到事先预测、事中控制、事后分析总结，形成不断提高的闭环系统，才能在激烈的竞争中脱颖而出。这些风险主要有：

(1) 市场风险

健康管理在中国发展不足十年，仍处于市场探索阶段，民众对健康管理服务认识程度不高。且由于该公司处于创业初期，在营销渠道的实现上仍然需要加大投入，服务产品的潜在问题尚未出现，在市场接受程度的预估上也存在着不确定性，所以市场风险还是存在的。

(2) 资源风险

公司还处于创业初期，正在探索与各合作商、供应商的合作模式，在与医疗机构、保险机构以及其他服务资源的合作过程中可能产生的矛盾，会给公司带来很大的经营风险。

(3) 管理风险

公司在管理上的风险主要是由于管理层缺乏实战经验，在经营决策的过程中可能出现战略性的失误而造成的风险。另外在经营过程中可能因管理不善，用人不当而造成的人员风险，以及在业务中产生法律纠纷，都可能给公司造成管理风险。

(4) 财务风险

由于该创业公司难以凭借历史数据进行投资分析、决策，因而只能在估计、经验统计的情况下做出决策，使各个发展时期的资金需求量的精确度受到影响。

该公司化解风险的对策：

为了公司能在激烈的市场竞争中得以生存与发展，该公司客观地分析了所处的生存环境中存在的各种风险，应事先做好准备，制定各种应对策略，形成公司发展的良性循环。针对前面的困难及风险测定中出现的风险问题，公司具体将采取以下几种措施：

(1) 针对市场风险：采用以点带面、点面结合的营销方案，以社区为切入点，集中全力打造样板社区，以较低的成本获得市场经验，并树立欣颐的公司形象。公司在选择体检服务、健康咨询、就医服务等服务项目的同时，对不同的投资项目风险进行权衡，以便做出正确的投资决策。取消某种风险大(指风险事故发生的频率高、损失程度大)、收益低的业务项目。

(2) 针对资源风险：加强与医疗资源供应者之间的沟通，拟在公司中建立公共关系部门，处理复杂的社会关系。

(3) 针对管理风险：对于重大决策问题，公司将召开董事会，集中讨论决定实施方案，避免因个人偏差而造成公司的重大损失。注重细节，重在反馈，及时调整采用激励措施留住员工，建设公司文化，提高员工对公司的归属感，聘请法律顾问来处理法律纠纷。

(4)针对财务风险：在公司运行过程中，公司将聘请专家予以指导，并建立动态的调整策略，尽可能使数据精确可靠，加强成本管理意识，建立健全规章制度，重视成本核算，每年提取一定的盈余公积金用于预防金融风险和弥补公司可能出现的亏损。

## 第二节　大学生机会型创业种子期特征风险

好的起步是走向成功的关键，种子期是大学生选择创业的起始或上马阶段。种子期经过项目寻找、机会识别、技术完善、样品试制、公司注册等，完成企业创立和产品创新两大质的飞跃，是启动最难、风险最大的起步阶段，而成功的起步是创业走向成功的关键。如何使学生创业起好步，理性认识大学生创业起步阶段的关键风险，对大学生机会型创业具有重要的现实和理论意义。为便于阐述和理解，本节仅以产品类创业项目为对象进行研究。

### 一、大学生机会型创业种子期的风险特征

机会型创业是为追求更大发展空间，发现或创造新的市场机会，通过新产业的开拓实现对新市场开拓的创业形态，呈现出创业起点高，对经济社会的推动力大，市场空间大，风险大等特征。

大学生机会型创业所利用的高校科技成果，主要是专利技术。但高校专利技术成果多数偏重理论，有些甚至还停留在仅有技术思路、没有具体技术方案的阶段；有些发明是技术人员为了报成果，晋级晋职而做出来的，没有什么实用价值；有些专利技术仅仅是一个创意、一张草图，工艺方案和路线不完整；有些专利设计粗糙，许多技术细节不完善，样机制作低劣；有些专利技术含量高，投入市场需要较强的技术开发能力、较长的周期以及较高的资金投入；许多专利技术不是一种可供直接转化的技术，还需要结合市场，研发有关工艺，然后才能生产出有竞争力的产品。所以，高校大多数专利技术要达到可投入市场的形式还需进行大量的工业化试验和开发。因此，大学生创业激活的“睡眠项目”，往往是技术不成熟、产品不成型或工艺不完善，新产品能否按预定目标开发出来存在极大的不确定性。国外有关资料表明，在研究开发活动中，从创意提出到开发成功具有一定商业前景的项目仅占5%左右。① 所以，创业初始风险极大，种子期的技术风险最大。

① 马飞，苗淑娟，薛丽娜. 基于生命周期的高科技型中小企业融资特征[J]. 经济纵横，2006(7).

### 二、创新是大学生机会型创业种子期化解技术风险的关键

种子期的目标是物化产品。种子期是创业者根据市场需求，提出创意，通过其创造性的探索研究，形成新的理论、方法、技术、发明或进一步开发的阶段。因此，种子期具有强烈的技术创新特征，其核心投入要素是创业者的智力和技能。任何科技成果的研发都是一个从无到有的过程，刚开始可以有各种理论设想和研究试验方案，经过反复的实验、探索、比较，最优的方案会逐渐显露出来。新技术、新产品在诞生之初都是十分粗糙的，它能否在现有的技术条件下很快完善起来，并没有确切的答案。因此，研发新产品的设想虽然令人神往，但它能否按预定目标开发出来，存在极大的不确定性，面临着极大的技术风险，必须通过研究开发，实现技术成果的产品化，生产出样品、样机，或者开发出较为完整的工业生产方案，实现由创意变成产品的质的飞跃，所以，产品或技术的创新是化解种子期技术风险的关键。

## 第三节　大学生机会型创业需跨越的四个“死亡谷”

创业意味着冒险和付出，大学生利用高校科技成果进行机会型创业，创办科技型企业，更是一个成功率低、死亡率高的冒险，创业途中面临一道道“死亡谷”。为化解大学生创业风险，探索大学生机会型创业的内在规律，探寻大学生机会型创业成功之路，跨越大学生机会型创业途中的死亡之谷，成为我国促进大学生机会型创业亟待解决的问题。为便于阐述和理解，本节仍以产品类创业项目为对象进行研究。

### 一、大学生机会型创业过程中的“死亡谷”

机会型创业是通过发现或创造新的市场机会，为追求更大发展空间，通过新产业的开拓实现对新市场开拓的创业形态。在创业领域方面，机会型创业很多是利用自主知识产权进行的技术型创业，也有在资源要求较高的金融、保险、房地产等领域。大学生创业难以从事依靠资金资源要求很高的金融、房地产领域的创业。那么，发挥自身知识和专业技术优势是大学生机会型创业的必然选择。

我国高校有着丰富的科技成果，很多成果长期处于闲置状态，由创业学生来激活“睡眠项目”，无疑是科技成果转化的重要途径。特别是大学生选择专利项目进行机会型创业，既有一定的技术含量，又可以受到国家法律的保护，更大大降低了创业风险。但现实中利用高校科技成果进行创业的成功率并不理想。据统计，我国只有 4%的新技术最终可以成功地得到市场的认可，96%的新技术都被“死亡

谷”吞噬或成了博物馆的陈列品。① 可见，大学生创业成功率低下并不能完全归结于大学生缺少科技成果，而应是多种原因共同作用的结果。笔者认为，大学生创业中的“死亡谷”是深藏于大学生机会型创业途中一道道无形而难以跨越的资金链随时可能断裂。

一项科技成果实现产业化一般可以划分为研究开发、产品化（中试）、产业化（规模化生产）三个阶段，其资金投入比例大体上是 1∶10∶100。在第一阶段由于资金比较小，一般是政府投入和创业者自有资金；第三阶段，企业发展具备了规模化的实力，其资金流得到缓解，也容易得到银行贷款。而第二阶段的产业化初期，资金需求量大幅上升但由于技术风险高和市场风险大②，于是就出现了很多非常有前景的企业纷纷倒在自己希望中的现象。“死亡谷”是全球范围内普遍存在的中小企业高淘汰率现象：约 50%的小企业在创立 3 年内死亡，在剩下的 50%企业中，又会有 50%熬不到 5 年又消失了；剩下的 1/4 企业中也只有极少数能够熬过经济周期的严冬。在美国，只有 13%的中小企业能存活 10 年以上。硅谷初创企业的死亡率甚至曾经高达 70%。③

中国科技促进发展研究中心创投部部长房汉廷认为④：一个企业从诞生到成长，再到成为行业领跑者要跨越三个死亡之谷。首先，从把创业的创意变成企业时，如果既没有资金又没有抵押物，更没有信用，那么如何成立企业就会碰到瓶颈，大多数人只能将家庭、朋友的钱拿来投资，这是创始人需要经历的第一个“死亡之谷”；创办企业后，原来的内源性资金消耗完了，外部融不了资，但是又需要推出产品，所以这个时候企业就碰到了第二个“死亡谷”，在这个“死亡谷”面前，据统计显示大约有 50%左右的企业死亡；有了像样的产品，随之面临的就是把产品推向市场，然而缺乏市场推广资金，即第三个“死亡谷”。

笔者认为：大学生利用高校科技成果进行机会型创业将面临四个“死亡谷”。首先，大学生机会型创业资金链非常脆弱，没有工作经历，缺少资金积累，创业主要靠父母、靠亲朋好友筹集到的初始资金，企业创立需要门槛资金，验资、办公场地租赁、办公设备购置、公司注册等需要资金，启动资金的不足往往使创业陷入困境。其次，在高校科技成果中，技术成熟，市场前景好，可以直接投入生产的大部分已由企业转化，大学生机会型创业所利用的高校科技成果，往往是阶段性的成果，技术

---

① 户才和. 天使投资帮助创业者跨越“死亡谷”[EB/OL]. http://www.howvc.com, 2008-09-07.

② 刘文俭. 切实解决影响青岛高新技术产业发展资金瓶颈[N]. 青岛日报，2003-01-01.

③ 户才和. 天使投资帮助创业者跨越“死亡谷”[EB/OL]. http://www.howvc.com, 2008-09-07.

④ 张伯玲. 国家创业投资引导基金出炉[EB/OL]. http://www.szsmb.gov.cn，2007-09-26.

不成熟，或重复效果较差，工艺不成熟等。要制出模型、产出样品、完善性能等，还要对专利进行深度开发，需要研发人员、研发设备、研发场地、研发经费等，产品创新需要资金的支撑，资金不足将使创新无法开展。第三，样品生产出来后，要投放市场，必须进行批量生产，而批量生产涉及生产工艺和生产线的设计，生产设备的购置，原材料的购买，生产厂房的租建等，特别是创业初期的工艺创新需要大量资金的支持。第四，首次将产品推向市场，其市场营销策略的确定是一个探索过程，通过市场定位，确定目标客户，分析客户的需求，进行科学定价，建立市场渠道，策划促销活动，激发客户需求，将产品销售给目标客户，导入期的市场创新过程，需要耗费大量资金。从大学生机会型创业现金流量图(图 10-1)可以看出，只有产品进入市场，开始销售，现金流量曲线才上升，到 P 点后现金流才为正，所以，从起始点 $O$ 到 $P$ 点之间，是大学生机会型创业面临资金链断裂的“死亡谷”。四个死亡之谷，在大学生创业途中，成为必须跨越的鸿沟。

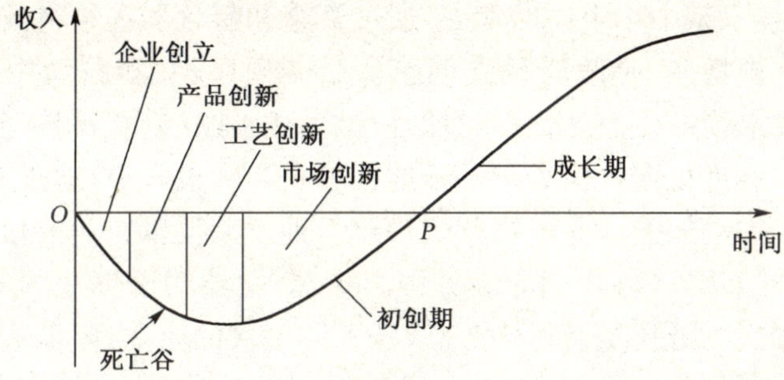


**图 10-1　大学生机会型创业现金流量图**

美国在 20 世纪 80 年代的调查认为，这个“死亡谷”的大致宽度是 25 万～200 万美元的创业资本需求缺口。欧洲对“死亡谷”的认识与美国基本一致。如果不能弥合这一缺口，创新企业就无法走出创业阶段，也就根本谈不上创新的成功。[①] 所以，大学生利用高校科技成果进行创业的关键在于探寻出谷之路，弥合创业资本需求的缺口。

## 二、大学生机会型创业过程中的出谷之路探寻

无法跨越市场学上的“死亡谷”，意味着创业企业很难通过从市场获取收入的方式来实现自我积累式的自发增长。有调查显示，“缺乏启动资金”在影响大学生创业的众多因素中首屈一指，数据显示，有 45.5%的大学生创业梦为此搁浅，“资

① 胡学明. 产业集群创新中政府的作用[EB/OL]. http://www.lainfo.gov.cn/news.php?xh=1077,2010-07-30.

金匮乏”已成为大学生创业的拦路虎。这实际上仅是大学生创业前的一种心理预期，感到创业注册公司需要资金，购置设备需要资金，作为一名消费者，一直在学校上学，没有资金积累，必然资金缺乏。这也是大学生想创业的多，真创业的少，而创业成功的则是凤毛麟角的重要原因。但从整个创业历程来看，即使公司注册资金解决，接下来的三个死亡之谷正等着他们，也是他们未能料及的。鼓励大学生创业，必须从理性的角度分析如何帮助大学生顺利越过死亡之谷。

市场机制的失灵是政府资助大学生机会型创业走出死亡之谷的理论基础。科技型中小企业既是加快科技成果转化、实现技术创新的有效载体，也是国民经济增长的重要源泉。而科技型中小企业在创立和成长初期，技术和市场风险高，商业价值不确定，社会资本不愿介入，企业自有资金很有限，银行、风险投资等各融资渠道对企业都基本上处于关闭状态。因此，企业很难得到市场融资，处于非完全竞争状态，市场机制在这个阶段出现失灵。为激发中小企业的创新活力，落实自主创新战略，政府应支持技术型中小企业的发展，通过资金和孵化器等给科技型中小企业必要的支持。具体包括：一是政府设立创新资金专项（设立科技型中小企业创新基金），直接资助技术第一次商品化；通过股权激励或补贴（设立科技型中小企业创业投资引导基金），促进投资机构对于种子期技术企业的投入等；通过专项补贴（以小额担保贷款积极推动创业），促进银行机构对于种子期技术企业的信贷等。二是政府支持大力发展孵化器（科技创业服务中心）。孵化器对于创业的成功至关重要，通过建立不同层次的孵化器，以全方位服务不同层次的企业，降低孵化成本。大学生利用科技成果进行机会型创业，应从政府得到创新基金、小额担保贷款、降低孵化成本等资助，跨越死亡之谷。

我国政府对大学生创业出谷之路的积极探索。为帮助初创企业渡过“死亡谷”，1999 年经国务院批准并颁发了《科学技术部、财政部关于科技型中小企业技术创新基金的暂行规定》，在科技部设立了科技型中小企业技术创新基金，专门用于扶持和引导科技型中小企业的技术创新活动。2007 年 7 月，国家财政部和科技部联合颁发《科技型中小企业创业投资引导基金管理暂行办法》，以有限的国家财政撬动社会资金源源不断流入种子期企业，通过杠杆式的引导创业投资行为，吸引社会资金注入种子期和起步期企业，帮助初创期企业接上可能断裂的资金链条，走出“死亡峡谷”。一些地方也设立大学生创业基金，2005 年旨在帮助西部地区吸引和聚集人才的“中国大学生西部创业基金”在北京宣告成立。2009 年 3 月，上海大学生科技创业基金启动，主要用于资助高校毕业生以科技成果或专利发明创办的企业，兼顾创意类和科技类咨询企业。

天使投资可以有效帮助初创企业渡过早期的困顿。2005 年为促进创业投资企业发展，规范其投资运作，鼓励其增加对中小企业特别是中小高新技术企业的投资，国家发展改革委、科技部、财政部等十部委审议通过了《创业投资企业管理暂行办法》，进一步完善创业风险投资法律保障体系，依法对创业风险投资企业进行备案管理，促进创业风险投资企业规范健康发展。企业在初创期，风险投资很少对其进行投资，而天使投资往往会尽力帮助初创企业渡过“死亡谷”。天使投资一般是个体或小型的商业行为，他们对投资项目的考察比较简单，只要对创业项目有了一个基本的判断，往往就愿意冒较大的风险“下注”。这对于创业者来说，无疑是“雪中送炭”。由于天使投资者的利益与初创企业高度关联，为保障其投资成功，他们往往会调动自己所能驾驭的社会资源，全力帮助初创企业渡过早期的困顿。

综上所述，大学生利用高校科技成果进行创业，实现科技成果产业化，历经产品创新、工艺创新和市场创新的过程，面临巨大的技术风险和市场风险，面临着四道死亡之谷，为鼓励大学生机会型创业，促进产业升级，促进经济转型，带动就业，国家应建立创业基金，地方政府和高校应建立相应的创业基金，同时，应鼓励民间资本支持大学生创业，使大学生有更多的通道走出死亡之谷（如图 10-2 所示）。

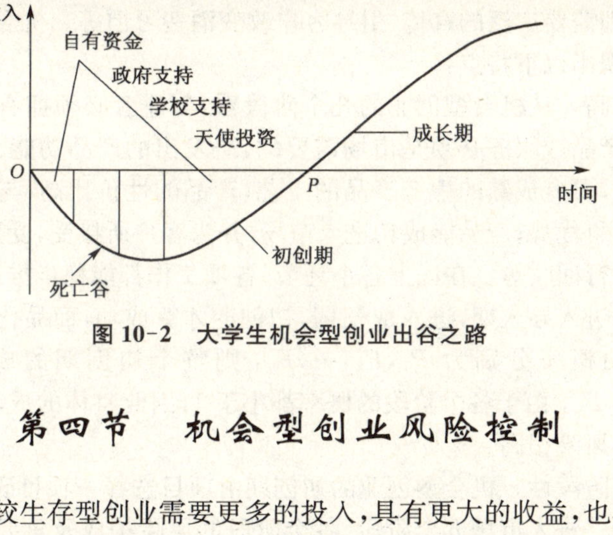


**图 10-2　大学生机会型创业出谷之路**

## 第四节　机会型创业风险控制

机会型创业较生存型创业需要更多的投入，具有更大的收益，也具有更高的风险，一般来说投入越大，风险越高。另一方面，机会型创业较生存型创业具有更低的成功率，因为机会型创业是通过开发一种新的产品、提供一种新的服务来开拓一个新的市场，创业过程中未知的风险因素较生存型创业要多得多。如美国有关资料表明，硅谷新创办的高科技企业，大约有 20%～30%会夭折，60%～70%只能获得一定程度的成功，只有 5%的高科技企业能获得较大成功。尽管机会型创业的成功率很低，但一旦成功就可获得十倍甚至数十倍、数百倍的投资收益，这正是创业者冒险创业和风险投资商热衷于投资机会型创业的动力所在。

## 一、机会型创业风险的特点

机会型创业的风险包括两个层面:一是损失的可能性;二是创业失败的可能性。因为创业过程中充满很多不确定因素,创业损失特别阶段性的损失往往不可避免,而且,创业损失往往被后面的成功填补,又反亏为盈,而创业失败,往往意味着创业投入无法得到回报,而且无法生还,无法再来盈利,所以,创业失败的风险对机会型创业的危害更大。由于,机会型创业的创业风险是一个多因素、多主体和多阶段的动态系统,创业风险与创业过程密切相关,而且其风险成因不仅来自自身内部,也来自外部环境。

### (一) 机会型创业风险的特征

机会型创业要开拓一个新的市场,这往往意味着在现有的社会经济环境下要有新的产品或新的服务满足人民现实生活的需要。这种市场如果是成熟的,则需要有比市场上销售的商品性能更卓越或性价比更高的产品,否则,要开拓一个新的不成熟市场,则需要广泛的宣传,引导客户改变消费习惯等。机会型创业较生存型创业相比,呈现出以下特点:

风险度较高。从机会型创业的几个阶段看,创业者必须拥有具有知识产权的产品或服务,产品或服务必须是市场需要的,研发出的产品功能、性能和质量均达到市场的要求,要有成熟的生产产品的工艺,产品的性价比高,与同类竞争对手相比有独特的竞争优势;产品能成功进入市场,并为客户所接受,受到用户的欢迎,资金能按预期进行回收等。在以上各个环节、各项工作都能稳步推进的情况下,企业才能由种子期进入导入期,进入成长期,初创期才算成功,商品化才算成功。如果各阶段的成功概率分别为 $P_1, P_2, \cdots, P_n$,则整个初创期的成功概率为 $P = P_1 \cdot P_2 \cdot \cdots \cdot P_n$,由于各个阶段的概率都小于1,因此整体的成功概率就更小,意味着初创期的风险很高。

动态的多阶段性。机会型创业的初创期由项目选择—项目研发—产品样品—产品批量生产—进入市场五个阶段,各个阶段的风险构成及重要性各不相同。在种子期主要是项目选择—项目研发—产品样品,其主要风险是技术风险,能不能开发出实现预期功能的产品是成功的关键,在产品样品—产品批量生产—进入市场阶段,即导入期有两大风险,一是技术风险,这个技术风险是产品的样品能否成功地批量化生产,需要研发出成熟的工艺,提高产品的成品率或合格率,还有是市场风险,产品能否被市场所接受,而在初创期,还有一个共同的风险就是资金风险,资金风险伴随创业的整个过程。但在初创期,各阶段的风险呈现出不同的特点,而且是动态变化及重心转移的。

风险间存在密切的关联性。如技术风险和资金风险,因为技术研发离不开资金，资金不到位将使研发中断；市场风险与技术风险也密切相关，技术研发的产品性能能否有效满足市场需求，将直接影响产品能否成功打入市场。当然无论技术风险、市场风险还是资金风险，任何一项风险的构成往往不是单一的，而是由多个风险因素构成，如技能风险由技术风险、人员风险等要素构成。

化解风险的关键在于创新，创新效益的溢出效应，使机会型创业的投资风险大大增强。任何一个产品都有其生命周期，而当今社会产品的生命周期日益缩短，产品竞争、技术竞争日益国际化，也日益炽热。特别是开拓一个大市场，必然会面临更为复杂多变的国际国内环境。创新是机会型创业的显著特征之一，创新伴随着机会型创业的整个过程，机会型创业涉及技术创新、市场创新、管理创新等，由于创新效益的溢出效应，即被竞争企业复制或学习，并研发出相近的研究成果而形成竞争，大大增加了机会型创业的风险程度。

### （二）机会型创业风险的构成要素

机会型创业一般要面临技术风险、市场风险、财务风险、团队风险、管理风险等一系列风险，而且各种风险相互影响，造成风险管理难度的加大，这就是所谓在机会型创业过程中因为一个小的细节的决策错误，导致整个创业失败的原因。机会型创业是一个复杂的系统，从构成风险的各种要素来看，这些风险主要有：

一是技术风险。技术风险是产品类机会型创业的最基本、最重要的风险，它存在于创业过程的各个阶段。首先是要开发出预期功能的产品；其次产品性能能否最佳满足客户需要，如使用条件要求过高，产品的功能不足或过剩；再次是由于产品，特别是高新技术产品的寿命周期短，技术更新快，要求不断加强研发，开发出更优越的产品。另外，还有因为材料供应、零部件配套、设备供应及工艺性能等原因，直接影响产品的性能达不到设计的要求。

二是市场风险。市场风险是在导入期，也就是在产品或服务推向市场后才逐步呈现出来。在种子期对产品市场的可行性分析，是虚拟产品面对虚拟市场，并没有真正的市场风险，如果有也只是潜在的。只有在导入期，当产品准备进入市场，市场的潜在需要与待完善的产品性能都存在许多不确定性，市场风险才呈现出来。产品进入市场阶段，由于产品的市场需求预测往往不准，市场开拓与竞争结果存在不确定性，使潜在的市场规模难以确定。市场竞争的不确定性、定价的不确定性等，都是机会型创业的市场风险。

三是资金风险。资金风险是我国大学生机会型创业最突出的问题，也引起了社会高度的关注，创业者对创业所需资金、融资方式和融资成本及资金运用等都难以准确估计，构成资金风险的原因主要有以下几点：技术创新的投入，一个创业项目本身的成熟度，在样品制作、性能完善等方面其研发成本是多少有很大的不确定性；一个项目的转让费是多少，没有经过评估，存在很大的随意性；大学生从高中校园到大学校园，没有资金积累，无法独立承担创业费用；我国的风险投资机制不健全，风险投资的退路不畅通，使创业企业难以获得风险投资家的投资。

四是团队风险。大学生创业初期大家志同道合，有共同的理想和目标，大家能同甘共苦，一心一意创建企业，实现人生梦想。但机会型创业中的知识型员工特有的人格特征，如：独立意识强，强烈的成就感，藐视行政权威等，易造成团队的不稳定性。一个好的团队往往因为某些核心员工的离职而遭到破坏，一些执行中的任务被迫中断，企业经营受到冲击；核心成员的离职不仅可能带走客户等资源，还会带走商业技术秘密，影响员工的情绪，甚至改变企业与竞争对手的实力对比。

### （三）机会型创业全面风险管理的系统框架

风险管理贯穿于创业的全过程，也呈现于创业的各方面，一般风险不是一种因素造成，而往往是由多种因素交织作用而造成。因此，单一要素的风险管理虽然是必要的，但还需要各业务部门，根据风险组合的特点，从企业整体的角度看待风险。这就是所谓的基于全面风险管理思想的现代风险管理。风险管理的最终目的是对风险进行控制，必然会涉及将风险偏好、风险估价、风险的概率三要素综合起来进行决策，从而实现对风险的全面控制。2004 年 9 月美国 COSO 委员会正式颁布了《企业风险管理整合框架》(COSO-ERM)。全面风险管理适用于大多数企业，它是未来风险管理的发展趋势。

作为一个初创企业，为防止由于创业过程中风险的失控而导致创业失败，必须对创业树立风险意识，理清机会型创业中的各种风险要素，在创业过程中进行系统全程监控。具体说应做好以下工作：

首先，设立风险管理部门。风险管理需要在一定的理论指导下进行，因此，创业企业要建立一个专门的负责风险管理的部门，研究企业发展中的风险。其职能是向董事会或创业团队保证公司有效评价风险，规避风险，进行风险管理。风险管理涉及方方面面，风险管理既是一项综合管理，又是一项事关企业存亡发展的管理，风险管理部门负责人应对创业团队决策者负责。

其次，确定企业全面风险管理目标。机会型创业在创业过程的不同阶段有不同的风险，其风险管理的目标也不一样。如：种子期的目标在于降低损失或损失的可能性，表现为选好项目，对创业项目充分调研论证，使技术创新风险降到最低；导入期目标在于降低试产试销中的风险，着眼于让产品顺利进入市场，使产品性能能更好地满足客户需要。成长期的目标在于如何获得更大的市场份额，获取更多利润。全面目标管理是一个目标体系，要立足企业战略高度，制定全面风险管理目标，然后对总目标进行分解，制订出每个风险管理的子目标。

再次，营造风险文化氛围。首先无论创业团队还是企业的每位员工都要有一种风险意识。风险是机会型创业不可避免的一种不确定性，风险是可以认识，可以预测，可以管理的。要强化企业每位员工的风险意识，提高企业员工的风险管理水平。其次是企业要制定风险管理的目标、制度等，将风险意识固化在制度中，使每位员工面对风险能按制度进行管理。

同时，建立风险防范预警系统。机会型创业风险远高于生存型创业，所以应对风险进行充分的管理。建立风险防范预警系统是有效管理风险的一种措施。风险防范预警系统是一套软件，一般由预警信息系统、数据挖掘引擎、信息处理系统、指标系统(规定预警指标和基本指标)、预警评价系统、自学习系统等模块组成。风险管理的程序包括:风险政策和程序、风险识别、风险评估、风险分析和监控、风险报告、风险处理、风险确认和审计等。其中风险处理是风险经营管理的核心之一，主要目的是使风险损失减少到最低程度。

## 二、机会型创业风险的控制

创业有风险，但创业中的风险是可以控制的，风险控制是指风险管理者采取各种措施和方法，消灭或减少风险事件发生的各种可能性，或者减少风险事件发生时造成的损失。科学有效的风险控制是创业化险为夷、走向成功的关键。

### （一）风险控制的基本方法

面对创业中的种种风险，唯有理性对待，用科学的方法来化解、消除，甚至利用风险乘风破浪、勇往直前取得成功。一般风险控制的基本方法有风险回避、损失控制、风险转移和风险保留等四种，这四种方法是开启我们掌控风险的钥匙。

第一种是风险回避。现实中很多人在创业前发现创业需要数万元的投入，而投入之后能否有收益并不能确定，面对数万元的创业风险选择了停止创业，认为与其冒偌大的风险去创业还不如去找一份安稳的工作，这种行为的本质就是为了回避风险。风险回避是投资主体有意识地放弃风险行为，即放弃冒险而带来的收益，避免特定的损失风险。一般来说，风险回避是一种最消极的风险处理办法，因为放弃风险的同时，往往也放弃了潜在的收益。一般在以下情况下会采用这种方法：①承担的风险远大于收益。②投资主体对这类风险极端厌恶。③承担同样的风险有其他收益更多的投资方案。④投资主体无能力消除或转移风险。⑤投资主体无能力承担该风险。一般初创企业，由于有很多不确定因素，风险大，在融资过程中要争取风险投资商的投入，风险投资商往往选择风险回避。

第二种是损失控制。损失控制，是创业主体通过制订计划和采取措施，降低损失的可能性或减少实际损失。风险控制包括事前、事中和事后三种。事前控制是为了降低损失的概率，事中和事后的控制主要是为了减少风险带来的实际损失。大学生创业之所以强调要先撰写创业计划书，通过创业计划书对项目设想进行科学的分析与安排，论证项目是否可以实现？项目可以得到多少回报？市场究竟有多大？可能有什么损失与风险？风险的防范是否可行？等等。所以，创业计划书是项目实现顺利启动与有序实施的重要因素之一。创业计划可以使创业者有计划地开展商业活动，增加成功几率，减少失误，化解风险。创业计划书是创业者进行风险事前控制的重要方法。

综合实力越强，抵御创业风险的能力也越强。创业者应该着重于风险发生的防范行为，以事后的救济行为为补充。同时，风险防范必须及时，尤其是当风险已经释放时，必须及时地予以补救，否则坐失良机就会铸成大错。

第三种是风险转移。大学生创业的初始投资往往是创业团队共同投资，形成股份有限公司，这种投资结构在利润分享的同时，也是风险共担的一种形式。如果吸引天使投资人或风险投资商，其风险也转至天使投资人或风险投资商。所谓风险转移，是通过契约，预先承担一定的费用或让出一部分收益，将让渡人的风险转移给受让人承担的行为。通过风险转移可大大降低经济主体的风险程度。风险转移的形式主要是合同和保险。合同转移:通过签订合同，预先承担一定的费用或让出一部分收益，将部分或全部风险转移给一个或多个其他参与者。保险转移:预先承担一定的保险费用，让风险转移。

第四种是风险保留。风险保留，即风险承担。当损失发生，经济主体就以当时可利用的资金进行支付。风险保留包括有计划自我保险和无计划自留。其中，有计划自我保险是指在可能的损失发生前，通过有效的资金安排，确保损失出现后能及时获得资金以补偿损失。一般通过建立风险预留基金的方式来实现。而无计划自留指损失发生后从收入中支付，而不是在损失前做出资金安排。一般来说，无资金保留应当谨慎使用，因为如果损失远远大于预计损失，将会引起资金周转困难等问题。

### （二）创业风险的防范

为减少创业中的风险损失，必须在风险识别的基础上，进行风险预测、风险排查，从而使风险不会出现，或将风险损失降到最低。创业者面对着技术、市场、营销和团队风险，只有针对风险的特点，有的放矢才能取得实效。

1. 技术风险的防范

技术风险防范是指创业者对技术风险进行预测，并采取有效措施进行转移、回避、削减，提高创业成功率，减少风险损失的行为。主要从三个方面进行:①风险回避，即创业者避开高风险的技术项目如技术不成熟，生产工艺不成熟的项目或避开高技术开发中高温、高压、剧毒等某些高风险因素。②风险转移，即创业者通过合作开发、联合生产等，把科技开发的风险进行分解和分散，使更多的主体来承担风险，使创业者所承担的风险相对减少。如开发的产品，通过向国家专利局申请专利，采取专利保护的方式，以法律手段来保护自己。对易燃易爆的产品，向保险公司投保。对于产品生命周期较短的电子产品,采用不断开发新产品,通过新产品的贮备来抵抗可能的风险。③损失控制,即创业者在高技术开发、转化过程中,对所遇到的既不可回避、又不可控制的风险,尽量设法减少风险带来的损失。

2. 市场风险的防范

指产品不符合市场需要,对产品的市场竞争激烈程度估计不足,投放时机不当、销售渠道不畅、销售力量不足等,因产品难以打入市场而产生的风险。主要防范方法是损失控制,将损失降到最低。方法有:①进行市场调查、科学预测和可行性研究,进行事前风险控制。风险投资决策前,通过市场调查进行预测,了解消费者的需求,在此基础上进行市场细分,选择目标市场;了解市场竞争形势,进行市场定位。②增强市场竞争意识,降低损失的可能性,进行损失控制。一项高新技术产品的竞争力,除是否适销对路以外,还取决于它进入市场的速度,同时还须准确把握科学技术开发的前沿。初创企业应在现有基础上加大服务力度,提升产品知名度,开发系列化的产品,保持市场的领先地位。

3. 管理风险的防范

创业者创办企业是一个集人、财、物资源于一体,形成人流、物流、资金流、信息流有效运转的有机体,在市场竞争中,每个要素都成为风险因素。管理风险防范主要是通过损失的控制和风险的转移来进行事前、事中、事后的控制和风险的降低。方法有:①提高管理人员的素质,加强对风险的管理。科研人员或工程技术人员不一定就懂管理,科学家不等于企业家。企业必须有多种经营管理方面的专家,有技术专家,有营销人才,这样才能使高新技术有效地转化为现实的生产力,才能使企业得到有效发展。②加强科技管理,促进科技成果转化。在科技成果转化的过程中,需要多种因素协同作用,将科技成果产品化、规模化生产,只有采用与现代化大生产、现代科学技术相适应的管理组织、管理方法和管理手段等,才能加速科技成果的转化。③天使投资人或风险投资公司要积极参与企业的管理。大学生创业普遍缺乏管理经验和营销知识。天使投资对投资项目的考察比较简单,对项目的技术或企业的高成长性和可操作性有了一个基本的判断,往往就愿意冒较大的风险投资。天使投资者的利益与初创企业高度关联,为保障其投资成功,他们往往会调用其所能驾驭的社会资源,帮助初创企业渡过早期的困顿。必要时,天使投资者会给初创者提供全方位的管理。

4. 团队风险的防范

知识、能力结构合理的团队是创业成功的关键。再好的创业计划都具有可复制性,而团队的整体实力是难以复制的。一般风险投资商在投资时,往往更看重有合作能力的创业团队。在创业时,要善于整合内外资源,充分借助外力或外部资源降低创业成本,提高企业创业成功率;要具备足够的应变能力,随时应对市场的不确定性变化。随着创业团队的壮大,不同的专业背景、学历水平成员的加入,很有可能在决策中因意见不统一而造成决策过程冗长,或因种种原因而离开团队,影响公司的运营效率。公司应定期组织管理人员进行培训,及时掌握新的技能,并通过一些实战演练来积累一定经验,提高团队的凝聚力和整体素质。其次应在公司内部设置专家委员会,保证公司从多种可供选择的策略中快速有效地做出决断,考虑引进新的人才,做好人才储备工作。

5. 财务风险的防范

建立一套比较有效的财务预警机制,分析导致企业失败的管理失误和波动,通过财务安全指标来预测企业的财务危机,并及时进行调整以达到摆脱财务困境的目的。其中常用的财务分析方法有:①"资金周转表"分析法。建立滚动式现金流量预算。通常三个月一次,也可以以周、旬、季、半年及一年为期。②杜邦财务分析法。利用若干相互关联的指标对盈利能力、偿债能力及营运能力等进行综合性的分析和评价。③"本—量—利"分析法。将成本划分为固定成本和变动成本,在产销量一致的情况下,根据成本、销量、利润三者之间的关系进行预测其原理在决策、计划和控制中普遍采用,对加强企业管理具有独特的作用。

6. 筹资风险的防范

大学生创业初始资金主要来源于父母。一些地方也设立了大学生创业基金,如:2005 年,"中国大学生西部创业基金"启动;2006 年 8 月,"上海大学生科技创业基金会"成立等。这些资金无论是总量还是收益,都难以有效满足大学生机会型创业的需要,且对大学生机会型创业政策优惠力度过小。大学生创业者的特点决定了他们比其他创业者更需要风险投资的介入。因此,建议进一步完善大学生创业基金设立体系,地方政府、高校给予匹配,共同资助大学生创业项目。政府牵头设立面向大学生创业者的风险投资基金,引导社会资金和金融机构进入,促进中小企业创业板的设立;要尽快建立、健全大学生信用体系,加快推进和完善资本市场的建设,建立起有利于大学生创业的成熟的投资、融资体系。

## 三、风险资本的退出

风险投资的最终目的是盈利,为了实现高收益,在投资协议中需要明确一个可靠的投资退出机制。另一方面,风险投资是通过资本的增值来取得投资回报的,不断循环是风险投资的生命力所在。因此,风险投资的退出机制是风险投资的中心环节,没有便捷的退出渠道也就无法补偿风险资本所承担的高风险。

### (一) 风险投资的内涵

风险投资(Venture Capital Investment)是指具备资金实力的投资家对具有专门技术并具备良好市场发展前景,但缺乏启动资金的创业家进行资助,帮助其圆创业梦，并承担创业阶段投资失败的风险的投资。

投资家以投入的资金换得企业的部分股份，并以将来获得红利或出售该股权获取投资回报为目的。一般情况下，风险投资不以控股和分红为目的，而是通过资本与管理投入，在企业的成长中促使资本增值，并且在退出时实现收益变现。风险投资的特点在于冒高风险以追求高的投资报酬，并将退出风险企业所得到的资金继续投入"高风险、高科技、高成长潜力"的企业，实现资金的循环增值。投资家以筹组风险投资公司、招募专业经理人，进行投资机会评估，协助被投资企业的经营管理等，尽快实现投资收益，降低投资风险。

风险投资自20世纪80年代被引入中国以来，虽有较大的发展，但由于我国目前与风险投资发展相配套的各种中介服务机构还不健全，知识产权评估和交易体系也有待完善，风险投资发展所需要的市场环境还不完善，尤其是缺乏一个良好法律环境，缺乏完善的信用体系，还没有形成一个良好的投资体系。没有资金，再好的创业想法也难以转化为现实。针对这一问题，我国政府正逐步出台相关法律法规，对大学生机会型创业的专项资助、产业政策、税收政策、金融政策等方面进行政策引导。

风险投资的成功率很低，其收益一般通过风险投资组合的整体收益来综合考察。一项关于美国13个风险投资基金的分析研究表明，风险投资总收益的50%来自于6.8%的投资，总收益的75%来自于15.7%的投资。真正能为风险投资者带来收益的投资项目还不到1/4。所以，如何减少风险投资项目的损失，确保成功投资的收益顺利回收对于风险投资者来说至关重要。目前，缺乏便捷市场化的退出渠道是制约我国风险投资事业发展的最大障碍。

风险投资可有效促进于新创企业的成长。新创企业存活的可能性不大，其失败率高达70%～90%，失败已成为一般规律。但这种失败规律的例外情况是从成功的私人风险资本公司吸引到启动资金的企业，这些企业的存活率可达到70%～90%。根据以上的分析，风险资本可涉及创业企业经营的各个发展阶段，而且由于风险资本的介入及风险投资者在管理经验、关系网络等方面给新创企业带来的高附加值，将大大提高企业的生存机会，也会促进企业的快速发展，如英特尔、微软、苹果等知名高技术企业均曾借助于风险资本而快速发展。

一般风险投资有以下特点①：一是风险投资的对象是非上市的中小企业，并主要以股权的方式参与投资，但并不取得新企业的控股权，通常投资额占公司股份的15%～20%。二是风险投资通常是10年以上的长期投资，以待所投资的事业发挥潜力和股权增值后将股权转让，实现投资利益。三是风险投资的投资对象属于高

① 蒋虹.浅谈科技风险投资的风险因素及风险防范[J].现代商业，2010(9).

风险、高成长和高收益的创新事业或风险投资计划。四是风险投资项目的选择是高度专业化和程序化的。通常一家处于创业期的公司要得到风险投资的投资，必须首先向风险投资家递交业务计划书，介绍本公司的基本情况和发展计划，以此进行初步接触，如果风险投资家对业务计划感兴趣，双方就可以进行进一步协商，一旦达成协议，创业公司可以向风险投资家出售部分股权，从而获得发展资金。五是创业者和投资家必须充分合作和信任，以保证计划顺利进行。

**（二）风险投资的退出机制**

风险投资的目的是通过在初创企业的投入，帮助企业在遇到资金困难问题时，使其渡过难关实现快速发展，待所投企业成长壮大后再取得回报。因此，在风险投资协议中明确规定了风险投资退出的时间和情景，理解和把握风险投资退出机制，并根据企业发展的特点选择最佳退出机制是初创企业健康成长的关键。

风险投资退出机制，指风险投资机构在其所投资风险企业发展到相对成熟后，将其所投的风险资本由股权转化为资本，即风险资本的变现机制及其相关的配套制度安排。风险资本的退出机制为风险资本提供了持续的流动性，也为风险资本提供了可持续的发展性。

一般风险投资退出机制的实现是在风险资本市场上，主要有四个渠道：公开发行股票（IPO）：指在证券市场上首次向公众发行风险企业的普通股票，包括在主板市场和在二板市场上市两种形式。出售：是指风险投资者单方面将其所持有的股份出售给其他投资者，主要包括公司收购和金融收购两种形式。股份回购：如果创业者进入稳定发展期时希望直接控制企业，则可回购风险投资家的股份，风险资本的退出方式即为股份回购的方式。破产与清算：当风险企业经营不善难以扭转时，进行企业的破产清算是减少损失最好的办法。因此，破产与清算也被算作一种风险资本退出方式。四种风险退出方式，都有其自身的特点和适用情况。

一是公开上市发行。我国公司法所称的上市公司，是指所发行的股票经国务院或者国务院授权证券管理部门批准在证券交易所上市交易的股份有限公司。我国股份有限公司的上市程序为：股份有限公司申请其股票上市交易，应当报经国务院或者国务院授权证券管理部门批准，依照有关法律、行政法规的规定报送有关文件。国务院或者国务院授权证券管理部门对符合本法规定条件的股票上市交易申请，予以批准；对不符合本法规定条件的申请不予批准。股票上市交易申请经批准后，被批准的上市公司必须公告其股票上市报告，并将其申请文件存放在指定的地点供公众查阅。经批准的上市公司的股份，依照有关法律、行政法规上市交易。经国务院证券管理部门批准，公司股票可以到境外上市，具体办法由国务院作出特别规定。

在我国申请股票上市的条件主要有七条：①股票经国务院证券管理部门批准

公开发行；②公司股本总额不少于人民币 5 000 万元；③开业时间在 3 年以上，最近 3 年连续盈利；④持有股票面值达人民币 1 000 元以上的股东人数不少于 1 000 人，向社会公开发行的股份达公司股份总数的 25%以上；⑤公司股本总额超过人民币 4 亿元的，其向社会公开发行股份的比例为 15%以上；⑥公司在最近 3 年内无重大违法行为，财务会计报告无虚假记载；⑦国务院规定的其他条件。

公开上市发行(股票)是风险资本最理想的退出渠道，其投资收益也较其他方式高。无论风险投资公司还是风险企业的管理层都比较欢迎 IPO 退出方式，但 IPO 退出周期长、费用高。① 目前，我国企业上市有直接上市和买壳上市两种途径。通过风险企业的成功运作和上市，风险企业在证券市场上赢得声誉，创业者也能获得较高的创业利润，企业得到持续筹资的渠道；能够使风险企业的创业者保持对公司经营和管理的独立自主权，往往受到公司管理层的欢迎。IPO 方式是在公开市场中通过公平竞争进行股票买卖，更真实地反映了企业的实际资产价值。但 IPO 方式的最大缺陷是"限制出售条款"，即为稳定股价和保护广大投资者的利益，法律规定风险投资公司在风险企业上市时不能立即出售其所拥有的全部股份。同时，风险企业证券发行的证券承销人往往也在承销契约中约束、限制风险投资公司出售其股票，使合伙投资者不能立即从风险企业中完全撤出。同时，实现 IPO 方式，风险企业需要支付较高的费用，以及繁琐的运作过程。

二是兼并收购(出售)。股权，是指股东因出资而取得、依法定或者公司章程的规定和程序参与事务并在公司中享受财产利益、具有可转让性的权利。股份由股份有限公司的资本划分而来，每一股金额相等。拥有股份有限公司一定量的股份，即拥有一定比例的股权。

由于风险投资家在 IPO 后还需一段时间才能完全从风险企业中退出，一些不愿受 IPO 种种约束的风险投资家们可以选择以其他方式退出。兼并收购是现阶段风险投资退出方式中一种操作性较强的方式。收购兼并方式主要有股份转让、吸收合并等。(1)股份转让。当风险企业发展到一定程度，继续发展就需要大量的追加投资，当风险投资商不愿继续投资时，风险投资家或者是风险企业家想退出企业，可用产权转让方式把拥有的股份转让出去，从而风险投资商可收回全部风险资金。(2)吸收合并。由其他企业将风险投资企业合并，这时风险企业将完全丧失独立性。统计表明，在退出方式中，一般收购占 23%，二期收购占 9%，两项合计占 31%，但收益率仅为 IPO 的 1/5。② 出售退出由于买主范围一定，所以比 IPO 简洁便利，费用也低很多。对于风险投资者而言，被兼并收购的退出方式可以立即收回

① 风险资本退出方式比较研究[N]. 第一财经日报，2008-09-27.

② 佚名. 风险资本退出方式比较研究[N]. 第一财经日报，2008-09-27.

现金、票据或者可流动证券，使得风险资本可以立即从风险企业中完全退出，因此具有较大的吸引力。考虑收购后，公司的独立性就会被大大削弱，公司原有管理层的权利将受到很大影响，所以这种方式公司的管理层并不欢迎。兼并收购方式资本收益远远低于 IPO 方式。

三是回购(MBO)。当公司经营不是很成功时，为保证风险投资者仍能得到一定收益，创业企业会选择回购的退出方式。对于公司来说，买回投资者的所有权或控制权，是一种相对合理的途径。与出售方式一样，回购方式具有费用少、过程简单、所需时间短、便于操作等优点，并且可以完全退出。而且，回购方式的转让价格是根据风险企业的发展状况确定的，所以回购方式在很大程度上保证了风险投资可以收回协议回购价格的收益，也降低了风险投资的投资风险。

四是清算。风险投资的高风险一般体现在其高比例的投资失败上，大部分的风险投资不是很成功，而且越是处于早期的投资，其风险投资的失败率越高。因此，对风险投资商来说，一旦确认风险企业失去了发展的可能或成长太慢，不可能给予其预期的回报时，就会果断地退出，将收回的资金用于下一个投资循环。一般清算仅能收回原投资额的一半左右。及时清算是风险损失控制的一种形式，创业企业经营不善，风险投资者如果不及时退出，会给投资者带来更大的损失。

# 参考文献

[1] 杨安. 创业管理——大学生创新创业基础[M]. 北京:清华大学出版社,2011.

[2] 高建. 全球创业观察中国报告[M]. 北京:清华大学出版社,2008.

[3] 彼得·F·德鲁克. 创新与创业精神[M]. 张炜,译. 上海:上海人民出版社,2002.

[4] 李德顺,孙伟平,孙美堂. 家园——文化建设论纲[M]. 哈尔滨:黑龙江教育出版社,2000.

[5] 陶国富. 创造心理学[M]. 上海:立信会计出版社,2002.

[6] Atkinson J,Birch D. An introduction to motivation[M]. New York:Van Nostrand,1964.

[7] 斯蒂芬·P·罗宾斯. 组织行为学[M]. 北京:中国人民大学出版社,1997.

[8] 葛锁网. 大学教育管理心理学[M]. 南京:南京大学出版社,1997.

[9] 王雁飞. 管理心理学[M]. 广州:华南理工大学出版社,2005.

[10] 孔淑红. 风险投资与融资[M]. 北京:对外经济贸易大学出版社,2002.

[11] 刘健钧. 创业投资原理与方略——对"风险投资"范式的反思与超越[M]. 北京:中国经济出版社,2002.

[12] 刘国光,陈乃醒,等. 中小企业成长[M]. 北京:民主与建设出版社,2001.

[13] 张玉利,张维,陈立新. 创业管理理论与实践的新发展[M]. 北京:清华大学出版社,2004.

[14] Timmons J A. New Venture Creation[M]. Singapore: Mc Graw-Hill,1999.

[15] Karl H. Vesper. New Venture Strategies[M]. NJ:Prentice-Hall,1989.

[16] 丁栋虹. 创业管理[M]. 北京:清华大学出版社,2006.

[17] Robert W. Hamilton. The Law of Corportions[M]. New York: West Publishing house,1987.

[18] 罗斯顿·拉卡卡. 经济发展中的企业孵化器[M]. 天津:天津科技翻译出

版公司,1997.

[19] Dennis Child. Psychology and the Teacher[M]. Great Britain: Butler & Tanner Ltd,1981(3).

[20] Florida,Richard. The Rise of the Creative Class[M]. New York: Basic Book,2002.

[21] Howkins J. The Creative Economy: How People Make Money From Ideas[M]. Allen Lane: The Penguin Press,2001.

[22] 朱淑珍.金融创新与金融风险——发展中的两难[M].复旦大学出版社,2002:20.

[23] 王明涛.证券投资风险计量、预测与控制[M].上海财经大学出版社,2003:1.

[24] 袁宗慰.保险学[M].台北:台湾经济合作月刊社,1981.

[25] 李中斌.风险管理解读[M].北京:石油工业出版社,2000.

[26] 葛建新.创业学[M].北京:清华大学出版社,2004.

[27] 蔡克勇.加强创业教育——21世纪的一个重要课题[J].清华大学教育研究,2000(1).

[28] 肖志玲.不同性别、年级、专业大学生成就动机差异研究[J].湖北工学院学报,2003(1).

[29] 毛建国.职业学校创新教育与创业教育的关系[J].教育发展研究,2001(3).

[30] 沈树周,段素梅.大学生创业教育现状分析与对策研究[J].科技信息,2009(12).

[31] 储朝晖."大学精神"语义的实证分析[J].复旦教育论坛,2004(2).

[32] 张建华,陈柏峰.创业家个性特征分析[J].经济论坛,2007(16).

[33] 粘永昌.大学生创业动机与创业模式探析[J].法制与社会,2009(15).

[34] 钟毅平.社会认知中的自我及自我表征[J].西北师大学报(社会科学版),1999(4).

[35] 李集城.对大学生创业风险投资基金模式的思考[J].职业教育研究,2010(1).

[36] 武贵龙.抓住机遇　发挥高校科技重要作用为促进经济社会发展做出新贡献[J].中国高校科技与产业化,2009(9).

[37] 王文娟.大学生科技创业进入理性期[J].中国科技财富,2009(17).

[38] 杨艳萍.创业教育的基本内涵和教育模式[J].长沙铁道学院学报(社会科学版),2001(2).

[39] 沈又红,夏云飞. 中美大学生创业的比较[J]. 中国大学生就业,2002(5).

[40] 李嘉曾,吴守一. 创造教育的本质与类型探讨[J]. 煤炭高等教育,1995(4).

[41] 过文俊,王芊. 天使投资:中小企业自主创新的“垫脚石”[J]. 中国高新区,2006(8).

[42] 徐颖. 天使投资与风险投资比较分析[J]. 合作经济与科技,2007(5).

[43] 王丽红. 我投资种子期——访广州昊源集团有限公司董事长莫道明[J]. 中国创业投资与高科技,2003(5).

[44] 凤进,韦小柯. 西方企业生命周期模型比较[J]. 商业研究,2003(7).

[45] 陈佳贵. 关于企业生命周期与企业蜕变的探讨[J]. 中国工业经济,1995.

[46] 蔡莉,尹苗苗,柳青. 生存型和机会型新创企业初始资源充裕程度比较研究[J]. 吉林工商学院学报,2008(1).

[47] 姚晓芳,张宏. 科技型创业企业资源需求曲线的案例分析[J]. 科技进步与对策,2008(11).

[48] 赵旭东. 新公司法讲义[M]. 北京:人民法院出版社,2005.

[49] 肖峰. 论股权[J]. 内蒙古社会科学(汉文版),2003(3).

[50] 王平. 也论股权[J]. 法学评论(双月刊),2000(4).

[51] 赵峰,蓝晓植. 股权概念的认定[J]. 江南大学学报(人文社会科学版),2003(3).

[52] 戴海. 创业指导:创办新公司要注意7大细节[J]. 职业技术,2007(7).

[53] 李志能,张洁,郁义鸿. 美国孵化器的发展沿革[J]. 上海经济研究,2000(7).

[54] 钱平凡,李志能. 孵化器运作的国际经验与我国孵化器产业的发展对策[J]. 管理世界,2000(6).

[55] 乐文. 摇摆的天平——中国高新区内孵化器的制度特征、单位特性及其变革[J]. 上海:科技创业,2002(14).

[56] 沈志蓉. 浅析无形资产评估途径与方法[J]. 价格月刊,2005(12).

[57] 张彤,张世英. 无形资产评估有关问题的探讨[J]. 管理工程学报,2002(2).

[58] 袁梦德,刘畅. 大学生创业的遭遇及反思[N]. 中国青年报,2000-08-13.

[59] 李振勇. 商业模式[M]. 北京:新华出版社,2004.

[60] 房汉廷. 科技型中小企业发展的问题与机遇期[J]. 中国创业投资与高科技,2004(12).

[61] 马春. 国外创意产业发展现状及对我国的启示[J]. 科技管理研究,2010

(2).

[62] 倪海.学生“习得性无助”及教育对策[J].教育评论,2002(5).

[63] 钱春林.高校科技成果产业化的措施与途径[J].江苏科技成果通报,2000(4).

[64] 姚晓芳.机会型新企业创业过程研究[D].合肥:合肥工业大学博士论文,2008.

[65] 杨蕾.基于经典模型的机会型创业机会研究[D].合肥:合肥工业大学硕士论文,2008.

[66] 徐敏.大学生75.22%想创业 1.94%真创业[N].解放日报,2009-08-05.

[67] 张仙凤.调查报告显示:大学毕业生创业比例一路下滑[N].中国青年报,2009-08-05.

[68] 朱先奇.构筑中国特色大学生创业教育模式[N].光明日报,2008-04.

[69] 祝捷,董伟.中国人才发展报告NO.5:知识失业信号明显[N].中国青年报,2008-09-22.

[70] 陶玲.成都首份大学生创业报告出炉 成功率5.13%[N].华西都市报,2009-12-04.

[71] 汪瑞林.大学生创业要过几道坎[N].中国教育报,2006-06-21.

[72] 赵秀红.金融危机下大学生怎样去创业[N].中国教育报,2008-11-27.

[73] 任媛.高校科技成果转化路在何方?[N].中国知识产权报,2009-05-27.

[74] 顾秉林.利用高校产业税收创立科技成果产业化支持基金[N].人民政协报,2009-06-03.

[75] 孟广慧.贫困生就业:坦然面对务实进取[N].中国教育报,2009-08-12.

[76] 刘万永,蒋韩薇.大学生创业走向理性[N].中国青年报,2000-11-27.

[77] 谢绳武.创新赛岂能弄虚作假?[N].文汇报,2001-03-09.

[78] 吕诺.三大“瓶颈”梗阻:我国高校科技成果转化率不到10%[N].中国青年报,2005-01-12.

[79] 操秀英.专家指出:高校专利技术转化机制需创新[N].科技日报,2009-11-29.

[80] 唐五湘,黄伟.科技成果转化的理论与实践[M].北京:方志出版社,2006.

[81] 刘建.高校专利技术普遍“闲置”科研成果产业化不足10% 大学生自主创业亟需知识产权扶持[N].法制日报,2009-05-26.

[82] 华正伟.创意产业:大学生就业的理想空间[N].光明日报,2010-12-29.

[83] 方圆.我国创意产业迎来黄金时代[N].中国新闻出版报,2007-11-15.

[84] 刘元聪，陈璐. 首个“大学生创意产业创业中心”落户洪山[N]. 武汉晚报，2009-12-22.

[85] 陈樱之，项盈盈，金晓依. 中国美院“2010 年毕业展”引爆创意产业春天[N]. 浙江日报，2010-06-09.

[86] 邱伊伦. 打造大学生创意创业平台[N]. 青年时报，2011-06-16.

[87] 叶青，易丹辉. 中国证券市场风险分析基本框架的研究[J]. 金融研究，2000，240(6).

[88] 德・朗特里. 西方教育词典[M]. 陈建平，等译，上海：上海译文出版社，1988：3-63.

# 后 记

自 1983 年美国奥斯汀德州大学举办的首届大学生创业竞赛取得良好的效果，清华大学于 1998 年发起首届“清华大学创业计划大赛”以来，大学生创业活动在我国逐步推开。英国伦敦商学院 2001 年推出的全球观察（GEM）根据创业动机将创业活动分为“机会型创业”与“生存型创业”。机会型创业是衡量一个国家创业活跃程度和创业水平的重要指标，对产业升级、扩大就业、拓展市场、增加税收等具有重要意义。

初创期是创业最为艰难也是最为关键的一步。本书研究的创业阶段集中在从种子期到导入期再到成长期，即从项目的寻找、机会的识别、注册公司开业，到财务达到收支平衡，即公司站稳脚跟这一关键阶段。大学生机会型创业是大学生理性的选择。大学生受过系统的专业教育和训练，拥有比较完整的知识体系，具有较高的综合素质，富于创造性，敢于创新，有对传统观念和传统行业挑战的欲望和信心，而这种创新精神往往造就了大学生创业的最初动力，成为成功创业的精神基础。大学生是国家发展知识经济的“主力军”，有能力承担以知识创造就业岗位的重任。

大学生机会型创业存在的重大难题是大学生科研成果缺失。大学生虽然掌握了一定的书本知识，但终究缺乏必要的实践能力和实际的经营管理经验，特别是大学生在上学期间真正拥有市场前景好、技术含量高、拥有自主知识产权的高新技术项目则少之又少。而机会型创业要创造出新的需要或满足潜在的需求，主动占领市场，带动新的产业的发展，又必然要求大学生拥有自主知识产权的科研成果，因此大学生自主知识产权成果的缺乏是大学生机会型创业面临的重要难题。我国目前每年省部级以上水平的科技成果有 3 万多项，每年产生专利约 7 万项，但是科技成果转化为商品并取得规模效益的比例和专利技术的实施率都仅为 10%，这是令人痛心的巨大浪费。现行大学生创业活动中，大学生可以以学校导师课题或学校课题为基础，通过市场分析、产品或服务可行性分析、财务分析等，撰写创业计划书，展示产品市场前景，吸引风险投资等，提升创业能力。将大学生创业与高校科研成果有机结合，是提高科研成果的市场转化率，提高大学生机会型创业成功率的有效途径。

为鼓励更多大学生进行机会型创业，提高大学生机会型创业的成功率，一方面高校应广泛开展大学生创业教育，构建大学生创业服务体系，对大学现有科技成果进行评价，建立大学生创业项目库，设立大学生创业基金，营造大学生创业氛围，激励更多大学生利用高校科技成果走创业之路；另一方面，政府应进一步完善大学生创业政策体系，化解大学生创业的后顾之忧，建立大学生创业基金，引导更多社会资金支持大学生创业，使更多大学生能在创业打拼中走向成功。

本书是教育部人文社会科学研究课题——大学生机会型创业的理论与实践研究（项目编号：09YJA880068）的成果之一。由于水平有限，疏漏及不当之处在所难免，敬请学界同仁和广大读者批评指正。

**南通大学高等教育绩效研究所　郭必裕**

**2014 年 9 月 10 日**